à tes souhaits!

アテスウェイ
川村英樹の菓子
La pâtisserie éternelle de Hideki Kawamura

柴田書店

はじめに

　幼い頃から父の背中を見て育ち、気がついたら父と同じパティシエの道を志し、18歳で東京へ出てきたものの、仕事はなかなかうまくいかず、苦労の連続でした。そのなかでも、少しずつお菓子づくりの奥深さや魅力を知り、難しいながらも楽しさを自分なりに見出してきました。あまり先のことは考えず、目の前の仕事をひたすら一生懸命にやっていた気がします。そして、少しずつ周りから認められ、少しずつ道が開けてきたような気がします。

　新潟で父の跡を継ごうと思っていた私が、東京でパティスリーを開くとは思ってもみないことでした。人生は何があるかわかりません。よい人との出会いは、よい運も引き寄せてくれます。胸にあるのは、お世話になった人たちへの感謝の思い。お菓子づくりは人を成長させてくれるものだと思います。

　おいしいお菓子を食べたときの喜びや感動は、その人の心にずっと響き、記憶として残り続けます。それを思うとき、私はこのパティシエという職業に誇りを感じます。

　この本では、私の菓子と、私なりの菓子づくりへの想いを紹介しています。手に取っていただいた皆さんの、何か一つでもお役に立てたらうれしく思います。

2019年6月　川村英樹

刊行によせて

Préfacer ce magnifique ouvrage de pâtisserie de Hideki Kawamura, est pour moi un grand honneur.

Le parcours exemplaire de ce chef Japonais a su démontrer la qualité exceptionnelle de son travail.

Je connais Hideki depuis 25 ans. Quand il m'a demandé de lui trouver un employeur en France, sa motivation pour apprendre la pâtisserie Française, et d'en connaitre toutes ses techniques ne faisait aucun doute. Il est resté plus d'un an à St Malo chez mon ami Pascal Pochon.

Artiste il l'est, il a enchaîné de nombreux concours, les remportant souvent que ce soit en France ou au Japon. Lors de son succès à la <Coupe de France> à Paris, il a présenté une pièce en sucre de toute beauté. Ce pâtissier hors norme, fait partie des meilleurs chefs du Japon, passionné par son métier, il a su développer une entreprise en pâtisserie, chocolat, glace, où les clients se bousculent devant la vitrine afin de pouvoir acheter quelques gâteaux, friandises, ou spécialités Bretonne qu'il a rapportés de son séjour en France.

Humble, fidèle avec ses amis, respectueux, et grand professionnel.

Merci Hideki pour ce magnifique livre, et respect à toi Grand Chef.

Avec toute mon amitié

BRUNO PASTORELLI

MEILLEUR OUVRIER DE FRANCE

PÂTISSIER CONFISEUR

川村英樹によるこのすばらしいパティスリーの本の出版に寄せて、序文を添えることは、私にとって大変光栄なことです。彼の日本人シェフとしての模範的なキャリアは、つくり出されるお菓子の並はずれたクオリティの高さが物語っています。

私と英樹とは25年来のつきあいになりますが、彼からフランスでの働き口を探してほしいと頼まれたとき、フランス菓子を学ぶという彼のモチベーション、フランス菓子に必要なすべてのテクニックをもっていることに、疑いの余地はありませんでした。私は、友人であるパスカル・ポーション氏を彼に紹介し、彼はサン＝マロに1年程滞在して働くことになりました。

アーティストである彼は、数々のコンクールに挑み、フランスにおいても日本においても、しばしばそのタイトルを勝ち取ってきました。パリで開催された＜クープ・ド・フランス＞で優勝した際には、このうえなく美しいアメ細工のピエスを披露してくれました。

日本で最高のシェフの1人である彼は、すばらしいパティシエであり、仕事に情熱を注いでいます。フランス菓子、チョコレート、アイスクリームのビジネスを展開し、彼のつくるケーキや焼き菓子、フランス滞在で学んだブルターニュのスペシャリテを買うために、店頭は連日お客さんで賑わっています。

彼は謙虚で、友人に誠実で、敬意をもち合わせ、そして何より偉大なるプロフェッショナルです。このようなすばらしい本をつくってくれた英樹に感謝し、偉大なシェフである彼に敬意を表します。

心からの友情を込めて。

フランス国家最優秀職人（M.O.F.）

ブルーノ・パストレリ

Présenter ce livre de mon ami Hideki constitue pour moi un véritable honneur, tant l'homme est devenu une référence en pâtisserie et en sucre d'art au Japon.

Sa passion, son perfectionnisme, sa créativité, son talent et surtout sa modestie font que nous avons partagé ensemble la même passion.

Aujourd'hui le métier de pâtissier à plusieurs facettes, il permet de s'exprimer au-delà des frontières et de faire des rencontres avec des personnes extraordinaires.

La France aujourd'hui est toujours un pays de références, puisse-t-elle être une motivation pour de nouvelles vocations !

Aujourd'hui le travail de Hideki nous délivre de belles recettes avec sa sensibilité et sa passion qui fera saliver plus d'une personne pour le plus grand plaisir gourmand.

Amitié

PASCAL POCHON
LE GRAND HÔTEL DES THERMES MARINES DE SAINT-MALO
CHEF PÂTISSIER

私の友人である英樹は、日本でのフランス菓子やアメ細工芸術におけるモデルのような存在になった人物でありますから、彼がつくったこの本を皆さんに紹介できることは、私にとって心からの栄誉であります。

日本人の彼が私たちと同じ思いをもつことができるのは、彼の情熱、完璧主義、創造性、才能、そして何より彼の謙虚さによるものだと思います。

今日、パティシエという職業はさまざまな側面をもち、国を超えて自己表現することや、多才な人物と出会うことが可能です。

フランスは、現代においてなお、規範となる国の一つであるがゆえ、新しい目的に向かう動機づけとなりうるのでしょう！

今ここに、英樹が私たちに届けてくれる、彼のもつ豊かな感受性と情熱でつくられたこの美しいレシピは、1人ならず、もっと大きな喜びとしてグルマンをうならせてくれることでしょう。

友情を込めて。

ル グランド ホテル デ テルメス マリーン ド サン＝マロ
シェフパティシエ
パスカル・ポーション

川村君渾身の本、刊行おめでとうございます。

30年前の素朴で生意気な感じが今でも変わらず、会うたびに懐かしく思い出されます。

自分の力不足や理不尽な要求に悔しさを滲ませていた表情も、近年は随分とやさしい表情になり、充実した人生を送っているんだなと思い、安心しています。

当時は、川村君がフランスへ勉強に行くとか、菓子屋を開くなどとは思いもよりませんでしたが、海外での経験が川村君を大きく成長させたのでしょう。

コンクール等に挑戦していた頃から、ほかの人にはないアイデアや感性を備えていた川村君が、満を持して刊行した本です。きっと、この本を開く若き菓子屋たちに、たくさんのヒントを与えることでしょう。

グランド ハイアット 東京　副総料理長
後藤順一

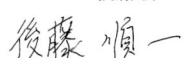

目次

目次

取材・文／瀬戸理恵子

撮影／合田昌弘

アートディレクション／成澤 豪（なかよし図工室）

デザイン／成澤宏美（なかよし図工室）

フランス語翻訳・校正／千住麻里子

編集／黒木 純

つくりはじめる前に

●ルセットはアテスウェイでつくる単位を基準にしていますが、本書用につくりやすい量に調整した場合に細かい数字になっていることがあります。

●全卵はM玉を使用し、1個約55g（卵黄約20g、卵白約35g）です。とくに記載のない限り、室温に戻しておきます。

●バターは、とくに記載のない限り、無塩バターを使用しています。

●粉類（アーモンドパウダーやカカオパウダー、粉糖なども含む）は、使う前にふるいます。

●打ち粉は、強力粉を使用しています。

●ヴァニラビーンズは、とくに記載のない限り、縦に裂いて種をしごき出し、必要に応じて種と鞘を使用します。

●クーベルチュールやカカオマス、パータ・グラッセ（コーティング用チョコレート）は、扱いやすいフェーヴ状のものか、ブロックならば刻んだものを使用します。

●冷凍のフルーツのピュレは、冷蔵庫で解凍してから使用します。

●板ゼラチンは、氷水に浸けてふやかし、キッチンペーパーで水気を取って使用します。

●生地やクリームの混ぜ終わりの温度をはじめ、ルセットのなかで表記している温度は、あくまでも目安です。生地やクリーム、素材の状態を見ながら、適宜調整してください。

●ミキサーは、とくに記載のない限り、ホイッパーを装着して撹拌するものとします（ビーターやフックを装着する際には、その旨を記載します）。

●オーブンの温度や焼成時間は、あくまでも目安です。オーブンの機種やクセなどに応じて適宜調整してください。

●フレキシパン、シルフォーム（メッシュ状）は、シリコンとグラスファイバーでつくられた、柔軟性のある菓子型。シルパット、シルパン（メッシュ状）は、シリコンとグラスファイバーでできたベーキングシート。ともにフランス・ドゥマール社の製品です。

●焼成の際は、全体に均一な焼き色がつくよう、途中で一度、天板の前後を入れ替えます。

●柑橘の皮をすりおろす際、クリームや生地に混ぜ込む場合には目が細かいグラインダーを、仕上げにふりかける場合には目が粗いグラインダーを使用します。

●レモンやライムなどの果汁は搾りたてのものを、皮はすりおろして、剥きたてのものを使用します。

●室温の目安は約23℃です。ボンボン・ショコラやチョコレート菓子をつくる際、型に流したクーベルチュールを固めるときは、16～18℃の涼しい場所で保管します。

〈素材について〉

素材のメーカーやブランドはとくに固定するものではありませんが、現在、アテスウェイでは以下のものを使用しています。

●バター…森永乳業「森永フレッシュバター（食塩不使用）」

●発酵バター…明治乳業「明治 発酵バター（食塩不使用）」

●卵…栃木県・稲見商店「さくら玉子」（Mサイズ）

●生クリーム（乳脂肪分35％）…明治乳業「明治フレッシュクリーム35」

●生クリーム（乳脂肪分45％）…明治乳業「明治NT フレッシュクリーム100」

●海塩…とくに記載のない場合は、セルマランドゲランド「ゲランドの塩（顆粒）」

●板ゼラチン…グランベル「ドイツ板ゼラチンシルバー」（1枚4g）

●LMペクチン…アイコク「OG 505 S」

●HMペクチン…アイコク「PG 879 S」

●フルーツのピュレ…シコリ「冷凍フルーツピュレ」各種

●ナパージュ・ヌートル…ヴァローナ「アプソリュ・クリスタル」

pâtisserie パティスリー

2001年開店し、14年、「Back to origin, be timeless」のコンセプトのもと、GLAMOROUS co.,ltd. の森田恭通氏がデザインを担当し、改装。大理石を中心に白色と銀色で統一され、天井には、川村さんが修業したサン＝マロの海を彷彿とさせるカモメのルーバーが並び、温かな光が包む。全長約7m のL字型ショーケースとアイランド型の陳列台に並ぶのは、プチガトー35 〜 40種、アントルメ12 〜 15種、ケーク約15種、マカロン約10種、ヴィエノワズリーとパン10 〜 15種、フール・セック約15種など。個包装の焼き菓子約30種もそろえる。開店前から行列ができ、平日は300人以上、週末は500人以上が来店する。

1

クラシックを僕なりのスタイルで

僕が伝統菓子を強く意識するようになったのは、29歳でフランスのブルターニュ地方へ渡ってからのことです。それまで日本で勤めていたホテルのパティスリーで、幅広く多種多様なお菓子に触れていましたが、どちらかというと、僕が目を向けていたのは洗練されたお菓子や細工菓子の数々。フランス修業を決めたのも、コンクールへの挑戦が理由でした。

でも、いざブルターニュ地方へ行ってみると、僕が惹かれたのはガレット・ブルトンヌやファー・ブルトンなど、郷土で守り継がれてきた伝統菓子の数々。見た目は日本の菓子に比べてあまりきれいではないし、シンプルだけれど、食べてみるとおいしい。「こんなに簡単なの?」と、感覚の違いに驚かされました。それからはどこのパティスリーに行ってもクラシックなお菓子を必ず選ぶようになり、モダンなお菓子があふれるパリに行ってさえ、たとえば「ピュイ・ダムールが食べたいな」と思うほど。パティシエ人生での大きな転換点だったと思います。

帰国してアテスウェイのシェフとなってからも、しばらくはブルターニュで知った味を中心に伝統菓子をそのままつくっていました。でも、店をやるからには自分のカラーを出さなければ、という思いが次第に強くなり、クラシックなお菓子から離れた状況がしばらく続くこととなりました。そんな僕を再び引き戻したのは、2014年に店を改装する際、店舗デザインを担当していただいた森田恭通さんからコンセプトとして提案された、「Back to origin, be timeless」という言葉です。「タイムレス」と聞いて、なんていい言葉だろうと思い、新しいものばかりに目を向けがちだったそれまでの僕の概念が打ち砕かれた感じがしました。

タイムレスというのは、年月が経っても変わらず、古さを感じさせないということ。お菓子にも確かに、古きよきものというものがあります。実際に今、フランスのパティスリーを訪れても、お菓子の顔触れは昔とそんなに変わっていないし、だからといって古臭くもない。それが時を超えて受け継がれる普遍のおいしさであり、本質的なおいしさなのだと思います。考えてみれば、今の僕たちがつくるお菓子のベースは、すべて昔の人たちがつくり上げ、受け継がれてきたものなのです。そのことに尊敬の念を抱き、きちんと意図を汲んだうえで自分の色を加えて、先へと続いていくようなお菓子をつくりたいと、改めて思いました。

そして、おいしさの原点に立ち返り、つくりはじめたのがバルケット・オ・マロンやエクレール、オペラ、タルト・オ・シトロンなどです。とはいえ伝統そのままではなく、自分ならではの個性は表現したい。でもアレンジしすぎず、油脂分や糖分を減らして素材の味を引き出し、メリハリのある味わいに仕立てていく。それが、僕が表現したいクラシック・ルヴィジテです。

Opéra aux Framboises

オペラ オ フランボワーズ

「夏向きのオペラをつくろう」と、生まれたのがこのお菓子です。伝統的なオペラに敬意を払って、構成や食べたときの感覚は守りつつ、酸味と軽さを柱にリノベーションしました。フランボワーズのアンビバージュをたっぷり打ったビスキュイ・ジョコンドと、フランボワーズ風味のクレムー、レモン風味のムースを重ね、間に挟んだフランボワーズのコンフィが力強いインパクト。バタークリームとガナッシュを使わない代わりに、クレムーにバターを加え、あっさりしたなかにもコクと深みを出しています。

Opéra aux Framboises

◉ビスキュイ・ジョコンド　Biscuit Joconde
（60×40cmの天板3枚分）
全卵　œufs　535g
アーモンドパウダー
amandes en poudre　400g
粉糖　sucre glace　400g
卵白　blancs d'œufs　340g
グラニュー糖　sucre semoule　75g
乾燥卵白　blancs d'œufs en poudre　2g
薄力粉　farine ordinaire　130g
バター　beurre　85g

◉アンビバージュ　Sirop d'Imbibage
フランボワーズのピュレ
purée de framboises　255g
ボーメ30°のシロップ（→p.261）
sirop à 30° B　165g
水　eau　165g
レモン果汁　jus de citron　50g
フランボワーズのリキュール（ヴォルフベルジェール「アルザス リキュール フランボワーズ」）
liqueur de framboise　41g
＊すべての材料を混ぜ合わせる。

◉コンフィ・ド・フランボワーズ
Confit de Framboise
フランボワーズのピュレ
purée de framboises　375g
水アメ　glucose　125g
フランボワーズ（冷凍、ブロークン）
framboises brisées surgelées　375g
グラニュー糖　sucre semoule　125g
LMペクチン　pectine　12g

◉クレムー・フランボワーズ
Crémeux Framboise
フランボワーズのピュレ
purée de framboises　650g
グラニュー糖　sucre semoule　90g
LMペクチン　pectine　13g
卵黄　jaunes d'œufs　90g
フランボワーズのオー・ド・ヴィ（ヴォルフベルジェール「アルザス フランボワーズ（オードヴィ）」）
eau-de-vie de framboise　20g
バター　beurre　148g

◉ムース・オ・シトロン
Mousse au Citron
パラチニット　sucre palatinit　165g
グラニュー糖A　sucre semoule　43g
水　eau　80g
卵白　blancs d'œufs　165g
すりおろしたレモンの皮（細かい目）
zestes de citron râpés fins　2個分
レモン果汁　jus de citron　270g
グラニュー糖B　sucre semoule　165g
板ゼラチン　feuilles de gélatine　27g
生クリーム（乳脂肪分35％）
crème fraîche 35% MG　650g

◉その他　Autres Éléments
クーベルチュール（ホワイト、カカオバター34％、ヴァローナ「オパリス」）
couverture blanc (beurre de cacao 34%)　適量
グラサージュ・ショコラ・ブラン
glaçage chocolat blanc（→p.266）　適量
赤の色素で模様をつけたクーベルチュールの薄板
plaquette de chocolat en couleurs rouges
（→p.268）　適量

La Composition

1 赤の色素で模様をつけたクーベルチュールの薄板
2 ムース・オ・シトロン
3 アンビバージュをしみ込ませた、ビスキュイ・ジョコンド
4 コンフィ・ド・フランボワーズ
5 クレムー・フランボワーズ

ビスキュイ・ジョコンド

❶ 全卵をミキサーボウルに入れ、泡立て器で溶きほぐす。合わせてふるったアーモンドパウダーと粉糖を加え、粉が見えなくなるまで混ぜ合わせる。

❷ ①を湯煎にかけ、泡立て器で混ぜながら人肌程度の温度になるまで温める（A）。

❸ ②を、ビーターをつけた中高速のミキサーで撹拌し、空気を含んで白くもったりした状態になるまで泡立てる（B）。

❹ 卵白を別のミキサーボウルに入れ、混ぜ合わせたグラニュー糖と乾燥卵白を加える。中高速のミキサーで離水する手前までしっかり泡立てる（C）。
＊組み立ての際にアンビバージュを生地により多くしみ込ませたいので、メレンゲを艶よくなめらかな泡立ちで止めず、それを超えてバサついた状態になるまで泡立てて、気泡の粗い生地に仕上げる。
＊③がほぼ泡立ってきたところで④を開始し、③と④の泡立ちのタイミングを合わせること。

❺ ④をボウルに移し入れ、泡立て器で少しほぐす。③を加えながら泡立て器でざっと混ぜる（D）。
＊はじめからゴムべらで混ぜると、混ざりにくく、ダマが残りやすくなる。

❻ ゴムべらに替え、ふるった薄力粉を加えながら混ぜ合わせる（E）。

❼ バターを耐熱ボウルに入れ、電子レンジにかけて溶かして65℃に調整する。これに⑥をひとすくい加え、泡立て器でよく混ぜる（F）。これを⑥に戻し入れる。均一な状態になり、少し艶が出るまでゴムべらで混ぜ合わせる。

❽ オーブンペーパーを貼りつけた60×40cmの天板に⑦を620gずつ流し入れ、L字パレットナイフで平らにならす（G）。

❾ 180℃のコンベクションオーブンで約8分焼く。オーブンペーパーごと網にのせ、焼き面にラップフィルムを貼りつけて室温で冷ます（H）。使用する直前にラップフィルムと一緒に焼き色のついた生地の表面をはがす（→ p.259）。

❿ 57×37cmのカードル型に合わせて牛刀で端を切り落す。ラップフィルムをかけて室温に置いておく。

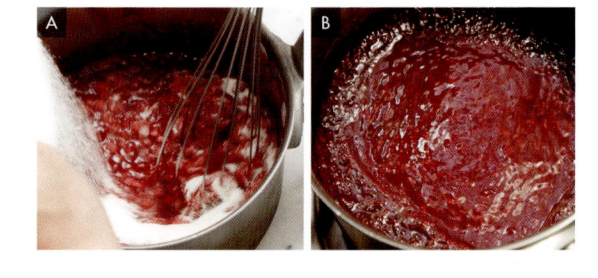

コンフィ・ド・フランボワーズ

❶ フランボワーズのピュレ、水アメ、フランボワーズを鍋に入れ、火にかける。ゴムべらで混ぜながら40℃になるまで温め、火を止める。

❷ 混ぜ合わせたグラニュー糖とLMペクチンを①に加えながら、泡立て器でよく混ぜる（A）。再び火にかけ、泡立て器で混ぜながら沸騰するまで加熱する（B）。ボウルに移し入れる。

❸ ボウルの底に氷水を当てて、とろみがつくまで冷やす。

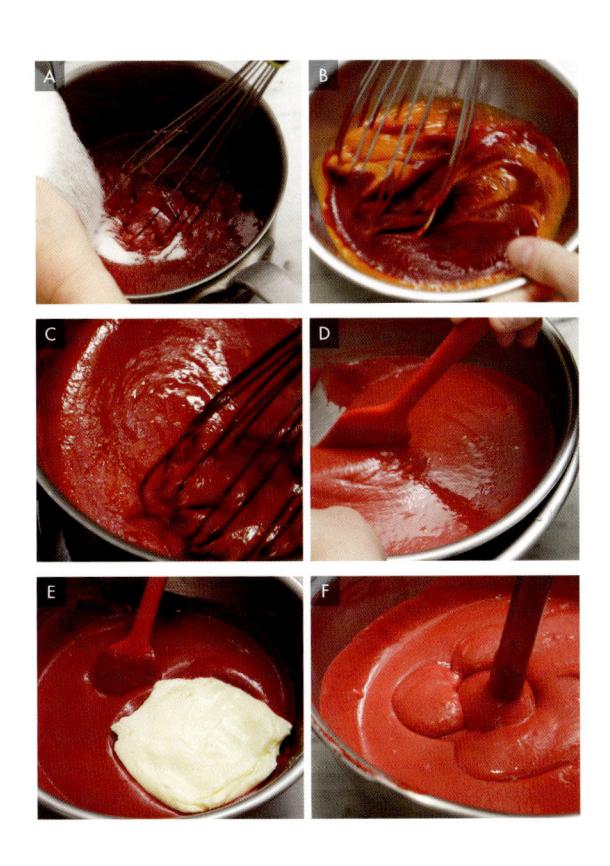

クレムー・フランボワーズ

❶ フランボワーズのピュレを鍋に入れ、火にかける。ゴムべらで混ぜながら40℃になるまで温め、火を止める。

❷ 混ぜ合わせたグラニュー糖とLMペクチンを①に加えながら、泡立て器でよく混ぜる（A）。

❸ 卵黄をボウルに入れて溶きほぐし、②を少量加えて泡立て器でよく混ぜる（B）。これを②に戻し入れ、泡立て器でよく混ぜる。

❹ ③を強火にかけ、泡立て器で混ぜながら沸騰するまで加熱する（C）。

❺ シノワで漉してボウルに入れる。ボウルの底に氷水を当てて、ゴムべらで混ぜながら35℃になるまで冷やす（D）。

❻ フランボワーズのオー・ド・ヴィを加えてゴムべらで混ぜる。

❼ 組み立ての直前に、冷蔵庫からバターを取り出し、ラップフィルムで包んだ状態で手で揉んでやわらかくする。⑥に加える（E）。

＊加え混ぜたバターが冷えて固まってしまうと、再び温めて撹拌し直さなければならず、状態が悪くなってしまうので、使用する直前に加え混ぜること。

❽ スティックブレンダーで撹拌し、均一な状態になるまでしっかり乳化させる（F）。

ムース・オ・シトロン

❶ パラチニット、グラニュー糖A、水を鍋に入れ、火にかけて121℃になるまで煮詰める。

❷ 卵白をミキサーボウルに入れ、①を注ぎ入れながら高速のミキサーで泡立てる（A）。しっかり泡立ち、粗熱が取れるまで撹拌する。

❸ すりおろしたレモンの皮を加え、高速でさっと撹拌して混ぜ合わせる（B）。ミキサーボウルごと冷凍庫に入れ、18℃になるまで冷やす。

❹ レモン果汁とグラニュー糖Bを鍋に入れ、泡立て器で混ぜ溶かす。火にかけて沸騰させる（C）。

❺ ふやかした板ゼラチンを加えて泡立て器で混ぜ溶かし、ボウルに移し入れる。

❻ ボウルの底に氷水を当てて、30℃になるまで冷ます（D）。

❼ ③に⑥を1／4量ずつ2回加え、そのつど泡立て器でよく混ぜる（E）。残りの⑥を加えながら、泡立て器でムラなく混ぜる。

❽ 7分立ての生クリームを入れたボウルに⑦を加えながら、泡立て器で均一な状態になるまで混ぜる（F）。ゴムべらに替え、ムラのないよう混ぜ合わせる。

組み立て、仕上げ

❶ 板にオーブンペーパーを敷き、ビスキュイ・ジョコンド1枚を焼き面を上にしてのせる。溶かしたクーベルチュールをL字パレットナイフで薄く塗る(A)。室温で固める。

＊フランボワーズの強い酸味とバランスが取れるよう、甘みが強くてミルキーなクーベルチュールを選択。

❷ ①にオーブンペーパーをかぶせて板をのせ、裏返す。上の板とオーブンペーパーを取り、アンビバージュを刷毛で220g打つ(B)。

❸ OPPシートを敷いた天板に57×37cmのカードル型をのせ、ムース・オ・シトロンを800g流し入れる。L字パレットナイフで平らにならす(C)。

❹ 焼き面を下にしてビスキュイ・ジョコンドをかぶせる。オーブンペーパーをはがし、手のひらで軽く押さえて密着させ、平らにする(D)。

❺ アンビバージュを刷毛で220g打つ。

❻ コンフィ・ド・フランボワーズを500gのせ、L字パレットナイフで平らにならす(E)。

❼ クレムー・フランボワーズを全量流し入れ、L字パレットナイフで平らにならす(F)。

❽ 焼き面を下にしてビスキュイ・ジョコンドをかぶせる。オーブンペーパーをはがし、手のひらで軽く押さえて密着させ、平らにする。

❾ アンビバージュを刷毛で220g打つ(G)。

❿ 残りのコンフィ・ド・フランボワーズをのせ、L字パレットナイフで平らにならす。

⓫ 残りのムース・オ・シトロンを流し入れ、L字パレットナイフで平らにならす(H)。

⓬ ②を、クーベルチュールを塗った面を上にして、⓫にかぶせる(I)。オーブンペーパーをはがし、手のひらで軽く押さえて密着させ、平らにする。ショックフリーザーで冷凍する。

⓭ ⓬にオーブンペーパーをかぶせ、板をのせて上下を返し、上の天板をはずして、OPPシートをはがす。上面にグラサージュ・ショコラ・ブラン(→ p.266)をのせ、L字パレットナイフで薄く塗り広げる。

⓮ ガスバーナーで側面を軽く温め、型をはずす。

⓯ 平刃包丁で12×2.8cmに切る。オーブンペーパーを敷いた板に並べる。

⓰ 赤の色素で模様をつけたクーベルチュールの薄板(→ p.268)を、上面に貼りつける(J)。

Tarte Tatin

タルト タタン

このタルト・タタンを食べると、ナイフがすっと入るほどやわらかくてトロトロのリンゴに、みんな驚きます。秘訣は、リンゴをスライスしてカルヴァドスにくぐらせ、キャラメルとともに半球型のフレキシパンに入れて焼くこと。これによって蒸し焼きの状態になり、リンゴの繊維の隅々までキャラメルのジュ（汁）がしみ込むのです。それと対比をなすのが、両面にグラニュー糖をまぶしてから焼くことでキャラメリゼした、パート・ブリゼのザクザク感。シンプルなおいしさを引き出したひと品です。

Tarte Tatin

◉**パート・ブリゼ**
Pâte Brisée (→ p.254)　約300g

◉**ポンム・タタン**　Pomme Tatin
キャラメル　caramel (→ p.267)　140g
リンゴ (紅玉)　pommes　5個
カルヴァドス　Calvados　適量

◉**グラサージュ・キャラメル・ポンム**
Glaçage Calamel Pomme (つくりやすい分量)
グラニュー糖　sucre semoule　300g
LM ペクチン　pectine　40g
リンゴ果汁 (市販)　jus de pomme　1000g
ソース・オ・キャラメル
sauce au caramel (→ p.267)　55g
カルヴァドス　Calvados　20g

◉**クランブル・カネル**
Crumble Cannelle (つくりやすい分量)
バター　beurre　750g
カソナード　cassonade　750g
アーモンドパウダー
amandes en poudre　750g
海塩　sel de mer　15g
薄力粉　farine ordinaire　750g
シナモンパウダー　cannelle en poudre　30g

◉**クレーム・マスカルポーネ**
Crème Mascarpone (つくりやすい分量)
生クリーム (乳脂肪分35%)
crème fraîche 35% MG　220g
グラニュー糖　sucre semoule　34g
マスカルポーネチーズ　Mascarpone　110g
ヴァニラペースト　pâte de vanille　適量

◉**その他**　Autres Éléments
クレーム・ディプロマット
crème diplomate (→ p.260)　10g
シュークル・デコール　sucre décor　適量

リンゴは、フランスではグラニースミス、日本では紅玉を選択。酸味が立ち、身がしっかりしているので、焼いたときに膨らみすぎず、味がぼやけない。

La Composition

1 クレーム・マスカルポーネ
2 グラサージュ・キャラメル・ポンムをかけた、ポンム・タタン
3 クレーム・ディプロマット
4 シュークル・デコールをかけた、クランブル・カネル
5 キャラメリゼをした、パート・ブリゼ

ポンム・タタン

❶ 直径8cmの半球型のフレキシパンを天板にのせ、キャラメル（→ p.267）を7gずつ入れる（A）。

❷ 皮剥きスライサーを使い、リンゴの皮を剥いて薄くスライスする（B）。丸ごと手に持って残った皮をペティナイフで取り除き、横1/2に切る。

＊皮剥きスライサーを使うと、皮剥き・芯抜き・スライス（厚さ約2mm）が同時に行われ、らせん状につながった状態になる。

❸ ボウルに入れたカルヴァドスに②をくぐらせ（C）、①に切り口を上にして入れる（D）。

❹ 切り口にキャラメルを7gずつのせ（E）、160℃のコンベクションオーブンで約35分焼く。

❺ オーブンから出したらすぐにカルヴァドスをふりかける（F）。粗熱を取り、冷凍庫で1日休ませる。

グラサージュ・キャラメル・ポンム

❶ グラニュー糖の1/3量をボウルに入れ、LMペクチンを加えて泡立て器で混ぜておく。

❷ リンゴ果汁を鍋に入れて火にかけ、残りのグラニュー糖を加える。

❸ ②が温まったら、泡立て器で混ぜながら①を加える。泡立て器で混ぜながら加熱し、沸騰したら火を止める。

❹ ソース・オ・キャラメル（→ p.267）を入れたボウルに③を少量加え、ゴムべらで溶きのばす。③に戻し入れ、泡立て器で混ぜる（A）。

❺ カルヴァドスを加え、泡立て器で混ぜる。室温で冷まし、粗熱が取れたら容器に入れて冷蔵庫で保管する（B）。

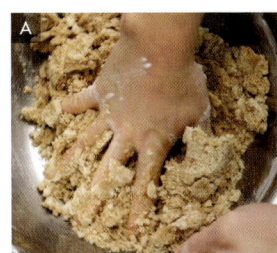

クランブル・カネル

❶ 室温に戻したバターをボウルに入れ、ゴムべらで混ぜてポマード状になるまでやわらかくする。カソナード、アーモンドパウダー、海塩、薄力粉を順に加え、そのつど手で握るようにして混ぜる。

❷ シナモンパウダーを全体にふり入れる。手で握るようにして、ムラがなくなるまで混ぜる（A）。

❸ ひとまとめにして、ラップフィルムを敷いた天板にのせる。手のひらで叩いてざっと平らにし（B）、ラップフィルムをかけて密着させ、冷蔵庫で1日休ませる。

❹ 天板にシルパンを敷き、5mm目の網をのせる。③を冷たい状態でのせ、手のひらで押して漉す（C）。

❺ 漉した生地が重ならないようにしてシルパン全体に広げ（D）、160℃のコンベクションオーブンで20 〜 25分焼く。

❻ 室温で冷ましたのち、乾燥剤とともに密閉容器に入れて保管する。

組み立て

❶ パート・ブリゼ（→ p.254）をパイシーターで厚さ4㎜にのばす。オーブンペーパーを敷いた天板にのせ、ピケしたのち、直径8㎝の円形の抜き型で抜く（A）。

❷ ①の両面にスプレーで水（分量外）を軽く吹きつける。両面にグラニュー糖をしっかりまぶしつける（B）。シルパンを敷いた天板に並べ、室温で少し休ませる。

❸ 165℃のコンベクションオーブンで約20分焼き、膨らみきって中まで火が入ってきたら、いったんオーブンから取り出す（C）。

❹ オーブンペーパーをかぶせて天板をのせ、上から軽く押して平らにする（D）。

❺ 天板の前後を入れ替えてオーブンに戻し入れ、さらに約15分焼く。オーブンから取り出し、網をかぶせて裏返し、天板をはずしてシルパンをはがす（E）。室温で冷ましたのち、密閉容器に入れて保管する。

❻ ポンム・タタンを冷凍庫から出してフレキシパンからはずし、網をのせた天板に並べる。

❼ グラサージュ・キャラメル・ポンムを電子レンジで30℃に温め、レードルで⑥にまんべんなく回しかける（F）。網をトントンと軽く天板に打ちつけ、余分なグラサージュを落す。

❽ 冷蔵庫に入れ、解凍する。

＊ポンム・タタンがまだ冷凍状態なので、回しかけたグラサージュ・キャラメル・ポンムはいったん白くなるが、そのまま冷蔵庫に入れて解凍すると透明感のあるジュレ状になる。

❾ ⑧のてっぺんをスプーンの柄で突き、芯をくり抜いた際にできた穴を貫通させる（G）。

❿ 天板にオーブンペーパーを敷き、⑤を並べる。パレットナイフで⑨をのせる（H）。

⓫ クレーム・ディプロマット（→ p.260）を口径9㎜の丸口金をつけた絞り袋に入れ、ポンム・タタンにあけた穴の中に絞り入れる（I）。

⓬ 長さ1.5〜2㎝程度に割ったクランブル・カネルを、⑪の側面の裾に貼りつける。

⓭ シュークル・デコールを、グラサージュ・キャラメル・ポンムにかからないように注意して、クランブル・カネルの上にふりかける（J）。冷蔵庫に入れておく。

クレーム・マスカルポーネ／仕上げ

❶ 生クリームをミキサーボウルに入れ、グラニュー糖を加える。中速のミキサーで撹拌し、混ぜ合わせる。

❷ マスカルポーネチーズをボウルに入れ、①を1/3量加えて泡立て器でよく混ぜる。

❸ ②を①に戻し入れ、ヴァニラペーストを加える。中高速のミキサーでしっかり泡立てる（A）。

❹ 12切・9番の星口金をつけた絞り袋に③のクレーム・マスカルポーネを入れ、菓子のてっぺんにらせん状に2回転絞る（B）。

Barquette au Marron

バルケット オ マロン

フォンダンとパータ・グラッセで半面ずつ覆った伝統的な形とは
異なる、モダンなスタイルの「バルケット オ マロン」です。ク
レーム・フランジパーヌを詰めたタルトは、カシスの実とコン
フィチュールの力強い酸味がアクセント。クレーム・ド・マロンに
は生クリームを加えて軽さを出し、シャープに盛りつけました。
クレーム・ド・マロンを一つひとつ、パレットナイフで形を整える
のは手間がかかりますが、昔ながらの手仕事で生まれる形が、
型を使うのとは違って逆に新鮮で、魅力を感じます。

Barquette au Marron

◉パート・シュクレ
Pâte Sucrée (→ p.254) 約500g

◉コンフィチュール・ド・カシス
Confiture de Cassis (つくりやすい分量)
カシスのピュレ purée de cassis 500g
グラニュー糖 sucre semoule 250g
LMペクチン pectine 5g

◉クレーム・フランジパーヌ **Crème Frangipane**
クレーム・パティシエール
crème pâtissière (→ p.260) 100g
クレーム・ダマンド
crème d'amande (→ p.261) 375g
ラム酒 (バーディネー「ディロン トレヴューラム
V.S.O.P.」) rhum 7.5g

◉アンビバージュ **Sirop d'Imbibage**
ボーメ30°のシロップ
sirop à 30° B (→ p.261) 250g
ラム酒 (バーディネー「ディロン トレヴューラム
V.S.O.P.」) rhum 115g
水 eau 50g
＊すべての材料を混ぜ合わせる。

◉クレーム・ド・マロン
Crème de Marron (20個分)
パート・ド・マロン pâte de marrons 360g
バター beurre 180g
ラム酒 (バーディネー「ディロン トレヴューラム
V.S.O.P.」) rhum 40g
生クリーム (乳脂肪分35%)
crème fraîche 35% MG 130g

◉その他 **Autres Éléments**
クレーム・シャンティイ
crème Chantilly (→ p.260) 適量
カシス (冷凍、ホール)
cassis entières surgelés 適量
シロップ漬けのクリ (細かいブロークン。アンベー
ル「マロンインシロップ ブリジュア」)
marrons confits au sirop 適量
ナパージュ・ヌートル nappage neutre 適量
ココナッツ・ファイン (ロースト)
noix de coco râpée grillée 適量

La Composition

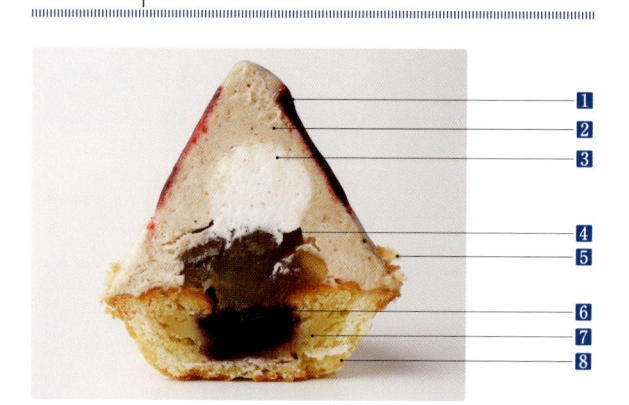

1 コンフィチュール・ド・カシス
2 クレーム・ド・マロン
3 クレーム・シャンティイ
4 シロップ漬けのクリ
5 ココナッツ・ファイン
6 カシスと、コンフィチュール・ド・カシス
7 クレーム・フランジパーヌ
8 パート・シュクレ

コンフィチュール・ド・カシス

❶ カシスのピュレを鍋に入れ、中火にかける。グラニュー糖を2/3量加え、泡立て器で混ぜながら加熱する（A）。

❷ 残りのグラニュー糖にLMペクチンを加え、泡立て器で混ぜ合わせる。これを①に加え（B）、泡立て器で時折混ぜながら糖度60° brixになるまで煮詰める（103℃が目安）（C）。

❸ ラップフィルムを敷いた天板に②を薄く広げる（D）。室温で冷ましたのち、冷蔵庫で冷やす。

組み立て①

❶ バルケット型を互い違いになるように天板に並べる。

❷ パート・シュクレ（→ p.254）をパイシーターで厚さ2mmにのばし、麺棒に巻きつけて、少したるませながら①の上にふんわりかぶせる（A）。

❸ 手で生地を持ち、少したるませながらそれぞれの型の中に軽く入れ込む。

❹ 余分な生地を切り取って丸め、打ち粉をつけて③にやさしくていねいにトントンと押し当て、生地を型にぴったり敷き込む（B）。細くなっている両端の角をしっかり出すこと。

❺ 麺棒を④の上に転がして、余分な生地を切り落す（C）。

❻ 人差し指と中指に打ち粉をつけ、⑤の内側をさするようにして厚みを均一に整える。空気が入っている場合には竹串で刺し、指で軽く押さえて空気を抜いたのち、軽くさすって穴を消す（D）。

❼ 冷蔵庫で約30分休ませる（E）。

❽ コンフィチュール・ド・カシスをコルネに入れ、⑦の中央にひと筋絞る（太さは1.5mmが目安）（F）。

クレーム・フランジパーヌ／組み立て②

❶ クレーム・パティシエール（→ p.260）をボウルに入れ、ゴムべらでなめらかになるまでほぐす。

❷ クレーム・ダマンド（→ p.261）を別のボウルに入れ、ゴムべらでなめらかになるまでほぐす。

❸ ①を②に加えてゴムべらでよく混ぜたのち、ラム酒を加え混ぜる（A）。固ければ、ボウルの底を直火に当てながらゴムべらで混ぜ、絞りやすい固さにする。

❹ 口径11㎜の丸口金をつけた絞り袋に③のクレーム・フランジパーヌを入れ、〈組み立て①〉⑧の中に絞り入れる。端から端へと1往復して、型の縁よりやや低めの高さまで絞り入れる（B）。

❺ 冷凍カシスを④の上に3粒（小さければ4粒）並べてのせ、軽く押してクレーム・フランジパーヌの中に少し沈める（C）。

❻ 160℃のコンベクションオーブンで約15分焼く。

❼ ⑥のクレーム・フランジパーヌの上にアンビバージュを刷毛で軽く打つ（D）。そのまま室温で冷ましたのち、型をはずす。

❽ クレーム・フランジパーヌの中央部分を指で軽く押して窪ませる。

❾ シロップ漬けのクリを⑧の窪みにスプーンで一直線にのせる（E）。

❿ 口径9㎜の丸口金をつけた絞り袋にクレーム・シャンティイ（→ p.260）を入れ、⑨のシロップ漬けのクリの上に一直線に絞る（F）。ショックフリーザーでしっかり冷やし固める。

クレーム・ド・マロン／組み立て③、仕上げ

❶ 室温に戻したパート・ド・マロンをミキサーボウルに入れ、ビーターをつけた低速のミキサーで撹拌してやわらかくする。

❷ ポマード状のバターを3回に分けて①に加え、そのつど中低速のミキサーで少し泡立てる（A）。

❸ 白っぽくなるまで泡立てたら、ビーターとミキサーボウルの側面についたクリームをゴムべらで払い落し、再び撹拌を続ける。

❹ ラム酒を少しずつ加えながら低速で撹拌し、白くなるまでしっかり泡立てる。ゴムべらで底のクリームを返しながら混ぜてなめらかな状態にする。

❺ 7分立てにした生クリームを加え、ゴムべらで手早くすくい混ぜる（B）。
＊混ぜ方が遅くても、混ぜすぎても分離するので、手早く混ぜて均一になったら手を止める。できあがったらすぐに使用すること。

❻ 〈組み立て②〉⑩を手で持ち、上から下へとパレットナイフを滑らせるようにして⑤のクレーム・ド・マロンを塗り、クレーム・シャンティイを覆う。両側面から塗りつけ、高さを出す（C）。

❼ ⑥の側面をパレットナイフで平らに整え、余分なクリームを上から下へとすり切りながら、峰のように形をシャープに整える。ショックフリーザーで冷凍する。
＊峰の稜線に当たる部分はまっすぐ一直線になるようにする。

❽ 小さいパレットナイフで、コンフィチュール・ド・カシスを両側面にさっとひと塗りする。ショックフリーザーで冷凍する（D）。

❾ パレットナイフで、ナパージュ・ヌートルを表面に薄く塗る（E）。
＊何度もこすると気泡が入り、コンフィチュールがにじんでしまうので、さっと塗ること。

❿ 軽くローストしたココナッツ・ファインを手のひらにのせ、⑨の下部に押し当てて貼りつける（F）。

Tarte Chiboust Caramel Orange

タルト シブースト キャラメル オランジュ

タルト・シブーストは、キャラメリゼされた表面がパリッ、クレーム・シブーストがフ
ワッ、タルトがサクッとさまざまな食感が楽しめて、好きなお菓子。そこにさわやか
なオレンジと、苦みがあってとろりとしたキャラメルを融合させて、味にも変化のあ
るひと品に仕上げました。ブラッドオレンジが主役ですが、それだけではシャープな
酸味が立ちすぎるので、すりおろしたオレンジの皮も随所に使って、やわらかな香
りをプラス。オレンジのリキュールも加えて、さらに香りを引き立たせています。

Tarte Chiboust Caramel Orange

タルト シブースト キャラメル オランジュ ■ 材料（直径8cm、高さ1.5cmのタルトリング型・24個分）

⊙パート・シュクレ
Pâte Sucrée（→ p.254）　約500g
ドリュール（全卵）　dorure　適量

⊙キャラメル・ア・ロランジュ
Caramel à l'Orange
生クリーム（乳脂肪分35%）
crème fraîche 35% MG　240g
すりおろしたオレンジの皮（細かい目）
zestes d'orange râpés fins　6g
グラニュー糖　sucre semoule　210g
水アメ　glucose　150g
有塩バター　beurre salé　120g
海塩　sel de mer　2g
オレンジのリキュール（ヴォルフベルジェール「ア
ルザス コニャックオレンジ コンサントレ 50°」）
liqueur d'orange　45g

⊙ビスキュイ・マドレーヌ・ア・ロランジュ
Biscuit Madeleine à l'Orange
（60×40cmの天板1枚分）
全卵　œufs　240g
グラニュー糖　sucre semoule　190g
すりおろしたオレンジの皮（細かい目）
zestes d'orange râpés fins　1個分
生クリーム（乳脂肪分35%）
crème fraîche 35% MG　48g
バター　beurre　75g
薄力粉　farine ordinaire　75g
ベーキングパウダー　levure chimique　6g
コーンスターチ　fécule de maïs　75g

⊙クレーム・ア・ロランジュ・サンギーヌ
Crème à l'Orange Sanguine（60個分）
ブラッドオレンジのピュレ
purée d'oranges sanguine　410g
全卵　œufs　165g
卵黄　jaunes d'œufs　205g
グラニュー糖　sucre semoule　164g
板ゼラチン　feuilles de gélatine　11g
コアントロー（54°）　Cointreau 54°　36g
バター　beurre　146g
すりおろしたオレンジの皮（細かい目）
zestes d'orange râpés fins　3個分

⊙クレーム・シブースト・ア・ロランジュ
Crème Chiboust à l'Orange（70個分）
パラチニット　sucre palatinit　420g
グラニュー糖A　sucre semoule　210g
水　eau　160g
卵白　blancs d'œufs　315g
牛乳　lait　270g
卵黄　jaunes d'œufs　92g
グラニュー糖B　sucre semoule　80g
ブラッドオレンジのピュレ
purée d'oranges sanguine　180g
コーンスターチ　fécule de maïs　45g
板ゼラチン　feuilles de gélatine　15g
グランマルニエ(50°)　Grand-Marnier 50°　36g
バター　beurre　45g
すりおろしたオレンジの皮（細かい目）
zestes d'orange râpés fins　1個分

⊙クレーム・シャンティイ・ア・ロランジュ
Crème Chantilly à l'Orange
（つくりやすい分量）
生クリーム（乳脂肪分45%）
crème fraîche 45% MG　250g
生クリーム（乳脂肪分35%）
crème fraîche 35% MG　250g
グラニュー糖　sucre semoule　40g
すりおろしたオレンジの皮（細かい目）
zestes d'orange râpés fins　½個分

⊙その他　Autres Éléments
ヘーゼルナッツ（皮剥き、ホール）
noisettes entières émondées　適量
オレンジの皮のコンフィ
écorces d'orange confites　適量
ブラウンシュガー　sucre brun　適量
粉糖　sucre glace　適量
シュークル・デコール　sucre décor　適量

La Composition

1 クレーム・シブースト・ア・ロランジュ
2 クレーム・ア・ロランジュ・サンギーヌ
3 ビスキュイ・マドレーヌ・ア・ロランジュ
4 クレーム・シャンティイ・ア・ロランジュ
5 ヘーゼルナッツと、キャラメル・ア・ロランジュ
6 パート・シュクレ

パート・シュクレの焼成／組み立て①

❶ パート・シュクレ（→ p.254）をパイシーターで厚さ2mmにのばし、直径12cmの円形の型で抜く。直径8cm、高さ1.5cmのタルトリング型に敷き込み（フォンサージュ→ p.259）、シルパンを敷いた天板に並べる（A）。

❷ 160℃のコンベクションオーブンで15〜18分焼く。

❸ いったんオーブンから取り出し、型をはずして、内側にドリュールを刷毛で塗る。再び160℃のコンベクションオーブンで、ドリュールが乾くまで2〜3分焼く。オーブンから取り出し、そのまま室温で冷ます（B）。

❹ ヘーゼルナッツを160℃のコンベクションオーブンで約15分ローストし、冷ます。包丁の腹でざっと潰したのち、粗く刻む（C）。

❺ ③のパート・シュクレの中に④を8gずつ入れる（D）。

キャラメル・ア・ロランジュ／組み立て②

❶ 生クリーム、すりおろしたオレンジの皮を鍋に入れ、火にかけて温める（A）。

❷ グラニュー糖を別の鍋に入れ、強火にかける。鍋をゆすりながら加熱し、グラニュー糖が半分くらい溶けたら水アメを加え、ゆすりながらさらに加熱する（B）。

＊焦げるので、鍋肌にはできるだけつけないようにする。

❸ ②が全体的に色づいてキャラメル状になったら、泡立て器で時折混ぜながら加熱を続ける。

＊ダマができないよう、全体が溶けてキャラメル状になるまでは鍋をゆすりながら加熱し、泡立て器は使わない。

❹ 煙が出てきたら火を弱め、色を見ながら加熱を続ける。赤みを帯びたほどよいキャラメル色になったら火を止める（C）。

❺ 角切りにした室温の有塩バターを④に加え、泡立て器で混ぜ溶かす（D）。

❻ ①を4〜5回に分けて⑤に加え、そのつど泡立て器でよく混ぜる（E）。

❼ 再び火にかけ、沸騰したら火から下ろす。シノワで漉してボウルに入れる。

❽ 海塩を加え混ぜた後、オレンジのリキュールを加え混ぜる（F）。

❾ 〈組み立て①〉⑤のヘーゼルナッツを入れたパート・シュクレの中に、⑧のキャラメル・ア・ロランジュを熱いうちにレードルでいっぱいになるまで注ぎ入れる（G）。

＊キャラメル・ア・ロランジュが熱いうちに行わないと、流動性が失われてきれいに流せなくなるので注意。

＊キャラメル・ア・ロランジュは、ボウルの底に海塩が沈みやすいので、混ぜながら注ぎ入れること。

❿ ティースプーンで表面をざっとならす。

⓫ 太めの千切りにしたオレンジの皮のコンフィを5〜6本ずつのせる（H）。ショックフリーザーで冷凍する。

ビスキュイ・マドレーヌ・ア・ロランジュ

❶ 全卵をミキサーボウルに入れて泡立て器で溶きほぐし、グラニュー糖を加え混ぜる。湯煎にかけて、泡立て器で混ぜながら40℃になるまで温める（A）。＊温めることによって、泡立ちやすくなる。

❷ ①を高速のミキサーで、白っぽくふんわりとした状態になるまでしっかり泡立てる。いったん止めてすりおろしたオレンジの皮を加え（B）、中速で撹拌して混ぜる。

❸ ②と並行して、生クリームとバターを耐熱ボウルに入れ、電子レンジにかけてバターを溶かし、65℃に調整する。

❹ 合わせてふるった薄力粉、ベーキングパウダー、コーンスターチを②に加えながら、ゴムべらで粉が見えなくなるまで混ぜ合わせる（C）。

❺ ③に④を少量加え、泡立て器でよく混ぜる。これを④に戻し入れ、ゴムべらに替えて全体がなじむまで混ぜ合わせる（D）。

❻ オーブンペーパーを貼りつけた天板に流し、パレットナイフで平らにならす。

❼ 170℃のコンベクションオーブンで約7分焼く。オーブンペーパーごと網にのせ、ラップフィルムを貼りつけて室温で冷ます（E）。使用する直前にラップフィルムごと焼き色のついた生地の表面をはがす（→ p.259）。

❽ 直径6cmの円形の抜き型で抜く（F）。

クレーム・ア・ロランジュ・サンギーヌ

❶ ブラッドオレンジのピュレを鍋に入れ、火にかけて沸騰直前まで温める（A）。

❷ ①と並行して、全卵と卵黄をボウルに入れて泡立て器で溶きほぐし、グラニュー糖を加えてすり混ぜる。

❸ ①の半量を②に注ぎ入れ、泡立て器でよく混ぜる。これを①に戻し入れる（B）。ゴムべらで混ぜながら弱火にかけ、クレーム・アングレーズの要領で、82℃になるまで炊く（C）。

❹ ふやかした板ゼラチンを加えて泡立て器で混ぜ溶かし、網で漉してボウルに入れる。ボウルの底に氷水を当てて、35℃になるまで冷ます（D）。

❺ コアントローを加え、ゴムべらで混ぜる。

❻ 室温に戻してやわらかくしたバターとすりおろしたオレンジの皮を加え、スティックブレンダーで撹拌する。ある程度混ざったら、ボウルの側面やスティックブレンダーについたクリームをゴムべらで払い落し、再び撹拌して乳化させる（E）。

❼ 直径6.3cm、高さ2.5cmのバヴァロワ型（円柱、フレキシパン）を天板にのせ、⑥をスープスプーンで15gずつ流し入れる。天板ごと持ち上げて底を手のひらで叩き、表面を平らにする（F）。ショックフリーザーで冷凍する。

クレーム・シブースト・ア・ロランジュ／組み立て③

❶ パラチニット、グラニュー糖A、水を鍋に入れ、火にかける。泡立て器で混ぜながら121℃になるまで煮詰める。

❷ 卵白をミキサーボウルに入れて高速のミキサーで撹拌しはじめ、すぐに①を注ぎ入れながら泡立てる。温度が下がる前に⑧の工程へ進む。

❸ ①〜②と並行して、牛乳を鍋に入れて火にかけ、沸騰させる。

❹ 卵黄、グラニュー糖Bをボウルに入れて泡立て器でよく混ぜる。ブラッドオレンジのピュレを少量加え混ぜ、続いてコーンスターチを加え混ぜる。

❺ ③の半量を④に加え、泡立て器でよく混ぜる。③に戻し入れ、④の残りのブラッドオレンジのピュレも加える（A）。火にかけて、クレーム・パティシエールの要領で泡立て器で混ぜながら、沸騰した後コシが切れるまで炊く（B）。

❻ 火から下ろし、ふやかした板ゼラチンを加えて泡立て器で混ぜ溶かす。グランマルニエを加え混ぜる。

❼ バターを加えて泡立て器で混ぜ溶かし、網で漉してボウルに入れる。

❽ すりおろしたオレンジの皮を加え混ぜた後、②を加えてゴムべらで混ぜ合わせる（C）。

❾ 直径7cm、高さ1.5cmのセルクル型を、OPPシートを貼りつけた天板に並べる。口径15mmの丸口金をつけた絞り袋に⑧のクレーム・シブースト・ア・ロランジュを入れ、型の半分の高さまで絞り入れる（D）。

❿ 冷凍したクレーム・ア・ロランジュ・サンギーヌをフレキシパンからはずし、⑨の中央にのせてぎゅっと押す。隙間からクレーム・シブースト・ア・ロランジュが型の高さまで上がってくるまで押し沈める。

⓫ クレーム・シブースト・ア・ロランジュを⑩の上に絞り、表面をスープスプーンでざっと平らにならした後、パレットナイフで浅いすり鉢状に整える（E）。

⓬ ビスキュイ・マドレーヌ・ア・ロランジュを、焼き面を下にして⑪にかぶせる（F）。ラップフィルムをかけてショックフリーザーで冷凍する。

クレーム・シャンティイ・ア・ロランジュ／組み立て④、仕上げ

❶ 生クリーム2種とグラニュー糖をボウルに入れ、ボウルの底を氷水に当てながら、泡立て器で8分立てになるまで泡立てる。

❷ すりおろしたオレンジの皮を加え、しっかり泡立てる（A）。

❸ 〈組み立て②〉⑪をショックフリーザーから取り出す。②のクレーム・シャンティイ・ア・ロランジュをパレットナイフで上面に塗りつけ、平らにならす（B）。

❹ 〈組み立て③〉⑫をショックフリーザーから取り出し、型の側面を手で温めて型をはずす。ビスキュイ・マドレーヌ・ア・ロランジュを下にして③の上にのせる（C）。

❺ ④を手で持ち、逆さまにしてブラウンシュガーを入れた容器に上面をつけ、ブラウンシュガーをまんべんなくまぶしつける。

❻ ⑤の上面にスプレーで水（分量外）を吹きつけ、火でしっかり熱したコテを軽く押し当ててキャラメリゼする（D）。

❼ ⑥の上面にスプレーで水（分量外）を吹きつけ、⑤と同様にブラウンシュガーをまぶしつける。⑥と同様にキャラメリゼする。

❽ ⑦の上面に粉糖をたっぷりふる。

❾ 火でしっかり熱したコテを軽く押し当ててキャラメリゼする（E）。

❿ ⑨を手で持ち、シュークル・デコールをパート・シュクレの側面にふる（F）。

⓫ 薄切りにしたオレンジの皮のコンフィをのせる。

「シンプルでも上質でおいしい」ことは、僕のお菓子づくりで大事な要素の一つ。下手にいじらずともベーシックなままで充分おいしいのが、タルト・オ・シトロンです。フレッシュなレモンの果汁と皮を使えば、それだけで格段に味がよくなります。そこで配合や構成は大きく変えず、クレーム・オ・シトロンのバターの一部をオリーブオイルに変えて軽さを出し、清々しいフレッシュミントを加えました。メレンゲは、よりサクッと軽やかにするべく、オーブンで表面を軽く焼いてからタルトにのせています。

Tarte au Citron à la Menthe

Tarte au Citron à la Menthe

タルト オ シトロン ア ラ マント ▌材料（直径8㎝、高さ1.5㎝のタルトリング型・15個分）

◉パート・シュクレ
Pâte Sucrée（→ p.254）　約300g
ドリュール（全卵）　dorure　適量

◉クレーム・オ・シトロン　Crème au Citron
レモン果汁　jus de citron　219g
スペアミント A（葉のみ）
menthe frisée（feuilles）　6g
全卵　œufs　219g
グラニュー糖　sucre semoule　207g
すりおろしたレモンの皮（細かい目）
zestes de citron râpés fins　1 ½個分
バター　beurre　225g
レモン風味のE.V. オリーブオイル（テッレ・ボルマーネ「チトリノ」）
huile d'olive au citron　60g
スペアミント B（葉のみ）
menthe frisée（feuilles）　3g

◉ムラング　Meringue
卵白　blancs d'œufs　100g
水アメ　glucose　100g
転化糖　sucre inverti　100g
スペアミント（葉のみ）
menthe frisée（feuilles）　6g

◉その他　Autres Éléments
クーベルチュール（ホワイト、カカオバター34％、ヴァローナ「オパリス」）
couverture blanc（beurre de cacao 34%）　適量
ナパージュ・ヌートル　nappage neutre　適量
シュークル・デコール　sucre décor　適量
ゼスト・ド・シトロン・コンフィ（→ p.263）
zestes de citron confits　適量

La Composition

1 ゼスト・ド・シトロン・コンフィ
2 ムラング
3 クレーム・オ・シトロン
4 パート・シュクレ

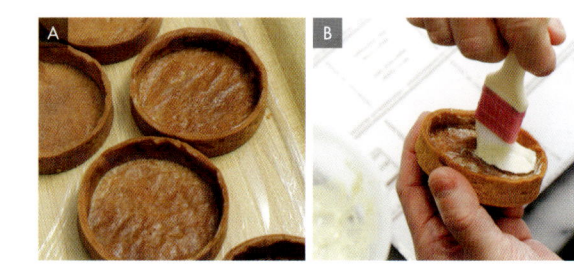

つくり方

パート・シュクレの焼成

❶　パート・シュクレ（→ p.254）をパイシーターで厚さ2㎜にのばし、直径12㎝の円形の抜き型で抜く。直径8㎝、高さ1.5㎝のタルトリング型に敷き込み（フォンサージュ→ p.259）、シルパンを敷いた天板に並べる。

❷　160℃のコンベクションオーブンで15〜18分焼く。

❸　いったんオーブンから取り出し、型をはずして、内側にドリュールを刷毛で塗る。再び160℃のコンベクションオーブンで、ドリュールが乾くまで2〜3分焼く。オーブンから取り出し、そのまま室温で冷ます（A）。

❹　③の内側に溶かしたクーベルチュールを刷毛で薄く塗り（B）、室温で固まらせる。

クレーム・オ・シトロン／組み立て①

❶　レモン果汁とスペアミントAを高さのある容器に入れる。スティックブレンダーで撹拌してミントを粉砕し、ミントの香りを存分に出す（A）。

❷　①を鍋に移し入れ、全卵を加えて泡立て器で溶き混ぜる（B）。続いてグラニュー糖を加え混ぜる。

❸　弱火にかけ、クレーム・アングレーズの要領で、ゴムべらで混ぜながら82℃になるまで炊く（C）。

❹　網で漉してボウルに入れる。ボウルの底に氷水を当てて、35℃になるまで冷やす（D）。

❺　④を高さのある容器に移し入れ、すりおろしたレモンの皮、室温に戻したバター、レモン風味のE.V.オリーブオイルを加える（E）。スティックブレンダーで撹拌して乳化させる。

❻　スペアミントBを加え、スティックブレンダーで粉砕し、全体に混ざるまで撹拌する（F）。

＊ミントを後から加えるのは、熱でダメージを与えることなく香りを際立たせるため。

❼　クーベルチュールを内側に塗ったパート・シュクレの中に、⑥のクレーム・オ・シトロンをいっぱいになるまで注ぎ入れる（G）。ショックフリーザーで冷やし固める。

❽　⑦の上面にナパージュ・ヌートルをパレットナイフで塗り（H）、ショックフリーザーで冷凍する。

ムラング

① 卵白、水アメ、転化糖をミキサーボウルに入れ、泡立て器で混ぜながら火にかけて、80℃になるまで加熱する（A）。

② ①を高速のミキサーで、やわらかく角が立つまで泡立てる（B）。

③ ミキサーから下ろして、刻んだスペアミントを加える。高速のミキサーで撹拌し、全体にさっと混ぜ合わせる（C）。

④ サントノーレの口金をつけた絞り袋に③を入れる。シルパットを敷いた天板に、直径8㎝の円形になるよう左右にうねらせながら絞る（D）。

⑤ 粉糖をふり、粉糖が溶けるまでそのまま室温に置く。粉糖をもう一度ふり、再び粉糖が溶けるまで置く（E）。

⑥ 210℃のコンベクションオーブンで約4分焼く（F）。

組み立て②、仕上げ

① 冷凍したタルトを取り出し、シュクル・デコールを縁にふる（A）。

② ペティナイフを使ってムラングをシルパットからはがし、パレットナイフで①の上にのせる。

③ キッチンペーパーにのせて汁気を取ったゼスト・ド・シトロン・コンフィ（→ p.263）を飾る（B）。

タルト　オ　フレーズ　カシス　ヴィオレ

ベーシックなイチゴのタルトから発想を広げ、土台を甘みの少ないパート・ブリゼと、口溶けのよいクレーム・フランに変えて、ライトに仕上げました。主役となるイチゴをサポートするのは、酸味がしっかりしていて香りがよいカシス。そのカシスと似たような香りをもち、フランスでも定番の組み合わせとされるのがスミレです。上に絞ったメレンゲから、スミレのフローラルな香りがふわりと広がって、カシスと出合って華やかで豊かな余韻をもたらし、風味の変化と個性を生み出していると思います。

Tarte aux Fraises Cassis Violette

Tarte aux Fraises Cassis Violette

タルト オ フレーズ カシス ヴィオレ ▌材料（直径6cm、高さ4cmのセルクル型・30個分）

◉パート・ブリゼ　Pâte Brisée　（→ p.254）
約500g

◉クレーム・フラン　Crème Flan
生クリーム（乳脂肪分35％）
crème fraîche 35% MG　760g
牛乳　lait　180g
ヴァニラビーンズ　gousse de vanille　1本
卵黄　jaunes d'œufs　100g
卵白　blancs d'œufs　70g
グラニュー糖　sucre semoule　210g
コーンスターチ　fécule de maïs　80g

◉コンフィチュール・ド・カシス
Confiture de Cassis　（つくりやすい分量）
カシスのピュレ　purée de cassis　250g
グラニュー糖　sucre semoule　200g
LMペクチン　pectine　6g
レモン果汁　jus de citron　¼個分

◉ナパージュ・フレーズ
Nappage Fraise　（つくりやすい分量）
ナパージュ・ヌートル　nappage neutre　100g
イチゴのピュレ　purée de fraises　35g
イチゴの濃縮シロップ
（ドーバー洋酒貿易「グルマンディーズ フレーズ」）
sirop de fraise concentré　2g
＊ボウルにナパージュ・ヌートルを入れ、イチゴのピュレを加えてゴムべらで混ぜ合わせる。続いて、イチゴの濃縮シロップを加え混ぜる。

◉ムラング・カシス　Meringue Cassis
グラニュー糖　sucre semoule　120g
水　eau　50g
卵白　blancs d'œufs　60g
コンフィチュール・ド・カシス
confiture de cassis　80g
スミレの香料
（ル・ジャルダン・デ・エピス「バイオレットアロマ」）
arôme de violette　約10滴

◉その他　Autres Éléments
カシス（冷凍、ホール）
cassis entières surgelés　適量
クレーム・ディプロマット
crème diplomate　（→ p.260）　300g
クレーム・シャンティイ
crème Chantilly　（→ p.260）　適量
イチゴ　fraises　1個あたり約3個
シュークル・デコール　sucre décor　適量
スミレの花の砂糖漬け
violettes cristallisées　適量

La Composition

1. スミレの花の砂糖漬け
2. ムラング・カシス
3. ナパージュ・フレーズを塗ったイチゴ
4. クレーム・シャンティイ
5. クレーム・ディプロマット
6. クレーム・フラン
7. パート・ブリゼ

パート・ブリゼの成形

❶ パート・ブリゼ（→ p.254）をパイシーターで厚さ2mmにのばしてピケし、牛刀で端を切り落とす。約25×18cmに5枚切り、板にのせてショックフリーザーで冷凍する。

❷ ①のうち3枚を18×2.5cmの帯状に切り分ける（1個あたり1枚使用）（A）。

❸ ①の残り2枚を直径5cmの円形の抜き型で抜く（1個あたり1枚使用）（B）。

❹ 直径6cm、高さ4cmのセルクル型の内側にバター（分量外）を手で薄く塗り、シルパンを敷いた天板に並べる。セルクル型の底辺に②を、長辺を合わせて入れ込み、側面にぴったり貼りつける（C）。

❺ ③を④の底に入れ、隙間のないよう指で軽く押さえる（D）。冷蔵庫で冷やす。

クレーム・フラン／組み立て①

❶ 生クリーム、牛乳、ヴァニラビーンズの種と鞘を鍋に入れ、中火にかけて沸騰させる（A）。

＊中火でじっくり火を入れること。生クリームが入っているので、火を入れすぎると分離してしまう。

❷ ①と並行して、卵黄と卵白をボウルに入れて泡立て器で溶きほぐし、グラニュー糖を加え混ぜる。コーンスターチを加えて粉が見えなくなるまで混ぜる（B）。

❸ ①を②に1/3量加え、泡立て器でよく混ぜる。これを①の鍋に戻し入れ、中火にかける（C）。

❹ 周りがふつふつと沸騰してきたら火を止め、泡立て器で混ぜながら余熱で火を入れる。とろみのついた状態になる（D）。

＊火が入りすぎないよう、余熱で火を入れる。

❺ ④をボウルに移し入れる。ボウルの底に氷水を当てて、時折ゴムべらで混ぜながらしっかり冷やす（E）。

❻ 口径10mmの丸口金をつけた絞り袋に⑤のクレーム・フランを入れ、型に敷き込んだパート・ブリゼの中に、8分目まで絞り入れる（F）。

❼ ⑥の上面にカシスを3粒ずつ散らし、指先で軽く押して密着させる（G）。ショックフリーザーで冷やし固める。

＊焼成前に冷凍しておくことで、パート・ブリゼとクレーム・フランが同じ時間でバランスよく焼けるうえ、作業効率も上がる。

❽ 220℃のコンベクションオーブンで約10分焼成したのち、200℃に下げてさらに約5分焼く。

❾ ペティナイフを差し入れて型をはずす（H）。そのまま室温で冷ます。

コンフィチュール・ド・カシス

❶ カシスのピュレを鍋に入れ、中火にかけて40℃になるまで加熱する。

❷ 混ぜ合わせたグラニュー糖とLMペクチンを①に加える（A）。泡立て器で混ぜながら加熱を続け、糖度62°brixになるまで煮詰める。

❸ 火を止めてレモン果汁を加え、泡立て器でよく混ぜる（B）。

❹ ボウルに移し入れ、ボウルの底に氷水を当てて、時折ゴムべらで混ぜながらしっかり冷やす。

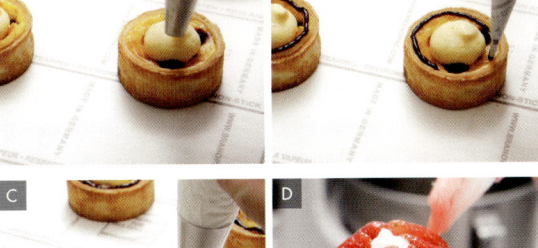

組み立て②

❶ 口径8mmの丸口金をつけた絞り袋にクレーム・ディプロマット（→ p.260）を入れ、〈組み立て①〉⑨で焼き上げた土台の上面中央に10gずつこんもり絞る（A）。

❷ コンフィチュール・ド・カシスをコルネに入れ、②のクレーム・ディプロマットをぐるりと囲むように1周絞る（B）。

❸ 口径8mmの丸口金をつけた絞り袋にクレーム・シャンティイ（→ p.260）を入れ、①で絞ったクレーム・ディプロマットの上に同量程度、こんもり絞る（C）。

❹ へたを取って縦半分に切ったイチゴを、切り口を内側にしてクリームを覆うようにして貼りつけ、矢羽状に少し重ねながら6切れ並べる。

❺ ナバージュ・フレーズを④のイチゴの表面に、まんべんなく刷毛で塗る（D）。

ムラング・カシス／組み立て③

❶ グラニュー糖と水を鍋に入れ、火にかけて121℃になるまで加熱する。
＊ムラング・イタリエンヌにコンフィチュールを後から加えるため、シロップの煮詰め方が弱いとだれてしまうので注意。

❷ 卵白をミキサーボウルに入れ、①を注ぎ入れながら中高速のミキサーで泡立てる（A）。

❸ 7分程度に泡立ったら、ミキサーから下ろしてコンフィチュール・ド・カシスを加える（B）。

❹ 再び中高速のミキサーにかけ、泡立てる。しっかり泡立ったら、スミレの香料を加える（C）。混ざったらミキサーから下ろす。

❺ 〈組み立て②〉⑤のタルトを手で持ち、パート・ブリゼの側面にシュークル・デコールをまんべんなくふりかける（D）。

❻ 8切・11番の星口金をつけた絞り袋に④のムラング・カシスを入れ、⑤のてっぺんにふっくらとロザス形に絞る（E）。

❼ ⑥のムラング・カシスにガスバーナーで軽く焼き目をつける。

❽ スミレの花の砂糖漬けを粗く刻み、⑦の上に散らす（F）。

春夏向けに、レモンとイチゴの味わいがしっかり感じられるミルフイユとして開発しました。レモン風味のクリームを間に挟むだけでなく、中に挟んだフイユタージュの下にマルムラッド・シトロンをしのばせて、レモンのさわやかな風味をはっきり感じられるようにしています。そしてイチゴはジュレにして、フイユタージュに触れないようクリームの間にサンド。存在感のあるクリームに負けないよう、フイユタージュは厚みをもたせてしっかりキャラメリゼし、食感の対比を出すのもポイントです。

Millefeuille au Citron

Millefeuille au Citron

◉パート・フイユテ・アンヴェルセ
Pâte Feuilletée Inversée（→ p.255）
約1000g

◉マルムラッド・シトロン
Marmelade Citron（→ p.262）　約300g

◉クレーム・イヴォワール・オ・シトロン
Crème Ivoire au Citron
（57×37cmのカードル型・1台分）
牛乳　lait　322g
すりおろしたレモンの皮
zestes de citron râpés　3個分
卵黄　jaunes d'œufs　112g
グラニュー糖　sucre semoule　28g
板ゼラチン　feuilles de gélatine　17g
クーベルチュール（ホワイト、カカオバター35％、
ヴァローナ「イボワール」）
couverture blanc（beurre de cacao 35％）672g
リモンチェッロ　limoncello　47.6g
生クリーム（乳脂肪分35％）
crème fraîche 35％ MG　658g
フランボワーズ（冷凍、ブロークン）
framboises brisées surgelées　120g

◉ジュレ・ド・フレーズ　Gelée de Fraise
（57×37cmのカードル型・1台分）
イチゴのピュレ　purée de fraises　1470g
グラニュー糖　sucre semoule　250g
板ゼラチン　feuilles de gélatine　39.6g
レモン果汁　jus de citron　1⅓個分

◉フイユタージュ・クルスティヤン
Feuilletage Croustillant
（つくりやすい分量）
焼成したパート・フイユテ・アンヴェルセ*
feuilletage inversée cuit　880g
ボーメ30°のシロップ
sirop à 30° B（→ p.261）　440g
粉糖　sucre glace　220g
*焼成したパート・フイユテ・アンヴェルセは、切り落とした端
の部分を使用。

◉クレーム・ムースリーヌ　Crème Mousseline
クレーム・パティシエール
crème pâtissière（→ p.260）　430g
バター　beurre　30g
クレーム・シャンティイ
crème Chantilly（→ p.260）　110g

◉その他　Autres Éléments
粉糖　sucre glace　適量
シュークル・デコール　sucre décor　適量
フランボワーズ　framboises　12個

La Composition

1 パート・フイユテ・アンヴェルセ
2 クレーム・ムースリーヌ
3 ジュレ・ド・フレーズ
4 マルムラッド・シトロン
5 クレーム・イヴォワール・オ・シトロン
6 フイユタージュ・クルスティヤン

クレーム・イヴォワール・オ・シトロン

❶ 牛乳を鍋に入れ、すりおろしたレモンの皮を加える（A）。火にかけて、泡立て器で混ぜながら沸騰させる。

❷ ①と並行して、卵黄をボウルに入れて泡立て器で溶きほぐし、グラニュー糖を加えてすり混ぜる。

❸ ①の1/4量を②に加え、泡立て器でよく混ぜる。これを①の鍋に戻し入れる（B）。

❹ 泡立て器で混ぜながら弱火で加熱し、クレーム・アングレーズの要領で、82℃になるまで炊く（C）。

❺ 火から下ろし、ふやかした板ゼラチンを混ぜ溶かす。網で漉してボウルに入れる。

❻ クーベルチュールをボウルに入れ、湯煎で溶かして40℃に調整する。⑤を1/4量加えて泡立て器で中心からすり混ぜ、徐々に周りに広げて全体を混ぜ、乳化させる（D）。

❼ 残りの⑤の半量程度を⑥に加え、泡立て器でよく混ぜて乳化させる。

❽ 残りの⑤を⑦に加え、泡立て器でざっと混ぜる。ゴムべらに替え、均一な状態になるまで混ぜる（E）。

❾ 室温に置いて冷まし、30℃になったらリモンチェッロを加え混ぜる（F）。

❿ 生クリームを別のボウルに入れて7分立てに泡立て、⑨を注ぎ入れながら泡立て器で混ぜ合わせる。ゴムべらに替え、ムラのないよう混ぜる（G）。

⓫ OPPシートを貼りつけた天板に57×37cmのカードル型をのせ、その中に⑩を流し入れる。L字パレットナイフで平らにならす。

⓬ フランボワーズを上面に散らし（H）、ショックフリーザーで冷凍する。

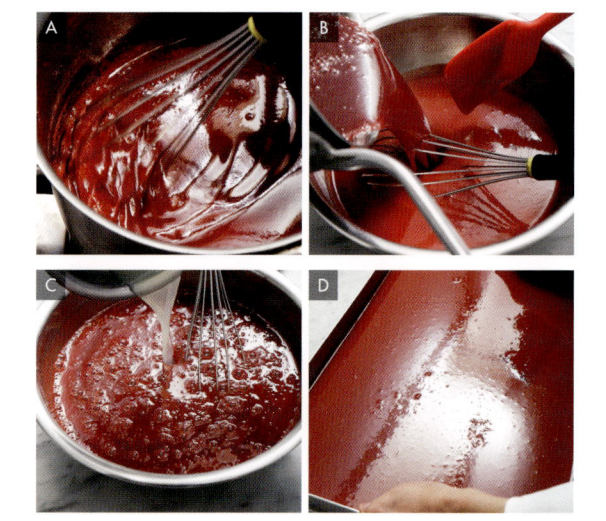

ジュレ・ド・フレーズ

❶ イチゴのピュレの半量とグラニュー糖を鍋に入れ、泡立て器で混ぜる。強火にかけて混ぜながら沸騰させる（A）。

❷ ①を火から下ろし、ふやかした板ゼラチンを加えて泡立て器で混ぜ溶かす。

❸ ①の残りのイチゴのピュレ（冷たいもの）を入れたボウルに②を注ぎ入れ（B）、泡立て器で混ぜる。レモン果汁を加え混ぜる（C）。

❹ ボウルの底に氷水を当てて、ゴムべらで混ぜながら20℃になるまで冷やす。

❺ OPPシートを貼りつけた天板に57×37cmのカードル型をのせ、④を流し入れる。天板ごと手でゆすり、平らにならす（D）。ショックフリーザーで冷凍する。

パート・フイユテ・アンヴェルセの焼成

❶ パート・フイユテ・アンヴェルセ(→ p.255)をパイシーターで幅出ししてから徐々に薄くのばして厚さ3㎜にし、ピケする。

❷ 約50×30cmに切り、麺棒で巻き取ってシルパンを敷いた天板にのせる。冷蔵庫で約1時間休ませる(A)。

❸ 170℃のコンベクションオーブンで約10分焼く。いったん取り出し、オーブンペーパーをかぶせて上に天板をのせ、軽く押さえる(B・C)。天板とオーブンペーパーを取りはずす。

❹ 再び170℃のコンベクションオーブンで約10分焼く。いったん取り出し、オーブンペーパーをかぶせて上に天板をのせ、軽く押さえる。オーブンペーパーと天板を上にのせたまま、170℃のオーブンでさらに約25分焼く。

❺ 端を切り落し、9.5cm幅に縦長に切る。このとき、切り落した生地は取り除かず、そのまま残しておく(D)。

＊切り落した生地をそのまま残しておくと、⑦で焦げにくい。

❻ ⑤の上面に粉糖をまんべんなく、たっぷりふる(E)。

❼ 230℃のコンベクションで約5分焼き、キャラメリゼする。そのまま室温で冷ます(F)。

フイユタージュ・クルスティヤン

❶ 焼き上げたパート・フイユテ・アンヴェルセの切れ端をフードプロセッサーに入れ、ざっと粉砕する(A)。ボウルに移し入れる。

❷ ボーメ30°のシロップ(→ p.261)を加え、ゴムべらで混ぜからめる。

❸ ふるった粉糖を加え、ゴムべらでムラのないよう混ぜ合わせる(B)。

❹ シルパットを敷いた天板に③をのせ、カードで塊を潰しながらざっと広げる(C)。

❺ 150℃のコンベクションオーブンで約15分焼き、水分が飛んできたところで、いったんオーブンから取り出す。三角パレットナイフで裏返しながら混ぜ、再び平らになるよう天板全体に散らす(D)。

❻ 150℃のコンベクションオーブンで約10分焼く。室温で冷ましたのち、フードプロセッサーで細かく粉砕する。乾燥剤とともに密閉容器に入れて保管する。

クレーム・ムースリーヌ

❶ クレーム・パティシエール（→ p.260）を網で漉してボウルに入れる。そのうち1/4量を別のボウルに入れ、泡立て器で混ぜながらボウルの底を直火に当てて、32℃になるまで温める。

＊一部のクレーム・パティシエールを温めることにより、非常になめらかなクレーム・ムースリーヌに仕上がるが、温めすぎても、残りのクレーム・パティシエールが冷たすぎても、混ぜたときに分離してしまうので注意。

❷ 室温に戻したバターを①に加え、泡立て器でよく混ぜる（A）。

❸ ①の残りのクレーム・パティシエールに②を加え、泡立て器でよく混ぜる。

❹ しっかり泡立てたクレーム・シャンティイ（→ p.260）を③に加え、泡立て器で均一な状態になるまで混ぜる（B）。ゴムべらに替え、ムラのないよう混ぜ合わせる。

組み立て、仕上げ

❶ クレーム・イヴォワール・オ・シトロンを冷凍庫から取り出し、平刃包丁で37×9cmに切る。再び冷凍庫に入れておく。

❷ ジュレ・ド・フレーズを冷凍庫から取り出し、平刃包丁で37×7cmに切る。再び冷凍庫に入れておく。

❸ 板の上にオーブンペーパーを敷き、パート・フイユテ・アンヴェルセを1枚のせる。平刃包丁で端を切り落し、2.8cm幅に切る（A）。

＊フイユタージュの縁が焦げているようであれば、波刃包丁でそぎ落す。

❹ 残り2枚のうち一方のパート・フイユテ・アンヴェルセを、焼き面を上にして板の上に置く。片目口金をつけた絞り袋にクレーム・ムースリーヌを入れ、上面に薄く絞る（B）。パレットナイフで平らにならす。

❺ ①を④にのせ、指で押さえて接着する。縁からあふれたクレーム・ムースリーヌを取り除く（C）。

❻ ⑤の上にマルムラッド・シトロン（→ p.262）をパレットナイフで薄く塗る（D）。

❼ 残り1枚のパート・フイユテ・アンヴェルセを、焼き面を上にしてかぶせる。指で押さえて接着する。

❽ ④と同様にしてクレーム・ムースリーヌを薄く絞り（E）、パレットナイフで平らにならす。

❾ ②を⑧の中央にのせ、指で押さえて接着する（F）。

❿ ⑨の上にクレーム・ムースリーヌを平らに薄く絞り、ジュレ・ド・フレーズの両脇にも絞る（G）。パレットナイフで平らにならす。

⓫ ③を⑩の上にぴったり並べてのせる。オーブンペーパーをかぶせ、板をのせて上から軽く押して平らにし、接着する（H）。

⓬ パレットナイフでクレーム・ムースリーヌを側面に薄く塗る。

⓭ フイユタージュ・クルスティヤンを手のひらですくい、⑫の側面に押し当ててまぶしつける（I）。ショックフリーザーに入れ、切れる固さになるまで冷やし固める。

⓮ 上に並べたパート・フイユテ・アンヴェルセの切り目に沿って、波刃包丁で9.5×2.8cmに切り分ける。

⓯ 上面の端から7mm内側にバールを当てて、端の部分にシュークル・デコールをふる。両端とも行う。

⓰ フランボワーズのお尻にシュークル・デコールをつけ、⑮の上面に横向きに飾る（J）。

Millefeuille Chocolat à la Banane

ミルフイユ ショコラ ア ラ バナーヌ

パート・フイユテ・アンヴェルセ・ショコラには、甘さ控えめのショコラのク
リームやガナッシュがよく合います。そこにバナナを合わせたくて、選んだ
のがドモーリの「アリバ」というビターのクーベルチュール。芳醇な香りがバ
ナナを思わせ、ぴったりだと思います。そのアリバでつくったクレーム・ショ
コラの間には、ラム酒とバニラ、ライムが香るバナナのコンポテをサンド。
同じくアリバのガナッシュにも、バナナを加えました。ビターなカカオとの、
濃密でいて落ち着きのある調和が楽しめます。

Millefeuille Chocolat à la Banane

ミルフイユ ショコラ ア ラ バナーヌ ▌材料（9.5×2.8㎝・12個分）

◉ **パート・フイユテ・アンヴェルセ・ショコラ**
Pâte Feuilletée Inversée Chocolat
（→ p.256） 約1000g

◉ **ガナッシュ・バナーヌ・**
エ・フリュイ・ド・ラ・パッション
Ganache Banane et Fruit de la Passion
（37×28.5㎝のカードル型・1台分）
生クリーム（乳脂肪分35％）
crème fraîche 35% MG　460g
転化糖　sucre inverti　52g
ヴァニラビーンズ　gousse de vanille　1½本
卵黄　jaunes d'œufs　92g
バナナのピュレ　purée de bananes　200g
パッションフルーツのピュレ
purée de fruits de la passion　65g
クーベルチュール（ミルク、カカオ分50％、ドモー
リ「アリバミルク」）
couverture au lait 50%　450g
バター　beurre　59g

◉ **コンポテ・バナーヌ**　Compoté Banane
（37×28.5㎝のカードル型・1台分）
バナナ　bananes　800g
カソナード　cassonade　90g
ライム果汁　jus de citron vert　22g
ヴァニラビーンズ　gousse de vanille　⅖本
ラム酒　rhum　40g
すりおろしたライムの皮（細かい目）
zestes de citron vert râpés fins　1⅗個分

◉ **クレーム・ムースリーヌ・オ・ショコラ**
Crème Mousseline au Chocolat
クレーム・パティシエール
crème pâtissière（→ p.260）　560g
クーベルチュール（ビター、カカオ分75％、ドモー
リ「アリバ」）　couverture noir 75%　85g
バター　beurre　36g
クレーム・シャンティイ
crème Chantilly（→ p.260）　140g

◉ **フイユタージュ・クルスティヤン・ショコラ**
Feuilletage Croustillant Chocolat
（つくりやすい分量）
焼成したパート・フイユテ・アンヴェルセ・ショコラ*
feuilletage inversée chocolat cuit　660g
ボーメ30°のシロップ
sirop à 30° B（→ p.261）　330g
粉糖　sucre glace　165g
カカオパウダー　cacao en poudre　45g
＊焼成したパート・フイユテ・アンヴェルセ・ショコラは、切り
落した端の部分を使用。

◉ **その他**　Autres Éléments
カカオパウダー　cacao en poudre　適量

La Composition

1 パート・フイユテ・アンヴェルセ・ショコラ
2 クレーム・ムースリーヌ・オ・ショコラ
3 コンポテ・バナーヌ
4 ガナッシュ・バナーヌ・エ・フリュイ・ド・ラ・パッション
5 フイユタージュ・クルスティヤン・ショコラ

つくり方

ガナッシュ・バナーヌ・エ・フリュイ・ド・ラ・パッション

❶ 生クリームを鍋に入れ、火にかけて人肌程度の温度になるまで温める。いったん火を止めて、転化糖とヴァニラビーンズの種と鞘を加える。再び火にかけ、沸騰させる（A）。

❷ ①と並行して、卵黄をボウルに入れ、泡立て器で溶きほぐす。

❸ ①の1/4量を②に加え、泡立て器でよく混ぜる。これを①の鍋に戻し入れる（B）。

❹ バナナのピュレとパッションフルーツのピュレを③に加え、弱火にかける。ゴムべらで混ぜながら82℃になるまで炊く（C）。網で漉してボウルに入れる。

❺ クーベルチュールをボウルに入れ、湯煎にかけて溶かし、35〜36℃に調整する。④の1/6量を加え、ゴムべらで混ぜたのち（D）、泡立て器でよく混ぜる。いったん分離したのち、徐々に乳化して艶が出てくる。

❻ 再び④の1/6量を加え、泡立て器で中心からすり混ぜて、徐々に周りに広げて全体を混ぜ、乳化させる。

❼ 残りの④を加え、泡立て器で中心からすり混ぜて、徐々に周りに広げて全体を混ぜる。均一な状態になればよい。

❽ そのまま室温で33℃になるまで冷ます。室温に戻したバターを加え、スティックブレンダーで撹拌して乳化させる（E）。

❾ OPPシートを貼りつけた天板に37×28.5cmのカードル型をのせ、⑧を流し入れる（F）。ゴムべらで平らにしたのち、天板ごとゆすって平らにならし、ショックフリーザーで冷凍する。

コンポテ・バナーヌ

❶ 皮つきのバナナを天板に並べ、160℃のコンベクションオーブンで約15分焼く。そのまま室温で冷ます（A）。

＊バナナは若いと固くて渋みがあり、水分量が多くて分離したような状態になってしまう。逆に熟しすぎていても色と風味が悪く、パサパサした食感になるので、程よく熟したものを使うこと。皮ごと加熱することで、バナナが蒸されて香りが立ち、果肉もやわらかくなる。

❷ ①のバナナの皮を剥き、フードプロセッサーに800g入れる。カソナードとライム果汁を加え（B）、フードプロセッサーで撹拌し、ピュレ状にする。

＊ライム果汁によって、バナナが黒くなりにくくなる。

❸ ②を鍋に入れ、ヴァニラビーンズの種と鞘を加え、泡立て器で混ぜる。強火にかけて、ゴムべらで時折混ぜながら加熱し、ボコボコとしっかり沸騰させる（C）。

＊これによって、バナナの味をさらに濃縮させる。

❹ ラム酒を加えてフランベした後、ボウルに移し入れて、ヴァニラビーンズの鞘を取り除く。フードプロセッサーに入れ、撹拌してさらに細かいピュレ状にする（D）。ボウルに移し入れる。

❺ ボウルの底に氷水を当てて、ゴムべらで混ぜながら25℃になるまで冷やす。すりおろしたライムの皮を加え、ゴムべらで混ぜる（E）。

❻ OPPシートを貼りつけた天板に37×28.5cmのカードル型をのせ、⑤を流し入れる。L字パレットナイフで平らにならし、ショックフリーザーで冷凍する（F）。

パート・フイユテ・アンヴェルセ・ショコラの焼成

❶ パート・フイユテ・アンヴェルセ・ショコラ（→ p.256）をパイシーターで幅出ししてから徐々に薄くのばして厚さ3mmにし、ピケする（A）。

❷ 約50×30cmに切り、麺棒で巻き取ってシルパンを敷いた天板にのせる。冷蔵庫で1時間休ませる。

❸ 170℃のコンベクションオーブンで約10分焼く。いったん取り出し、オーブンペーパーをかぶせて上に天板をのせ、軽く押さえる（B・C）。天板とオーブンペーパーを取りはずす。

❹ 再び170℃のコンベクションオーブンで約10分焼く。いったん取り出し、オーブンペーパーをかぶせて上に天板をのせ、軽く押さえる。オーブンペーパーと天板を上にのせたまま、170℃のオーブンでさらに約25分焼く。

❺ 端を切り落し、9.5cm幅に縦長に切る。このとき、切り落した生地は取り除かず、そのまま残しておく（D）。

＊切り落した生地をそのまま残しておくと、⑦で焦げにくい。

❻ ⑤の上面に粉糖をまんべんなく、たっぷりふる（E）。

❼ 230℃のコンベクションで約5分焼き、キャラメリゼする。そのまま室温で冷ます（F）。

フイユタージュ・クルスティヤン・ショコラ

❶ 焼成したパート・フイユテ・アンヴェルセ・ショコラの切れ端をフードプロセッサーに入れ、ざっと粉砕する（A）。ボウルに移し入れる。

❷ ボーメ30°のシロップ（→ p.261）を加え、ゴムべらで混ぜからめる。

❸ 合わせてふるった粉糖とカカオパウダーを加え、ゴムべらでムラのないよう混ぜ合わせる（B）。

❹ シルパットを敷いた天板に③をのせ、カードで塊を潰しながらざっと広げる（C）。

❺ 150℃のコンベクションオーブンで約25分焼く。水分が飛んできたところで、いったんオーブンから取り出す。三角パレットナイフで裏返しながら混ぜ、再び平らになるように天板全体に散らす（D）。

❻ 150℃のコンベクションオーブンで約15分焼く。室温で冷ましたのち、フードプロセッサーで細かく粉砕する。乾燥剤とともに密閉容器に入れて保管する。

クレーム・ムースリーヌ・オ・ショコラ

❶　クレーム・パティシエール（→ p.260）を網で漉してボウルに入れる。泡立て器で混ぜながらボウルの底を直火に当てて、人肌程度の温度になるまで温める。

＊クレーム・パティシエールを温めることにより、クーベルチュールとも混ざりやすく、非常になめらかなクレーム・ムースリーヌに仕上がる。ただし、温めすぎても冷たすぎても、クーベルチュールやバターを混ぜたときに分離してしまうので注意。混ぜ終わりの温度は35℃が目安。

❷　溶かしたクーベルチュール（45℃が目安）に①をひとすくい加え、泡立て器でよく混ぜる（A）。さらに①をもうひとすくい加え、よく混ぜて乳化させる。

❸　室温に戻したバターを②に加え、泡立て器でよく混ぜて乳化させる（B）。

❹　③を残りの①に戻し入れ、泡立て器で均一な状態になるまでよく混ぜる（C）。

❺　しっかり泡立てたクレーム・シャンティイ（→ p.260）を加え、ゴムべらでムラのないよう混ぜ合わせる（D）。ラップフィルムをかけて冷蔵庫で冷やす。

組み立て、仕上げ

❶　ガナッシュ・バナーヌ・エ・フリュイ・ド・ラ・パッションを冷凍庫から取り出し、平刃包丁で37×9cmに切る。再び冷凍庫に入れておく。

❷　コンポテ・バナーヌを冷凍庫から取り出し、平刃包丁で37×7cmに切る。再び冷凍庫に入れておく。

❸　板の上にオーブンペーパーを敷き、パート・フイユテ・アンヴェルセ・ショコラを1枚のせる。平刃包丁で端を切り落とし、2.8cm幅に切る（A）。

＊フイユタージュの縁が焦げているようであれば、波刃包丁でそぎ落す。

❹　残り2枚のうち一方のパート・フイユテ・アンヴェルセ・ショコラを、焼き面を上にして板の上に置く。片目口金をつけた絞り袋にクレーム・ムースリーヌ・オ・ショコラを入れ、上面に薄く絞る（B）。パレットナイフで平らにならす。

❺　①を④にのせ、指で押さえて接着する（C）。縁からあふれたクレーム・ムースリーヌ・オ・ショコラを取り除く。

❻　⑤の上にクレーム・ムースリーヌ・オ・ショコラを平らに薄く絞る。

❼　残り1枚のパート・フイユテ・アンヴェルセ・ショコラを、焼き面を上にしてかぶせる。指で押さえて接着する（D）。

❽　④と同様にしてクレーム・ムースリーヌ・オ・ショコラを薄く絞り、パレットナイフで平らにならす。

❾　②を⑧の中央にのせ、指で押さえて接着する（E）。

❿　⑨の上にクレーム・ムースリーヌ・オ・ショコラを平らに薄く絞り、コンポテ・バナーヌの両脇にも絞る。パレットナイフで平らにならす。

⓫　③を⑩の上にぴったり並べてのせる（F）。オーブンペーパーをかぶせ、板をのせて上から軽く押して平らにし、接着する。

⓬　パレットナイフでクレーム・ムースリーヌ・オ・ショコラを側面に薄く塗る。

⓭　フイユタージュ・クルスティヤン・ショコラを手のひらですくい、⑫の側面に押し当ててまぶしつける（G）。ショックフリーザーに入れ、切れる固さになるまで冷やし固める。

⓮　上に並べたパート・フイユテ・アンヴェルセ・ショコラの切り目に沿って、波刃包丁で9.5×2.8cmに切り分ける。

⓯　上面の端から7mm内側にバールを当てて、端の部分にカカオパウダーをふる。両端とも行う（H）。

Saint-Honoré Chocolat aux Framboises

サントノーレ ショコラ オ フランボワーズ

ショコラの苦みとフランボワーズの鮮烈な酸味を合わせるのは難しいものですが、そのなかでもうまく融合するパーツの種類や配合を探り、調和を図ってようやく完成させました。プチシューにはクリームだけでなくクーリをしのばせ、パータ・グラッセとフォンダンをシューにかけ分けて、異なる食感をプラス。伝統の形から大きくかけ離れることなく、味や食感を単調にしない工夫も施しました。

Saint-Honoré Chocolat aux Framboises

◉**クレーム・モンテ・オ・ショコラ**
Crème Montée au Chocolat
生クリーム A（乳脂肪分35%）
crème fraîche 35% MG　300g
グラニュー糖　sucre semoule　23g
転化糖　sucre inverti　33g
水アメ　glucose　33g
クーベルチュール（ビター、カカオ分61%、ヴァローナ「エクストラ・ビター」）
couverture noir 61%　233g
生クリーム B（乳脂肪分35%）
crème fraîche 35% MG　566g

◉**パート・ブリゼ**
Pâte Brisée（→p.254）　約600g

◉**パータ・シュー**
Pâte à Choux（→p.257）　約1000g

◉**ジュレ・ド・フランボワーズ**
Gelée de Framboises（20個分）
グラニュー糖　sucre semoule　60g
LMペクチン　pectine　2.4g
フランボワーズのピュレ
purée de framboises　40g
フランボワーズ（冷凍、ホール）
framboises entières surgelées　200g
板ゼラチン　feuilles de gélatine　4.8g

◉**クーリ・ド・フランボワーズ**
Coulis de Framboises（20個分）
グラニュー糖　sucre semoule　70g
LMペクチン　pectine　6g
フランボワーズのピュレ
purée de framboises　500g
水アメ　glucose　60g

◉**クレーム・ディプロマット・オ・ショコラ**
Crème Diplomate au Chocolat（20個分）
クレーム・パティシエール
crème pâtissière（→p.260）　300g
クーベルチュール（ビター、カカオ分70%、ヴァローナ「グアナラ」）couverture noir 70%　65g
クレーム・シャンティイ
crème Chantilly（→p.260）　60g

◉**フォンダン・フランボワーズ**
Fondant Framboise（つくりやすい分量）
フォンダン　fondant　600g
フランボワーズのコンフィチュール（種なし）
confiture de framboises（sans pépin）　200g
＊フォンダンを耐熱ボウルに入れ、電子レンジで30℃に温めて溶かす。フランボワーズのコンフィチュールを加え、泡立て器で混ぜる。温かく流動性のある状態で使用すること。

◉**パータ・グラッセ**
Pâte à Glacer（つくりやすい分量）
パータ・グラッセ（ホワイト）
pâte à glacer blanche　500g
パータ・グラッセ（ビター）
pâte à glacer noire　10g
太白ゴマ油　huile de sésames　25g
フランボワーズの濃縮シロップ（ドーバー洋酒貿易「グルマンディーズ フランボワーズ」）
sirop de framboise concentré　適量
＊2種のパータ・グラッセを耐熱ボウルに入れ、電子レンジで温めて溶かす。太白ゴマ油を加えてゴムべらで混ぜる。フランボワーズの濃縮シロップを調整しながら加え混ぜ、程よく色づける。温かく流動性のある状態で使用すること。

◉**その他**　Autres Éléments
粉糖　sucre glace　適量
ドリュール（全卵）　dorure　適量
フランボワーズ　framboises　36個
ナパージュ・ヌートル　nappage neutre　適量

La Composition

1 クーリ・ド・フランボワーズを詰めた、
　フランボワーズ
2 クレーム・モンテ・オ・ショコラ
3 フォンダン・フランボワーズ
4 クーリ・ド・フランボワーズ
5 クレーム・ディプロマット・オ・ショコラ
6 パータ・グラッセ
7 ジュレ・ド・フランボワーズ
8 パータ・シュー
9 パート・ブリゼ

つくり方

クレーム・モンテ・オ・ショコラ

❶ 生クリーム A を鍋に入れ、グラニュー糖、転化糖、水アメを加える（A）。火にかけ、泡立て器で混ぜながら沸騰させる。

❷ クーベルチュールを入れたボウルに①を注ぎ入れる（B）。そのまま少し置き、全体に生クリームがなじんできたら、泡立て器で中心からすり混ぜて、徐々に周りに広げて全体を混ぜ、乳化させる（C）。

❸ 冷たい生クリーム B を加え、泡立て器でよく混ぜる（D・E）。容器に移し入れてラップフィルムをかけて密着させ、冷蔵庫でひと晩休ませる。

❹ 使用する直前にミキサーボウルに入れ、中高速のミキサーでしっかり泡立てる（F）。ミキサーから下ろし、泡立て器でさらに固く泡立てる。

組み立て①

❶ パート・ブリゼ（→ p.254）をパイシーターで厚さ1.7mmにのばし、冷蔵庫で冷やしたのち、直径7.5cmの円形の抜き型で抜く。冷蔵庫で保管する。

❷ ①を冷蔵庫から取り出し、ピケして、シルパンを敷いた天板にのせる。

❸ 口径7mmの丸口金をつけた絞り袋にパータ・シュー（→ p.257）を入れ、②の縁に1周絞る（A）。粉糖をふる（B）。

＊ドリュールを塗って焼成するとシューの形が崩れてしまうので、粉糖をふる。

❹ ③の粉糖が溶けたら、ダンパーを閉めた160℃のコンベクションオーブンで25〜30分焼く。途中、しっかり膨らんできつね色に色づいてきたら、ダンパーを開けて焼成を続ける。焼き切って乾燥させるところまではいかず、やや乾燥したくらいが焼き上がりの目安。焼き上がったら網にのせ、室温で冷ます（C）。

❺ ④と並行して、③の残りのパータ・シューが温かいうちに、油（分量外）を薄く塗った天板に直径2cmの円形に絞る（D）。ドリュールを刷毛で塗ったのち、フォークにドリュールをつけ、上から軽く押さえる（E）。

❻ ⑤を160℃のコンベクションオーブンで約20分焼く（F）。天板にのせたまま室温で冷ます。

ジュレ・ド・フランボワーズ

❶ グラニュー糖とLMペクチンを混ぜ合わせる。

❷ フランボワーズのピュレを鍋に入れ、泡立て器で混ぜながら火にかけて加熱する。40℃になるまで温めたら①を加え、混ぜながら加熱する（A）。

❸ ②が沸騰して、全体から大きめの泡が上がってきたら、フランボワーズを冷凍した状態のまま加え、ゴムべらで混ぜながら加熱する（B）。

❹ 再度沸騰し、中央から大きめの泡が上がりはじめたら火を止める。ふやかした板ゼラチンを加え、混ぜ溶かす（C）。ボウルに移し、ボウルの底を氷水に当てて、混ぜながら粗熱を取る。

❺ 直径4cm、高さ2cmのプティフール型(ロンド(円)、フレキシパン)を天板にのせ、④を型の半分の高さまでスプーンで入れる（D）。実が必ず1〜2個入るようにすること。ショックフリーザーで冷凍する。

クーリ・ド・フランボワーズ

❶ グラニュー糖の少量とLMペクチンを混ぜ合わせる。

❷ フランボワーズのピュレを鍋に入れて①の残りのグラニュー糖を加え、泡立て器で混ぜながら火にかけて加熱する。40℃になるまで温めたら①と水アメを加え、混ぜながら加熱する（A）。

❸ 沸騰し、鍋の中央からも泡が上がってきたら、火から下ろす（B）。ボウルに移し入れ、ラップフィルムをかけて密着させ、冷蔵庫で冷やしてから使用する。

クレーム・ディプロマット・オ・ショコラ

❶ クレーム・パティシエールをボウルに入れてゴムべらで混ぜ、なめらかにほぐす。

❷ クーベルチュールをボウルに入れ、電子レンジにかけて溶かして50℃に調整する。

❸ ①を②に1/3量加え、泡立て器で手早く混ぜ合わせる（A）。いったん分離した状態になる。

❹ ①の1/3量を③に加え、泡立て器でよく混ぜる（B）。

❺ ①の残りを④に加え、泡立て器でよく混ぜる（C）。

＊この後にクレーム・シャンティイと混ぜ合わせるので、温かすぎず、かつチョコレートが固まらない温度に調整する。混ぜ終わりの温度は27℃が目安。

❻ クレーム・シャンティイ（→ p.260）を⑤に加え、ゴムべらで均一な状態になるまで混ぜ合わせる（D）。

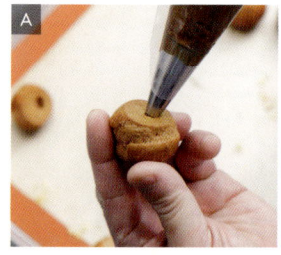

組み立て②、仕上げ

❶ 〈組み立て①〉⑥のプチシューの底に竹串を刺して穴をあけ、竹串で内側の膜を突き、取り除く。

❷ 口径6mmの丸口金をつけた絞り袋にクレーム・ディプロマット・オ・ショコラを入れ、①に穴から8分目まで絞り入れる（A）。

❸ 口金をつけていない絞り袋にクーリ・ド・フランボワーズを入れ、先を細く切る。②の穴に差し入れ、プチシューのセンターに絞り込む（B）。プチシューの中に空洞ができないよう、クレーム・ディプロマット・オ・ショコラが穴からあふれ出るまでしっかり絞る。あふれ出たクレーム・ディプロマット・オ・ショコラをパレットナイフで取り除く。

＊クーリ・ド・フランボワーズが直接触れるとシューが湿ってしまうので、シューに触れないよう、クレーム・ディプロマット・オ・ショコラの中央に絞り込むようにする。

❹ プチシューを指でつまみ、フォンダン・フランボワーズに上面を浸す。何度か上下に動かして余分なフォンダン・フランボワーズを落し、先端の余分なフォンダン・フランボワーズを指で拭う。シルパットを敷いた天板に並べる（C）。

❺ 〈組み立て①〉④の土台を手で持ち、パータ・グラッセにシューの上面を浸す（D）。シルパットを敷いた天板に並べる。

❻ 口径6mmの丸口金をつけた絞り袋にクレーム・ディプロマット・オ・ショコラを入れ、⑤の中央にシューの半分の高さまで渦巻き状に絞り入れる（E）。その上にジュレ・ド・フランボワーズをのせ、指で押さえて接着する（F）。

❼ フォンダン・フランボワーズをつけたプチシューの底をパータ・グラッセに浸し、⑥のシューの上に3個ずつのせて接着する（G）。

❽ ⑦の中央に⑥の残りのクレーム・ディプロマット・オ・ショコラを絞り、隙間を埋める（H）。

❾ しっかり泡立てたクレーム・モンテ・オ・ショコラを、8切・11番の星口金をつけた絞り袋に入れる。⑧のプチシューの間に下から上へとしずく形に絞り上げ、てっぺんにロザス形に2周絞る（I）。クレーム・モンテ・オ・ショコラに固さが出るまで、冷蔵庫で冷やす。

❿ ⑨の側面に、横半分に切ったフランボワーズを2つ飾り、てっぺんにホールのフランボワーズを1粒飾る。

⓫ 口金をつけていない絞り袋にクーリ・ド・フランボワーズを入れ、⑩のてっぺんのフランボワーズの穴に絞り入れる（J）。

⓬ ナパージュ・ヌートルをコルネに入れて、⑩の側面のフランボワーズの切り口に絞る。てっぺんのフランボワーズの上にも、露のように絞る。

Paris-Brest au Citron

パリブレスト オ シトロン

夏向きの軽やかさを考えたとき、リング形のシューにクリームを
絞ると、クリームが多くなって重くなりがち。そこで、「リング
形でなくてもよいのではないか」との発想で、プチシューを並べ
たスタイルで表現したのが、このパリブレストです。コクのあ
るプラリネのクレーム・ムースリーヌに、クレーム・レジェール・
オ・シトロンのさわやかな香りを重ね、軽い印象に。間にしのば
せたソース・オ・プラリネ・アマンドは、クリームや牛乳ではなく
水を合わせ、素材本来の風味を打ち出しました。

⊙サブレ・ブルトン　Sablé Breton
（30個分）
バター　beurre　220g
粉糖　sucre glace　72g
海塩　sel de mer　2g
卵黄　jaunes d'œufs　8g
薄力粉　farine ordinaire　200g
コーンスターチ　fécule de maïs　40g

⊙サブレ・クルスティヤン・アマンド
Sablé Croustillant Amande
（50個分）
バター　beurre　350g
グラニュー糖　sucre semoule　350g
海塩　sel de mer　3g
ヴァニラペースト　pâte de vanille　適量
アーモンドスライス　amandes effilées　260g

⊙クランブル　Crumble
（つくりやすい分量）
バター　beurre　750g
カソナード　cassonade　750g
アーモンドパウダー　amandes en poudre　750g
海塩　sel de mer　15g
薄力粉　farine ordinaire　750g

⊙ソース・オ・プラリネ・アマンド
Sauce au Praliné Amandes（約200個分）
プラリネ・アマンド
praliné almands（→ p.265）　300g
熱湯　eau chaude　130g

⊙クレーム・オ・シトロン・
エ・フリュイ・ド・ラ・パッション
Crème au Citron et Fruit de la Passion
（つくりやすい分量）
レモン果汁　jus de citron　300g
すりおろしたレモンの皮（細かい目）
zestes de citron râpés fins　4個分
全卵　œufs　348g
グラニュー糖　sucre semoule　96g
板ゼラチン　feuilles de gélatine　10g
パッションフルーツ風味のクーベルチュール
（フルーツ・クーベルチュール、カカオ分32%、
ヴァローナ「インスピレーション・パッション」）
couverture de fruit de la passion　240g
カカオバター　beurre de cacao　12g

⊙パータ・シュー
Pâte à Choux（→ p.257）　約800g

⊙クレーム・ムースリーヌ・オ・プラリネ
Crème Mousseline au Praliné
バター　beurre　414g
プラリネ・アマンド
praliné amandes（→ p.265）　198g
パート・ド・ノワゼット　pâte de noisettes　83g
クレーム・パティシエール
crème pâtissière（→ p.260）　905g

⊙クレーム・レジェール・オ・シトロン
Crème Légère au Citron
クレーム・オ・シトロン・エ・フリュイ・ド・ラ・パッション
crème au citron et fruit de la passion　500g
生クリーム（乳脂肪分35%）
crème fraîche 35% MG　250g

⊙その他　Autres Éléments
シュークル・デコール　sucre décor　適量
ゼスト・ド・シトロン・コンフィ
zestes de citron confits（→ p.263）　20枚
ナパージュ・ヌートル　nappage neutre　適量

La Composition

1 ゼスト・ド・シトロン・コンフィ　**5** クランブル
2 パータ・シュー　**6** クレーム・レジェール・オ・シトロン
3 クレーム・ムースリーヌ・オ・プラリネ　**7** サブレ・ブルトン
4 ソース・オ・プラリネ・アマンド　**8** サブレ・クルスティヤン・アマンド

サブレ・ブルトン

❶ 室温に戻したバターをミキサーボウルに入れ、ビーターをつけた低速のミキサーでポマード状になるまで撹拌する。

❷ ミキサーを止めて、ふるった粉糖と海塩を入れ、再び低速のミキサーで断続的に撹拌してから連続して撹拌し、粉が見えなくなるまで混ぜる。

❸ 卵黄を加えて低速で混ぜた後、中速にして均一な状態になるまで混ぜ合わせる(A)。

❹ ミキサーを止めて、合わせてふるった薄力粉とコーンスターチを加え、再び低速のミキサーで断続的に撹拌してから連続して撹拌し、粉が見えなくなるまで混ぜる(B)。ミキサーから下ろし、ゴムべらで底の生地を返して混ぜる。

❺ ラップフィルムを敷いた天板に軽く打ち粉をして生地をのせ、上からラップフィルムをかぶせて手のひらで軽く押してざっと平らにする(C)。冷蔵庫でひと晩休ませる。

❻ パイシーターで厚さ5mmにのばし、平刃包丁で11×2.2cmに切る(D)。

サブレ・クルスティヤン・アマンド

❶ 室温に戻したバターをミキサーボウルに入れ、グラニュー糖と海塩を加える。ビーターをつけた低速のミキサーでざっと混ぜる(A)。

❷ ヴァニラペーストを加え、低速でざっと混ぜた後、アーモンドスライスを加えて低速で混ぜ合わせる(B)。

❸ 板にアルコールをスプレーで吹きつけ、OPPシートを貼りつける。高さ4mmのバールを板の両側に置き、中央に②をのせ、ラップフィルムを上からかぶせる。

❹ ③の上に麺棒を転がして平らにならし、厚さ4mmにのばす(C)。ショックフリーザーで冷凍する。

❺ 平刃包丁で11×2.2cmに切り分ける(D)。

クランブル

❶ 室温に戻したバターをボウルに入れ、手で混ぜてポマード状になるまでやわらかくする。カソナード、アーモンドパウダー、海塩を順に加え、そのつど手で握るようにして混ぜてざっとなじませる(A)。

❷ 薄力粉を加え、手で握るようにして粉が見えなくなるまで混ぜる(B)。

❸ ②をひとまとめにして、ラップフィルムを敷いた天板にのせる。手のひらで叩いてざっと平らにし、ラップフィルムをかけて密着させ、冷蔵庫で1日休ませる(C)。

❹ パイシーターで厚さ2mmにのばす。直径3cmの円形の抜き型で抜く(D)。

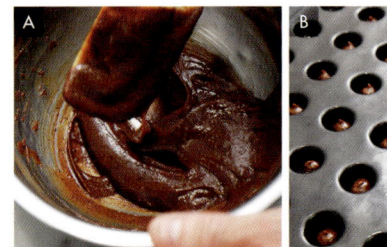
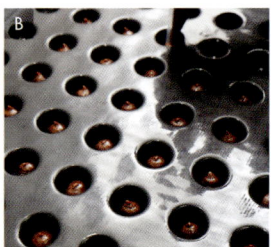

ソース・オ・プラリネ・アマンド

❶ プラリネ・アマンド（→ p.265）をボウルに入れ、熱湯を少しずつ加えてはゴムべらでなめらかな状態になるまで溶きのばす（A）。

❷ ①を口金をつけていない絞り袋に入れ、先端を幅7mm程度にはさみで切る。直径2.9cm、高さ1.8cmのプティガトー型（半球、フレキシパン）の底に約2gずつ絞り入れる（B）。ショックフリーザーで冷凍する。

クレーム・オ・シトロン・エ・フリュイ・ド・ラ・パッション

❶ レモン果汁を鍋に入れ、レモンの皮をすりおろして加える（A）。火にかけて泡立て器で混ぜながら沸騰させる。

❷ ①と並行して、全卵をボウルに入れて泡立て器で溶きほぐし、グラニュー糖を加え混ぜる。

❸ ①を②に少量加え混ぜ、これを①の鍋に戻し入れて泡立て器で混ぜる。

❹ 火にかけて、クレーム・アングレーズの要領で混ぜながら、82℃になるまで炊く（B）。

❺ 火から下ろしてふやかした板ゼラチンを加え、混ぜ溶かす。

❻ ⑤を網で漉し、クーベルチュールとカカオバターを入れたボウルに注ぎ入れる（C）。泡立て器でざっと混ぜた後、中心からすり混ぜて、徐々に周りに広げて全体を混ぜる。

❼ スティックブレンダーで撹拌し、艶よくなめらかな状態になるまで乳化させる（D）。ボウルの底に氷水を当てて、しっかり冷やす。

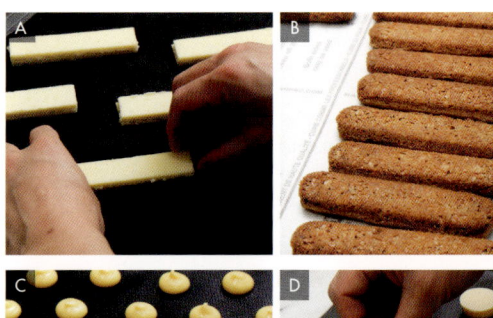

組み立て①

❶ 長径12.5cm、短径2.5cmのエクレア型（エクレア、シルフォーム）にサブレ・クルスティヤン・アマンド、サブレ・ブルトンの順に重ねてのせる（A）。
＊油脂が抜けるようにするため、必ずこの順に重ねること。
＊シルフォームは、フランス・ドゥマール社の製品で、フレキシパンと同じ材質でつくられたメッシュの型。

❷ 160℃のコンベクションオーブンで約20分焼く。室温で冷まし、オーブンペーパーを敷いた天板にのせる（B）。

❸ パータ・シュー（→ p.257）が温かいうちに口径7mmの丸口金をつけた絞り袋に入れ、シルパンを敷いた天板に、直径2cmの円形に絞る（C）。

❹ ③にクランブルをのせ、上から指で軽く押して平らにする（D）。

❺ ダンパーを閉めた160℃のコンベクションオーブンで25～30分焼く。途中、しっかり膨らんできつね色に色づいてきたら、ダンパーを開けて焼成を続ける。焼き切って乾燥させるところまではいかず、やや乾燥したくらいが焼き上がりの目安。室温で冷ます（E）。

❻ 波刃包丁を使い、⑤を上から1/4程度の高さで水平に切る（F）。指で下部のシューの内側の皮を押さえて、中に空間をつくる。上部のシューは、直径2.2cmの円形の抜き型で抜く。

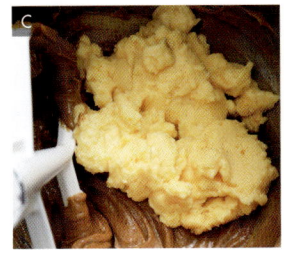

クレーム・ムースリーヌ・オ・プラリネ

❶ 室温に戻したバターをミキサーボウルに入れ、ビーターをつけた低速のミキサーで撹拌してポマード状にする（A）。

❷ ミキサーから下ろし、室温に戻したプラリネ・アマンド（→ p.265）とパート・ド・ノワゼットを加える。中低速のミキサーで均一な状態になるまで混ぜる（B）。

❸ 室温に戻したクレーム・パティシエール（→ p.260）を加え（C）、中低速で均一な状態になるまで混ぜる。

＊乳化が損なわれないよう、混ぜ合わせる素材はすべて室温程度に調整すること。

❹ いったんミキサーを止めて、ビーターやミキサーボウルの側面についたクリームをゴムべらで払い落す。再び低速のミキサーで撹拌し、乳化してムラがなく、白っぽく空気を含んだ状態になるまで混ぜる。ミキサーから下ろし、ゴムべらで底のクリームを返しながらムラのないよう混ぜる（D）。

＊きちんと乳化させることで、軽やかで口溶けのよいクリームに仕上がる。

クレーム・レジェール・オ・シトロン

❶ クレーム・オ・シトロン・エ・フリュイ・ド・ラ・パッションにしっかり泡立てた生クリームを加え、ゴムべらで均一な状態になるまで混ぜる（A・B）。使用する直前につくること。

組み立て②、仕上げ

❶ クレーム・レジェール・オ・シトロンを口径8㎜の丸口金をつけた絞り袋に入れ、〈組み立て①〉⑥の下部のシューの中へいっぱいになるまで絞る（A）。

❷ ソース・オ・プラリネ・アマンドを①の中央にのせ、指で軽く押して密着させる（B）。

❸ クレーム・ムースリーヌ・オ・プラリネを12切・10番の星口金をつけた絞り袋に入れ、②の上にらせん状に2回、こんもり絞る（C）。冷蔵庫で冷やす。

❹ クレーム・ムースリーヌ・オ・プラリネを③と同じ口金で、〈組み立て①〉②の土台の上に3ヵ所、少量ずつ絞る。その上に③をのせ、軽く押さえて接着する（D）。

❺ 〈組み立て①〉⑥の上部のシューにシュークル・デコールをふり、④の両端2つのシューの上にのせる。

❻ ゼスト・ド・シトロン・コンフィ（→ p.263）をキッチンペーパーにのせて余分な汁気を取り、表面にナパージュ・ヌートルを刷毛で塗る（E）。これを⑤の真ん中のシューの上にのせる（F）。

定番のラム酒をきかせたシロップと生クリームだけでも充分お
いしいババですが、夏に冷やしてよりおいしく食べられるよう、
トロピカルフルーツと合わせてヴェリーヌ仕立てにしてみました。
リキュールやブランデーなどを使うこともできますが、僕として
はババにはやっぱりラム酒です。シロップをたっぷり含んだやわ
らかな生地が、パイナップルのムースやパッションフルーツの
ジュレ、パイナップルのコンポートとみずみずしくマッチ。仕上
げにふりかけたライムの皮が、さわやかさを添えます。

Baba au Rhum Ananas

Baba au Rhum Ananas

◉パータ・ババ
Pâte à Baba （→ p.258） 30個

◉コンポート・ダナナス
Compote d'Ananas （つくりやすい分量）
パイナップル　ananas　1個
グラニュー糖　sucre semoule　500g
水　eau　1000g
ヴァニラビーンズ　gousse de vanille　1本
キルシュ　kirsch　20g

◉ババ用シロップ　Sirop de Baba
水　eau　1400g
パッションフルーツのピュレ
purée de fruits de la passion　100g
グラニュー糖　sucre semoule　600g
ヴァニラビーンズ　gousse de vanille　1本
薄く剥いたオレンジの皮
zestes d'orange　1個分

◉シロップ　Sirop
漬け込み用シロップ（ババ用シロップ）
sirop de trempage（sirop de baba）　440g
ラム酒（バーディネー「ディロン トレヴューラム
V.S.O.P.」）　rhum　120g

◉ムース・ア・ラナナス　Mousse à l'Ananas
パイナップルのピュレ　purée d'ananas　482g
グラニュー糖　sucre semoule　62g
板ゼラチン　feuilles de gélatine　7g
生クリーム（乳脂肪分35%）
crème fraîche 35% MG　435g

◉ジュレ・ド・パッション　Gelée de Passion
パッションフルーツのピュレ
purée de fruits de la passion　150g
水　eau　100g
グラニュー糖　sucre semoule　90g
板ゼラチン　feuilles de gélatine　4g

◉その他　Autres Éléments
クレーム・シャンティイ
crème Chantilly（→ p.260）　適量
グロゼイユ　groseilles　60粒
すりおろしたライムの皮（粗い目）
zestes de citron vert râpés gros　適量

La Composition

1 すりおろしたライムの皮　　4 ムース・ア・ラナナス
2 クレーム・シャンティイ　　5 コンポート・ダナナス
3 ジュレ・ド・パッション　　6 パータ・ババと、シロップ

つくり方

コンポート・ダナナス

❶ パイナップルの皮を剥き、種と芯を取り除く。包丁で1cm角に切り、ボウルに入れる（A）。

❷ グラニュー糖と水を鍋に入れ、ヴァニラビーンズの種と鞘を加える。火にかけて沸騰させる（B）。

❸ ①に②を注ぎ入れる（C）。粗熱が取れるまで室温で冷ます。

❹ キルシュを加えて専用袋に入れ、真空パック機で脱気して密封する。冷蔵庫で1日休ませる（D）。

ババ用シロップ

❶ 水、パッションフルーツのピュレ、グラニュー糖、ヴァニラビーンズの種と鞘、薄く剥いたオレンジの皮を鍋に入れる。火にかけて、レードルでアクを取りながら、沸騰させる（A）。

❷ 火から下ろし、オレンジの皮とヴァニラビーンズの鞘を取り除く（B）。65℃になるまで冷ます。

組み立て①

❶ パータ・ババ（→ p.258）の焼き面と底面をペティナイフで薄くそぎ落す（A）。

❷ 65℃のババ用シロップに①を入れ、レードルでシロップを回しかけながら浸し、しっかりしみ込ませる（B）。

＊シロップが熱すぎると、パータ・ババの内部までしっかり浸透しないので注意。

❸ 天板にラップフィルムを敷いて網をのせ、その上に②を穴じゃくしですくって焼き面を下にしてのせ、余分なシロップを切る（C）。

❹ コンポート・ダナナスを網にあけて汁気を切り、ボウルに入れる（D）。

シロップ

❶ 〈組み立て①〉②の残った漬け込み用シロップ（ババ用シロップ）440gを網で漉してボウルに入れ（A）、ボウルの底に氷水を当てて、15℃になるまで冷やす。ラム酒を加え混ぜる（B）。

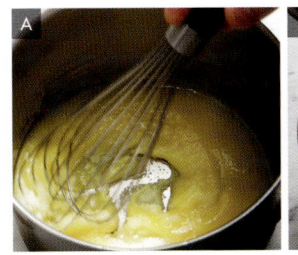 

ムース・ア・ラナナス

❶ パイナップルのピュレとグラニュー糖を鍋に入れ、泡立て器で混ぜながら火にかけて沸騰させる（A）。

❷ 火から下ろし、ふやかした板ゼラチンを加えて混ぜ溶かす。ボウルに移し入れ、ボウルの底に氷水を当てて、30℃になるまで冷やす。

❸ 7分立ての生クリームを入れたボウルに②を加えながら、泡立て器で均一な状態になるまで混ぜ合わせる（B）。ゴムべらに替え、ムラのないよう混ぜ合わせる。

組み立て②

❶ 底直径5cm、上直径6.5cm、高さ7cmのグラスの底に、汁気を切ったパータ・ババを、焼き面を下にして入れる（A）。

❷ シロップをスープスプーンで16gずつ注ぎ入れる（B）。

❸ 〈組み立て①〉④のコンポート・ダナナスを、②の上にスープスプーンで16gずつのせる（C）。

❹ ムース・ア・ラナナスを口径12㎜の丸口金をつけた絞り袋に入れ、③の上に25gずつ絞り入れる（D）。グラスを手で持ち、天板にトントンと軽く打ちつけて、表面を平らにする。冷蔵庫で冷やし固める。

ジュレ・ド・パッション

❶ パッションフルーツのピュレ、水、グラニュー糖を鍋に入れ、泡立て器で混ぜながら火にかけて沸騰させる（A）。

❷ 火から下ろし、ふやかした板ゼラチンを加えて混ぜ溶かす。ボウルに移し入れ、ボウルの底に氷水を当てて、ゴムべらで混ぜながらとろみがつくまで冷やす（16℃が目安）（B）。

組み立て③、仕上げ

❶ 〈組み立て②〉④のムース・ア・ラナナスの上に、ジュレ・ド・パッションをスープスプーンで12gずつ流し入れる（A）。

❷ サントノーレの口金をつけた絞り袋にクレーム・シャンティイ（→ p.260）を入れ、上面を覆うようにうねらせながら絞る（B）。

❸ グロゼイユを2粒ずつ飾り（C）、ライムの皮をすりおろしながらふりかける（D）。

Pavlova

パブロヴァ

パブロヴァは、もとはニュージーランド生まれのお菓子ですが、
最近ではフランスのパティスリーでもよく見かけるようになりま
した。ムラング・シャンティイとはまた違い、フルーツと合わせ
てすっきり食べられるところが魅力的。土台のムラング・フラン
セーズは軽い口溶けに仕上げ、ココナッツで食感を加えました。
そこにマリネしたパイナップルとクレーム・シャンティイだけでな
く、クレーム・エキゾチックを絞り込むのがポイント。甘みと酸
味のバランスが取れ、メリハリのある味わいが楽しめます。

Pavlova

◉ムラング・ノワ・ド・ココ
Meringue Noix de Coco

卵白　blancs d'œufs　100g

グラニュー糖　sucre semoule　200g

ココナッツファイン　noix de coco râpée　50g

◉クレーム・エキゾチック
Crème Exotique（54個分）

生クリーム（乳脂肪分35%）

crème fraîche 35% MG　85g

卵黄　jaunes d'œufs　64g

グラニュー糖　sucre semoule　54g

エキゾチックフルーツのピュレ

purée de fruits exotiques　150g

板ゼラチン　feuilles de gélatine　4g

◉アナナス・マリネ　Ananas Marinés
（つくりやすい分量）

パイナップル　ananas　360g

グラニュー糖　sucre semoule　22.5g

ライム　citron vert　¾個分

◉クレーム・シャンティイ・ア・ラ・ノワ・ド・ココ
Crème Chantilly à la Noix de Coco
（つくりやすい分量）

生クリーム（乳脂肪分35%）

crème fraîche 35% MG　185g

グラニュー糖　sucre semoule　15g

ココナッツのピュレ

purée de noix de coco　40g

◉その他　Autres Éléments
クレーム・ディプロマット

crème diplomate（→ p.260）　適量

ナパージュ・ヌートル　nappage neutre　適量

グロゼイユ　groseilles　24粒

ココナッツファイン　noix de coco râpée　適量

La Composition

1 アナナス・マリネ

2 クレーム・シャンティイ・ア・ラ・ノワ・ド・ココ

3 ココナッツファイン

4 クレーム・エキゾチック

5 クレーム・ディプロマット

6 ムラング・ノワ・ド・ココ

つくり方

ムラング・ノワ・ド・ココ

❶ 卵白をミキサーボウルに入れ、グラニュー糖を1/3量加えて中速のミキサーで泡立てる（A）。

＊高速で泡立てると気泡が安定せず、潰れやすくなる。

❷ 全体に泡立ってきたら、残りのグラニュー糖のうち半量を加えて撹拌を続ける。

❸ 再び全体に泡立ってきたら、残りのグラニュー糖を加え、艶が出て、ややとろりとした状態になるまでしっかり泡立てる（B）。

❹ ミキサーから下ろし、ココナッツファインを加え、ゴムべらで混ぜる（C）。

❺ 直径4.2cm、高さ2.1cmのプティガトー型（半球、フレキシパン）を、シルパットを敷いた天板の上に伏せて並べる（D）。

＊型は、市販のフレキシパンの半球部分を土台から切り離したものを使用。

❻ 口径15mmの丸口金をつけた絞り袋に❹を入れ、❺の型の頂点の少し上から絞る。口金の位置はずらさずにメレンゲが型の頂点から裾へと自然に落ちていくようにして、ドーム形に絞る（E）。

❼ 120℃のコンベクションオーブンで約90分焼く。室温で冷ましたのち、内側の型をはずす（F）。

クレーム・エキゾチック

❶ 生クリームを鍋に入れ、泡立て器で混ぜながら火にかけて沸騰させる。

❷ ❶と並行して、卵黄をボウルに入れて泡立て器で溶きほぐし、グラニュー糖を加えてすり混ぜる（A）。

❸ ❶の1/3量を❷に加え、泡立て器で混ぜる。これを❶の鍋に戻し入れる（B）。エキゾチックフルーツのピュレを加えて泡立て器で混ぜる（C）。

❹ ❸を中火にかけて、クレーム・アングレーズの要領で、ゴムべらで混ぜながら82℃になるまで炊く（D）。

❺ 火から下ろしてふやかした板ゼラチンを加え、混ぜ溶かす。ボウルに移し入れ、ボウルの底に氷水を当てて粗熱を取る（E）。

❻ ラップフィルムを敷いた天板に、直径2.9cm、高さ1.8cmのプティガトー型（半球、フレキシパン）をのせる。口径8mmの丸口金をつけた絞り袋に❺を入れ、型の7分目まで絞り入れる（F）。ショックフリーザーで冷凍する。

アナナス・マリネ

❶ パイナップルの皮を剥き、種と芯を取り除く。包丁で厚さ約5㎜の細長いいちょう切りにする。ボウルに入れ、グラニュー糖を加えてゴムべらで混ぜる（A）。

❷ ライムの皮をすりおろして加え、ゴムべらで混ぜる。ライムの果汁も絞って加え混ぜる（B）。冷蔵庫で約1時間休ませる。

クレーム・シャンティイ・ア・ラ・ノワ・ド・ココ

❶ 生クリームをボウルに入れ、グラニュー糖を加える。ボウルの底に氷水を当てながら、7分立てに泡立てる。

❷ ココナッツのピュレを加える（A）。ボウルの底に氷水を当てたまま、泡立て器でしっかり泡立てる（B）。

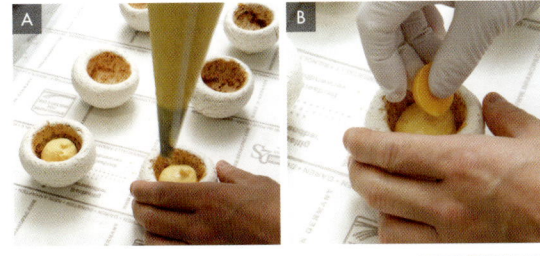
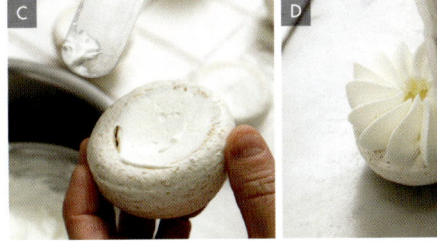

組み立て、仕上げ

❶ ムラング・ノワ・ド・ココの、ドーム型のてっぺんをペティナイフで少しそぎ落し、平らにする。オーブンペーパーを敷いた板の上に、裏返してのせる。

❷ 口径8㎜の丸口金をつけた絞り袋にクレーム・ディプロマット（→ p.260）を入れ、①の中に1/3の高さまで絞り入れる（A）。

❸ クレーム・エキゾチックを型からはずし、②の上に半球を下向きにしてのせる（B）。指でぐっと押さえて沈み込ませる。

❹ クレーム・シャンティイ・ア・ラ・ノワ・ド・ココをパレットナイフですくって③の上にのせ、ごく浅いすり鉢状にならす（C）。

❺ サントノーレの口金をつけた絞り袋に④の残りのクレーム・シャンティイ・ア・ラ・ノワ・ド・ココを入れ、花びらのように絞る（D）。

❻ 水に浸したくり抜き器で、⑤の中心部のクリームをすくって取り除く（E）。

❼ ⑥の窪みにアナナス・マリネをスープスプーンでこんもり盛る（F）。

❽ ナパージュ・ヌートルをコルネに入れ、⑦のアナナス・マリネの上に絞る。

❾ グロゼイユを1粒ごとに分け、キッチンペーパーにのせて汁気を取る。⑧の上に2粒ずつのせる（G）。

❿ ⑨を手で持ち、もう片方の手にココナッツファインをのせて、絞ったクレーム・シャンティイ・ア・ラ・ノワ・ド・ココの裾にまぶしつける（H）。

2

ブルターニュの海と、菓子と

東京のホテルでパティシエとして働いていた僕が、フランスのブルターニュ地方へ渡ったのは1999年のこと。修業先のグランドホテル テルメスマリーンは、サン＝マロという港町の、海の目の前にありました。

フランスへ渡ることは、僕にとって一大決心でした。日本での仕事も安定していたので、両親以外みんなから反対されました。後はないとわかって飛び出したものの、よくサン＝マロの砂浜を歩いて、「これからの人生、どうなるのかな」と考えていました。空はどんよりしていたけれど、磯の匂いと潮風が心地よくて。海を眺めていると、「なんとかなるさ。悩んでいてもしょうがない」という気持ちになれる。せっかく来たからには、気持ちを新たにお菓子と向き合って、なんでも吸収してやろう。そう決意させてくれたのが、あの海辺だった気がします。

初めて出合うブルターニュのお菓子には、とにかく驚かされました。どれも素朴でシンプルなのにおいしい。そして、使われている素材はほとんど変わらないのに、それぞれのお店で味が違う。複雑で見た目がきれいなお菓子ばかりを追いかけていた僕にとっては、真逆の世界観で衝撃でした。有塩バターにも初めはとまどいましたが、そのまろやかな味わいにすっかり惹きつけられてしまって。バター自体も風味が格別で、ゲランド産海塩が入っているので、キャラメルを炊くとまるで海の中にいるようなよい香りが広がるんです。あれは今でも忘れられません。それから有塩バターたっぷりのお菓子といえばクイニー・アマン

です。焼き上げても表面はねっとり、中はジトジト。フランス人はああいう食感が好きですね。ホテルでは温めて、キャラメルソースとレ・リボ*のアイスクリームを添えて出していました。そのほか、クレープやガレット・ブルトンヌ、ファー・ブルトン、ガトー・ブルトンもよくつくりました。

シェフのパスカル・ポーション（Pascal Pochon）さんが食べていた、海藻入りのパンも思い出の味。手でちぎると磯の香りがパッと立つんです。僕はシェフの隣の席で賄いを食べていたので、いつももらっていました。それから休日に食べる生牡蠣と、有塩バターを塗ったパン！　生活を通じて、海の香りが体じゅうにしみついていきました。帰国してから20年近く経った今でも、お菓子に加える塩はすべてゲランド産海塩です。

ブルターニュでの経験がなかったら、今の自分はないと思います。多くを学び、吸収した日々でした。コンクールへの熱も冷め、ホテルで働くのではなく町場のお菓子屋になろうと決めたのも、ブルターニュで素朴なお菓子の奥深さに出合ったから。おいしさを突き詰める意味を知ったことで、自分で何かを表現し、店を通じてお客様に伝えたくなったのでしょう。お菓子のなかに自分がもともともつ感覚と、ブルターニュで得た感覚を融合していきたいと思いました。それが今も、アテスウェイを支える一つの個性となっています。

*レ・リボ…バターをつくる際、クリームを分離した後の脱脂乳バターミルクを発酵させた、ブルターニュ伝統の乳製品。

Palet Breton

パレ ブルトン

バターたっぷりで塩けがきいた厚焼きのパレ・ブルトンは、ブルターニュを代表する伝統菓子の一つ。外はザクッ、中はホロッとした食感のコントラストも特徴です。フランスでは、同じゲランド産海塩でも粒が細かいものを使っていましたが、僕は粗塩入りバターを食べてひらめき、粗いものを最後に混ぜ込む製法にしました。そうすると塩が溶け切らずに生地の中に散りばめられ、味にメリハリが出ます。表面にはブルターニュ伝統のソバ粉のガレットを模ったオリジナルの型で模様をつけています。

Palet Breton

発酵バター　beurre fermenté　2500g
粉糖　sucre glace　750g
卵黄　jaunes d'œufs　600g
薄力粉　farine ordinaire　2500g
海塩　sel de mer　45g
ドリュール（卵黄に少量の水を加える）　dorure　適量

「パレ ブルトン」には、ブルターニュ・ゲランド産海塩でも粒が粗い、セルマランドゲランド「ゲランドの塩（あら塩）」を使用し、存在感を打ち出す。

焼き切らず、中心をややミ・キュイの状態に焼き上げることで、外と中との食感のコントラストが生まれる。

つくり方

❶　室温に戻した発酵バターをミキサーボウルに入れ、ビーターをつけた低速のミキサーで、ポマード状になるまで撹拌する。
＊バターが固ければ、ボウルの底をガスバーナーで適宜、温めながら行う。

❷　いったんミキサーを止めてふるった粉糖を加える。低速で粉が見えなくなるまで混ぜる（A）。

❸　卵黄の約1/5量を②に加え、低速で混ぜる。全体になじんだら、残りの卵黄を2回に分けて加え、そのつど低速で混ぜる（B）。いったんミキサーを止めて、ビーターやミキサーボウルの側面についた生地をゴムべらで払い落す。
＊混ぜすぎず、最低限の手数で混ぜること。全体になじめばよい。

❹　ふるった薄力粉の半量を③に加え、低速で粉が見えなくなるまで混ぜる。

❺　残りの薄力粉の半量を④に加え、低速でざっと混ぜる。

❻　残りの薄力粉を少量取り、海塩と混ぜ合わせる。これを⑤に加え、残りの薄力粉も加えて低速で粉が見えなくなるまで混ぜる（C）。中高速にして、少しグルテンが出て粘りが出てくるまで数分混ぜる（D）。
＊海塩を後から薄力粉と一緒に加えるのは、生地の中に極力溶け込まさず、粒を残してところどころしょっぱさを感じられるようにするため。
＊指で生地を押すと、やや弾力が感じられる状態が目安。グルテンを出さないと、焼成しても外側が固くならず、ボロボロと崩れてしまう。

❼　ラップフィルムを敷いた天板に移し、打ち粉をふって、手のひらでざっと平らにする（E）。ラップフィルムをかけ、冷蔵庫でひと晩休ませる。

❽　大理石の台に打ち粉を軽くふって⑦を取り出し、手で揉み込んで生地を均一な固さにし、しなやかさを出す（F）。

❾　パイシーターで厚さ1cmにのばす。直径5.2cmの円形の抜き型で抜く（G）。

❿　⑨をシルパンを敷いた天板に並べ、上面にドリュールを刷毛で軽く塗る（H）。指で触ってもつかなくなるまで、冷蔵庫で乾かす。

⓫　⑩の上面にドリュールを刷毛でたっぷり塗る。ラインが浮き出た押し型をぎゅっと押しつけて、上面に模様をつける（I）。

⓬　天板にラップフィルムを敷いて網をのせ、直径5.5cmのセルクル型を並べる。離型油をスプレーでまんべんなく、多めに吹きつける。

⓭　⑪に⑫をかぶせ（J）、165℃のコンベクションオーブンで約20分焼く。

⓮　いったん取り出して型をはずし、165℃のコンベクションオーブンでさらに約12分焼く。そのまま室温で冷ます。

Galette Bretonne

ガレット ブルトンヌ

ブルターニュで驚かされたのが、パティスリーで売られているガレットはもちろん、スーパーで売られているガレットですらおいしいこと。バターをはじめきちんとした素材が使われていて、風味も食感もよくて病みつきになりました。この薄焼きの「ガレット ブルトンヌ」は、卵を使わずに牛乳を加え、あえてグルテンを出すことでもたらされる、パリンと固めの食感が魅力的。表面に軽くふったゲランド産海塩がアクセントとなり、生地の甘みと混じり合って後引くおいしさを生み出しています。

Galette Bretonne

バター　beurre　240g

グラニュー糖　sucre semoule　270g

牛乳　lait　120g

アーモンドパウダー　amandes en poudre　75g

海塩A　sel de mer　4.5g

薄力粉　farine ordinaire　500g

ベーキングパウダー　levure chimique　5g

海塩B　sel de mer　適量

つくり方

❶　室温に戻したバターをミキサーボウルに入れ、ビーターをつけた低速のミキサーでポマード状になるまで撹拌する。

❷　グラニュー糖を加え、中速で混ぜ合わせる（A）。

❸　牛乳を30℃に温め、そのうちの1/4量を②に加えて中速で撹拌する。ざっと混ざったらいったんミキサーを止めて、ビーターやミキサーボウルの側面についた生地をゴムべらで払い落す。

❹　再び中速で撹拌し、ムラなく混ざったら低速にする。残りの牛乳を少しずつ加えながら、分離しないように均一な状態になるまで混ぜる（B）。

❺　ふるったアーモンドパウダーと海塩Aを加え、低速でざっと混ぜる（C）。いったんミキサーを止めて、ビーターやミキサーボウルの側面についた生地をゴムべらで払い落す。

❻　合わせてふるった薄力粉とベーキングパウダーを加え、低速で撹拌する。あらかた混ざったら中速にして、粉が見えなくなるまで混ぜる（D）。

❼　⑥をラップフィルムを敷いた天板に移し、上からもラップフィルムをかけて、手のひらで叩くように押さえてざっと平らにする（E）。冷蔵庫で1日休ませる。

❽　打ち粉をふり、パイシーターで厚さ3mmにのばす。

❾　直径6cmの円形の抜き型で抜き（F）、シルパットを敷いた天板に並べる。

❿　スプレーで軽く水（分量外）を吹きつけ、海塩Bを全体に軽くふりかける（G）。

⓫　165℃のコンベクションオーブンで14～16分焼く。そのまま室温で冷ます（H）。

Far Breton

ファーブルトン

ファー・ブルトンは、修業したホテルでも定番としてつくっていた、ブルターニュの伝統菓子。中はフランのようにやわらかく、表面は焼けてクレープのような質感で、プルーンもよく合っておいしいな、と思いました。熱い溶かしバターを加えて生地を乳化させてから、冷たい牛乳を混ぜるのが、この独特な食感のポイントです。とくに表面の食感が好きだったので小さな型で焼き、プルーンは多めに。型にあらかじめバターを塗ってグラニュー糖をまぶしつけることで、表面がよりカリッと焼き上がります。

Far Breton

ファー ブルトン ■ 材料（底直径5.5㎝、上直径7.5㎝、高さ4cmのマフィン型・12個分）

バター A　beurre　75g
ヴァニラビーンズ　gousse de vanille　1本
全卵　œufs　225g
グラニュー糖 A　sucre semoule　225g
海塩　sel de mer　3g
薄力粉　farine ordinaire　190g
牛乳　lait　750g
ラム酒　rhum　55g

バター B　beurre　適量
グラニュー糖 B　sucre semoule　適量
ラム酒漬けのプルーン＊
pruneaux marinés au rhum　18個
＊ラム酒漬けのプルーンは、ドライプルーン（種なし、ア
ジャン産）を容器に入れてラム酒を浸る程度に注ぎ入れ、
蓋をして1週間程度漬けておく。

型にあらかじめバターを塗ってグラニュー糖をまぶし、そこにアパレイユを流して焼くことで、外はカリッ、中はフワッとやわらかな食感の対比が際立つ。

つくり方

❶　バター A とヴァニラビーンズの種と鞘を鍋に入れて火にかけ、70〜80℃になるまで加熱する。

❷　全卵をボウルに入れて泡立て器で溶きほぐし、グラニュー A を加え混ぜる。続いて海塩を加え、ざっと混ぜる（A）。

❸　ふるった薄力粉を加え、泡立て器で中心から徐々に周囲に広げるようにしてすり混ぜる（B）。全体が混ざったら、泡立て器で力強く撹拌し、グルテンを少し出す（C）。
＊グルテンを少し出すことで生地の引きが出て、ボソボソした食感にならない。イメージは、厚焼きクレープ。

❹　①を③に加え、泡立て器ですり混ぜて乳化させ、艶のある状態にする（D）。

❺　④に冷たい牛乳を1/3量加え、泡立て器で混ぜる（E）。均一な状態になったら、残りの牛乳も加え混ぜる。
＊牛乳を冷たい状態で加えることでグルテンが強まり、粘弾性が長く持続する。

❻　ラム酒を加え混ぜる（F）。ラップフィルムをかけて密着させ、冷蔵庫でひと晩休ませる。

❼　底直径5.5㎝、上直径7.5㎝、高さ4cmのマフィン型に、バター B を指でまんべんなく塗りつける。ボウルにたっぷり入れたグラニュー糖 B にくぐらせて、まんべんなくまぶしつける。

❽　⑥を⑦に、レードルで2分目まで流し入れる。

❾　ラム酒漬けのプルーンをキッチンペーパーにのせて汁気を軽く取り、横半分に切る。⑧に3切れずつ入れる（G）。

❿　⑨の上から⑥をレードルで型いっぱいになるまで注ぎ入れる。天板に並べる（H）。

⓫　ダンパーを閉めた160℃のコンベクションオーブンで約45分焼く（I）。
＊よい状態の生地であれば、焼くとスフレのように生地がきれいに膨らむ。

⓬　⑪を型ごと持ち上げ、台の上に軽く落として空気を抜く。そのまま室温で約3分冷ました後、型の縁をトントンと台に打ちつけて型をはずす（J）。上下を返して網にのせ、室温で冷ます。

Kouign-Amann
aux Framboises

クイニーアマン オ フランボワーズ

ブルターニュでつくり方を見て、「こんなに砂糖をふるの!?」と驚かされたのがクイニーアマンです。試しに砂糖を少なめにしてみたら、全然おいしくない！ きちんと意味があるのだと思い知らされました。現地のクイニーアマンはねっとり、重厚だったのに対して、僕のそれはまるで唐揚げのようにザクザク、中はジュワッとしています。秘訣は、オーブンの熱風が層の隅々まで入りやすい形に生地をたたんで、閉じ目を上に向けて焼くこと。味のアクセントにフランボワーズを合わせました。

Kouign-Amann aux Framboises

◉パータ・クイニーアマン
Pâte à Kouign-Amann
強力粉　farine gruau　610g
薄力粉　farine ordinaire　155g
グラニュー糖　sucre semoule　110g
海塩　sel de mer　8g
牛乳　lait　380g
インスタントドライイースト
levure sèche de boulanger　10g
全卵　œufs　100g
ヴァニラペースト　pâte de vanille　10g
バター　beurre　640g

◉コンフィチュール・ド・フランボワーズ・ペパン
Confiture de Framboises Pépins
（つくりやすい分量）
フランボワーズ（冷凍、ブロークン）
framboises brisées surgelées　1000g
グラニュー糖　sucre semoule　400g
LMペクチン　pectine　14g
レモン果汁　jus de citron　½個分

◉その他　**Autres Éléments**
シュークル・ヴァニーユ
sucre vanille（→ p.261）　適量
シナモンパウダー　cannelle en poudre　適量
グラニュー糖　sucre semoule　適量

La Composition

▮ シュークル・ヴァニーユ
▮ パータ・クイニーアマン
▮ コンフィチュール・ド・フランボワーズ・ペパン

つくり方

パータ・クイニーアマン

❶ 強力粉と薄力粉をミキサーボウルに入れ、ざっと混ぜ合わせる。

❷ グラニュー糖と海塩を①に加え、フックをつけた低速のミキサーで混ぜる。

❸ 23℃に調整した牛乳をボウルに入れ、インスタントドライイーストを加えて泡立て器で混ぜ溶かす。②に加えながら低速で混ぜる（A）。

❹ ミキサーをいったん止めて、全卵とヴァニラペーストを加える。

❺ 再び低速で3分撹拌する。生地がまとまり、艶のある状態になる（こね上げ温度の目安は24℃）（B）。

❻ 生地を取り出し、手でざっと丸めて表面にきれいな面を出す。

❼ ラップフィルムで包み、シルパットを敷いた天板にのせる（C）。室温で30分発酵（ベンチタイム）させた後、冷蔵庫でひと晩発酵させる。

❽ ⑦を台に取り出し、ナイフで十字に切り込みを入れる。手で四方に押し広げ、ざっと正方形に整える。

❾ パイシーターで向きを変えながらのばし、約30×20㎝にのばす（D）。

❿ バターに打ち粉をふり、パイシーターで17×17㎝にのばす。⑨と同じ固さに調整し、⑨の中央にのせる（E）。

⓫ 左右から中央に向かって生地を折りたたみ、指でしっかりつまんでくっつける。手前と奥も同様に、中央に向かって生地を折りたたみ、指でしっかりつまんで封じた後、麺棒でぎゅっと押さえて接着する。

⓬ パイシーターで向きを変えながら、約70×30㎝、厚さ5㎜にのばす（F）。

⓭ 形を整えながら、左右から中央に向かって生地を折りたたんで3つ折りにし（G）、麺棒で押さえて接着する。

⓮ ⑫と同様にして、約70×25㎝、厚さ5.5㎜にのばす。

⓯ 形を整えながら、左右から中央に向かって生地を折りたたんで3つ折りにし、麺棒で押さえて接着する。

⓰ シルパットを敷いた天板にのせてラップフィルムをかけ、-5℃の冷凍庫で約1時間休ませる（H）。

＊折り込みを終えたら、この時点で発酵してしまわないよう、すぐ冷やす。

コンフィチュール・ド・フランボワーズ・ペパン

❶ フランボワーズを銅鍋に入れ、解凍する。グラニュー糖400gのうち300gを加えて泡立て器で混ぜ合わせる（A）。

❷ ①の残りのグラニュー糖にLMペクチンを加え、よく混ぜ合わせておく。

❸ ①を強火にかけ、泡立て器で混ぜながら加熱する。40℃になるまで温めたら②を加え（B）、混ぜながら糖度55°brixになるまで炊く。

❹ 火を止めて、レモン果汁を加え混ぜる（C）。

❺ ラップフィルムを敷いた天板に移し入れ（D）、上からもラップフィルムをかけて、手のひらでざっと平らにして室温で冷ます。

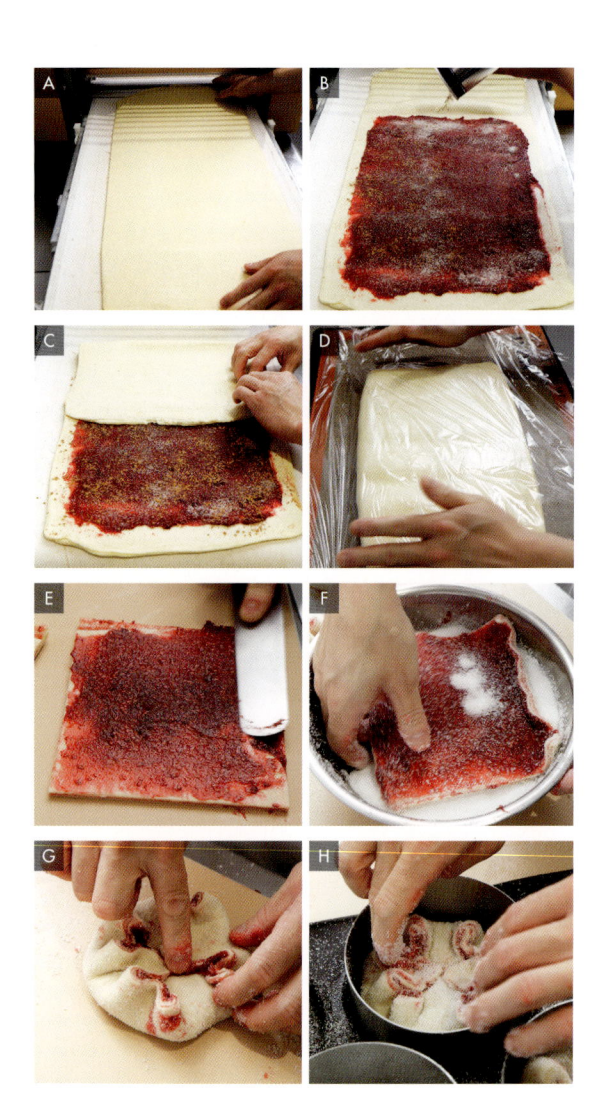

組み立て

❶ パータ・クイニーアマンをパイシーターで向きを変えながら約70×33cm、厚さ5mmにのばす（A）。

❷ コンフィチュール・ド・フランボワーズ・ペパンを①の中央に300gのせる。縁を約3cm残し、生地の左側2/3の範囲にL字パレットナイフで薄くのばす。

❸ ②のコンフィチュール・ド・フランボワーズ・ペパンを塗った部分に、シュークル・ヴァニユをまんべんなく、たっぷりふりかける。

❹ ③の上にシナモンパウダーをまんべんなく、たっぷりふりかける（B）。

❺ コンフィチュール・ド・フランボワーズ・ペパンを塗っていない右側を中央に向かって折りたたみ（C）、続いて左側から中央に向かって折りたたんで3つ折りにする。刷毛で生地の縁に水（分量外）を塗り、指で押さえて接着した後、麺棒で軽く押さえてしっかり接着する。

❻ シルパットを敷いた天板にラップフィルムをかぶせ、その上に⑤をのせる。上からもラップフィルムをかけて-5℃の冷凍庫で約1時間休ませる（D）。

❼ ⑥をパイシーターでざっとのばして縁を切り落とした後、厚さ5mmにのばす。半分に切り、厚さ3.7mmにのばす。ラップフィルムをかけて-5℃の冷凍庫で約30分休ませる。

❽ 牛刀で端を切り落し、17×17cmに切り分け、コンフィチュール・ド・フランボワーズ・ペパンをパレットナイフで上面に薄く塗り広げる（E）。

❾ 裏面にスプレーで水（分量外）を吹きつけた後、グラニュー糖をたっぷり入れたボウルに入れ、両面にしっかりグラニュー糖をまぶしつける（F）。

❿ 4つの角を中央に向かって折りたたむ（対角ごとに行う）。

⓫ ⑩で折りたたんだことによってできた4つの角を、指で押し込むようにして中に入れる（G）。

⓬ 直径12.5cm、高さ1.6cmの円形の型（ロンド（円）、フレキシパン）に、直径12cm、高さ5cmのセルクル型をはめ込む。底に離型油をスプレーで吹きつける。

⓭ ⑫の全体にグラニュー糖をたっぷりまぶし、⑪を入れる（H）。ホイロ（28℃、湿度80％）で30～40分発酵させる。少し膨らんだ状態になる。

⓮ ⑬の上面にシュークル・ヴァニユをたっぷりふり、168℃のコンベクションオーブンで32～35分焼く。型をはずし、そのまま室温で冷ます。

ガトー ブルトン オ プリュノー

一見、大判のクッキーのようなガトー・ブルトンも、ブルターニュの伝統菓子。パレ・ブルトンのようでもありますが、大きく焼くので中がよりしっとりしています。修業していたホテルでは中に何も入れていませんでしたが、本で調べると砂糖漬けの果物などを加えることもあるようなので、僕なりのアレンジとしてプルーンのコンポートを合わせてみました。外はガリッ、中はしっとり、ほろりとした対比のある生地と、果実味豊かなコンポートが調和して生まれるおいしさは、予想以上のものでした。

Gâteau Breton aux Pruneaux

Gâteau Breton aux Pruneaux

◉パータ・ガトー・ブルトン
Pâte à Gateau Breton

バター　beurre　125g
グラニュー糖　sucre semoule　125g
海塩　sel de mer　6g
卵黄　jaunes d'œufs　60g
薄力粉　farine ordinaire　200g
ベーキングパウダー　levure chimique　5g

◉コンポート・ド・プリュノー
Compote de Pruneaux　（20台分）

赤ワイン*　vin rouge　750g
グラニュー糖　sucre semoule　200g
シナモンスティック　bâton de cannelle　1本
レモン　citron　½個
ドライプルーン（種なし、アジャン産）
pruneaux d'Agen　1000g
＊赤ワインは味がしっかりしたものを選ぶ。

◉その他　Autres Éléments
ドリュール（卵黄に少量の水を加える）
dorure　適量
バター　beurre　適量
グラニュー糖　sucre semoule　適量

La Composition

1 パータ・ガトー・ブルトン
2 コンポート・ド・プリュノー

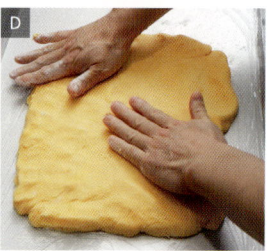

つくり方

パータ・ガトー・ブルトン

❶ 室温に戻したバターをミキサーボウルに入れ、ビーターをつけた低速のミキサーで、ポマード状になるまで撹拌する。

❷ 撹拌を続けながらグラニュー糖を加え、続いて海塩を加える（A）。

❸ 撹拌を続けながら卵黄を加え混ぜる（B）。中速に切り替えて少し撹拌した後、いったんミキサーを止めて、ビーターやミキサーボウルの側面についた生地をゴムべらで払い落す。再び中速で均一な状態になるまで撹拌する。

❹ ミキサーを止めて合わせてふるった薄力粉とベーキングパウダーを加える（C）。低速で断続的に撹拌した後、連続して撹拌する。あらかた混ざったら、中速で少し撹拌し、粉が見えなくなるまで混ぜる。
＊しっかり混ぜ合わせることによって、生地がつながってボロボロになりにくい。

❺ ラップフィルムを敷いた天板に打ち粉を軽くふり、④を移し入れる。上からも打ち粉をふり、手で生地をひとまとめにして上から押し、平らな長方形にざっと整える（D）。ラップフィルムをかけて密着させ、冷蔵庫でひと晩休ませる。

コンポート・ド・プリュノー

❶ 赤ワイン、グラニュー糖、シナモンスティック、スライスしたレモンを鍋に入れ、火にかけて沸騰させる（A）。

❷ ドライプルーンをボウルに入れ、くっついている粒がないように手でほぐす。

❸ ①を②に注ぎ入れ、ゴムべらで混ぜたら、そのまま浸けておく（B）。粗熱が取れたら容器に入れてラップフィルムをかけ、冷蔵庫でひと晩休ませる。

❹ ③を網にあけて汁気を切った後、種が入っていないことを確認しながら、キッチンペーパーでざっと汁気を取る（C）。

❺ フードプロセッサーに④を入れて撹拌し、少し粗めのピュレにする（D）。

組み立て

❶ パータ・ガトー・ブルトンを半分に切り、打ち粉をふる。それぞれパイシーターで厚さ7mmにのばす（A）。麺棒で巻き取って、オーブンペーパーを敷いた天板にのせ、固さが出るまで冷凍庫で休ませる。

❷ ①を直径18cmのセルクル型で抜き、シルパンを敷いた天板にのせる。残りの生地は冷凍庫に入れておく。

❸ ②の縁にドリュールを刷毛で塗る（B）。

❹ 口径10mmの丸口金をつけた絞り袋にコンポート・ド・プリュノーを入れ、③の中心から渦巻き状に絞る。縁は約2cm残す（C）。

❺ ②の残りの生地を直径18cmのセルクル型で抜き、④にかぶせる。縁を指でさするようにして上下の生地を接着する（D）。

❻ ⑤の上面に、ドリュールを刷毛で薄く塗る（E）。冷蔵庫に入れて手で触れてもくっつかなくなるまで乾かす。

❼ 直径18cm、高さ4.5cmのセルクル型の内側に、バターを指で塗り残しのないように塗る。容器にたっぷり入れたグラニュー糖にくぐらせて、まんべんなくまぶしつける（F）。

❽ ⑥の上面にもう一度ドリュールを刷毛で薄く塗り、フォーク（4刃）で格子状の模様をつける（G）。

❾ ⑦を⑧に少し押し込むようにしてかぶせる（H）。

❿ ダンパーを閉めた160℃のコンベクションオーブンで約40分焼く。すぐに型をはずし、シルパンごと網にのせて室温で冷ます。

Caramel Beurre Salé

キャラメル ブール サレ

キャラメルは、ブルターニュで出合ったなかでもとくに思い入れが強いお菓子です。口に入れた瞬間にフワッと溶けて、焦がした砂糖の香り、上質なバターの香り、塩の風味がバランスよく広がって混じり合い、「素材も製法もシンプルで地味なのに、こんなにおいしいんだ！」と衝撃を受けました。でも、実はそこが難しいところ。火加減や生クリームを入れるタイミング、煮詰め具合などのちょっとしたズレですぐにバランスが崩れ、まったく別物になってしまうので、最後まで気を抜くことはできません。

Caramel Beurre Salé

グラニュー糖　sucre semoule　900g

水アメ　glucose　715g

水　eau　180g

生クリーム（乳脂肪分35%）

crème fraîche 35% MG　1200g

ヴァニラビーンズ　gousse de vanille　2 ½本

ハチミツ　miel　180g

有塩バター（エシレ「バター 有塩 ブロック」）

beurre salé　115g

海塩　sel de mer　7g

つくり方

❶　グラニュー糖、水アメ、水を鍋に入れ、強火にかける。沸騰したらレードルでアクを取り、そのまま155〜158℃になるまで加熱する（一部、色づきはじめるのが目安）（A）。

＊吹きこぼれないよう、鍋は深くて大きめのものを使用すること。

❷　①と並行して生クリーム、ヴァニラビーンズの種と鞘、ハチミツを別の鍋に入れ、沸騰させる（B）。

❸　①を中火にし、②を漉しながら1/6量程度加えて、木べらでよく混ぜる。泡が落ち着いたら、さらに1/6量ずつ2回加え、そのつど木べらでよく混ぜて噴き上がってきた泡を落ち着かせる。残りの②を加え、木べらでよく混ぜる（C）。

❹　③を強火にかけ、混ぜながら118〜119℃（冬は118℃、夏は119℃）になるまで加熱する（D）。

＊強火で炊き上げないと、仕上がりがやわらかくなってしまうので注意。

❺　火から下ろし、室温に戻した有塩バターを加え、木べらでよく混ぜて乳化させる（E）。

＊よく混ぜないと、カードル型に流したときに分離して、表面に浮き上がってしまうので注意。

❻　海塩を加え混ぜる（F）。

❼　シルパットを敷いた板に36×36㎝、高さ1㎝のカードル型をのせ、⑥を型いっぱいに流し入れる。そのまま室温で1日休ませ、固まらせる（G）。

❽　型とキャラメルの間にペティナイフを差し入れて、カードル型をはずす。

❾　オーブンペーパーを敷いた板にのせ、牛刀で2.5㎝角に切る（H）。

キャラメル テンダンス

修業したホテルで提供していたお菓子の一つに、キャラメルのクリームとビスキュイ・ショコラ・サン・ファリーヌを重ねた、「パヴェ ブルトン オ キャラメル」がありました。キャラメルをそのまま食べているかのようにねっとり重厚で、後引くおいしさのあるお菓子でした。そこに僕自身の発想を加え、キャラメルの苦みだけでなくショコラの苦みもプラスしたのが、このお菓子。キャラメルの個性は保ちながらも甘さを抑え、異なる苦みを重ねて、まとまりのある味わいに仕上げています。

Caramel Tendance

⊙ビスキュイ・サッシェール

Biscuit Sacher（60×40㎝の天板3枚分）

粉糖　sucre glace　384g

アーモンドパウダー

amandes en poudre　285g

全卵　œufs　200g

卵黄　jaunes d'œufs　332g

卵白　blancs d'œufs　500g

グラニュー糖　sucre semoule　300g

薄力粉　farine ordinaire　166g

カカオパウダー　cacao en poudre　166g

バター　beurre　166g

⊙クルスティヤン・オ・ミエル

Croustillant au Miel（つくりやすい分量）

ハチミツ（ミャンマー産、クインビーガーデン「ごまはちみつ」）　miel　120g

水アメ　glucose　100g

グラニュー糖　sucre semoule　700g

クーベルチュール（ビター、カカオ分55％、ヴァローナ「エクアトリアール・ノワール」）

couverture noir 55%　90g

⊙クルスティヤン・キャラメル

Croustillant Caramel

クルスティヤン・オ・ミエル

croustillant au miel　150g（正味）

クーベルチュール（ミルク、カカオ分35％、ヴァローナ「エクアトリアール・ラクテ」）

couverture au lait 35%　200g

プラリネ・アマンド

praliné amandes（→ p.265）　150g

海塩　sel de mer　1.5g

フイユティーヌ　feuilletine　300g

⊙ムース・オ・キャラメル

Mousse au Caramel

生クリーム A（乳脂肪分35％）

crème fraîche 35% MG　514g

牛乳　lait　514g

グラニュー糖　sucre semoule　454g

水アメ　glucose　76.5g

卵黄　jaunes d'œufs　274g

板ゼラチン　feuilles de gélatine　17g

海塩　sel de mer　4.5g

生クリーム B（乳脂肪分35％）

crème fraîche 35% MG　514g

⊙ムース・ショコラ・オ・キャラメル

Mousse Chocolat au Caramel

生クリーム A（乳脂肪分35％）

crème fraîche 35% MG　219g

グラニュー糖　sucre semoule　202g

水アメ　glucose　40g

卵黄　jaunes d'œufs　94.5g

板ゼラチン　feuilles de gélatine　5g

クーベルチュール（ビター、カカオ分61％、ヴァローナ「エクストラ・ビター」）

couverture noir 61%　209g

生クリーム B（乳脂肪分35％）

crème fraîche 35% MG　473g

⊙クレーム・キャラメル・サレ

Crème Caramel Salé

生クリーム（乳脂肪分35％）

crème fraîche 35% MG　360g

ヴァニラビーンズ　gousse de vanille　½本

グラニュー糖　sucre semoule　180g

水アメ　glucose　36g

卵黄　jaunes d'œufs　72g

板ゼラチン　feuilles de gélatine　7.2g

海塩　sel de mer　4g

バター　beurre　90g

⊙その他　Autres Éléments

グラサージュ・キャラメル・ショコラ・オ・レ

glaçage caramel chocolat au lait（→ p.266）　適量

金箔　feuille d'or　適量

La Composition

1 クルスティヤン・オ・ミエル

2 グラサージュ・キャラメル・ショコラ・オ・レ

3 ムース・ショコラ・オ・キャラメル

4 ビスキュイ・サッシェール

5 ムース・オ・キャラメル

6 クレーム・キャラメル・サレ

7 クルスティヤン・キャラメル

つくり方

ビスキュイ・サッシェール

❶ ふるった粉糖とアーモンドパウダーをミキサーボウルに入れ、全卵と卵黄を加えて泡立て器で混ぜる。

❷ ①を湯煎にかけ、泡立て器で混ぜながら40℃になるまで温める（A）。

❸ ②をビーターをつけた中高速のミキサーで、しっかり空気を含んで、ふんわり、白っぽくなるまで泡立てる（B）。

❹ ③と並行して、卵白を別のミキサーボウルに入れ、グラニュー糖を加える。中高速のミキサーで撹拌し、艶よくしなやかな状態になるまでしっかり泡立てる（C）。

＊固く泡立てすぎると、生地が混ざりにくくなるので注意。

❺ ③をボウルに移し入れ、④の半量を加えてゴムべらでざっと混ぜ合わせる（D）。

❻ 合わせてふるった薄力粉とカカオパウダーを加え、気泡を潰さないようゴムべらでゆっくり丁寧に、粉が見えなくなるまで混ぜ合わせる（E）。

❼ バターを耐熱ボウルに入れ、電子レンジにかけて溶かして65℃に調整する。これに⑥をひとすくい加え、泡立て器でよく混ぜる。

❽ ⑦を⑥に戻し入れ、ゴムべらで数回混ぜる（F）。残りの④をすべて加えてゴムべらで均一な状態になるまで混ぜ合わせる。

❾ 離型油をスプレーで吹きつけてオーブンペーパーを貼りつけた天板に、⑧を800gずつ流してL字パレットナイフで平らにならす（G）。

＊天板の縁に生地が付着すると、焼きついて汚れを落す際に手間がかかるので、作業効率を考えて縁にはつけないようにする。

❿ 180℃のコンベクションオーブンで約6分焼く。オーブンペーパーごと網にのせ、焼き面にラップフィルムを貼りつけて室温で冷ます（H）。使用する直前にラップフィルムと一緒に焼き色のついた生地の表面をはがす（→p.259）。

⓫ 57×37cmのカードル型に合わせて牛刀で端を切り落す。ラップフィルムをかけて室温に置いておく。

クルスティヤン・オ・ミエル

❶ ハチミツと水アメを鍋に入れ、中火にかけて沸騰させる。

❷ グラニュー糖を加え、泡立て器で混ぜながら158℃になるまで煮詰める（A）。

❸ 火を止めてクーベルチュールを加え、ゴムべらで均一な状態になるまで混ぜ溶かす（B）。

❹ 大理石の台にシルパットを敷き、③を流す。シルパットを上からもかぶせて麺棒を転がし、薄く平らにのばす（C・D）。シルパットごと網にのせ、室温で冷やし固める。

❺ ④を適当な大きさに割り、乾燥剤とともに密閉容器に入れて保管する。

クルスティヤン・キャラメル

❶ クルスティヤン・オ・ミエルをフードプロセッサーで撹拌し、粉砕する（A）。4㎜目のふるいを通したのち、2㎜目のふるいにかけ、2㎜よりも細かい粒を取り除く。これを150g計量して使用する。

❷ クーベルチュールをボウルに入れて溶かし、プラリネ・アマンド（→ p.265）を加えてゴムべらで混ぜる（混ぜ終わりの温度は38℃が目安）（B）。

❸ 海塩、フイユティーヌ、①を②に加え、ゴムべらでしっかりなじませながら均一な状態になるまで混ぜ合わせる（混ぜ終わりの温度は28℃が目安）（C）。

❹ オーブンペーパーを敷いた天板に57×37㎝のカードル型をのせ、③を入れる。L字パレットナイフで上から押さえつけるようにして、隙間なく、平らに薄くのばす。最後はL字パレットナイフを表面に滑らせるようにして、平らにならす（D）。ショックフリーザーで冷凍する。

ムース・オ・キャラメル

❶ 生クリーム A、牛乳を鍋に入れ、火にかけて沸騰させる。

❷ ①と並行して、グラニュー糖を別の鍋に入れて強火にかけ、泡立て器で混ぜながら徐々に溶かす。あらかた溶けたら水アメを加えてさらに加熱し、焦がしてキャラメルをつくる。煙が出てしっかり色づくまで焦がすこと。

❸ ②の火を止めて①を少しずつ加え、そのつど泡立て器で混ぜる（A）。

❹ 卵黄をボウルに入れて泡立て器で溶きほぐす。③を少量加えて溶きのばす。

❺ ④を③に戻し入れ、泡立て器で混ぜる（B）。中火にかけて、クレーム・アングレーズの要領で、泡立て器で混ぜながら82℃になるまで炊く。

❻ 火を止めて、ふやかした板ゼラチンを混ぜ溶かす。

❼ シノワで漉してボウルに入れ、海塩を加え混ぜる（C）。ボウルの底に氷水を当てて、15℃になるまで冷やす。

❽ 組み立てる直前に、8分立ての生クリーム B を入れたボウルに⑦を加え、泡立て器で均一な状態になるまで混ぜ合わせる。ゴムべらに替え、ムラのないよう混ぜ合わせる（D）。

ムース・ショコラ・オ・キャラメル

❶ 生クリーム A を鍋に入れ、火にかけて沸騰させる。

❷ ①と並行して、グラニュー糖を別の鍋に入れて強火にかけ、泡立て器で混ぜながら徐々に溶かす。あらかた溶けたら水アメを加えてさらに加熱し、焦がしてキャラメルをつくる。煙が出てしっかり色づくまで焦がすこと。

❸ ②の火を止めて①を少しずつ加え、そのつど泡立て器で混ぜる（A）。

❹ 卵黄をボウルに入れて泡立て器で溶きほぐす。③を少量加えて溶きのばす。

❺ ④を③に戻し入れ、泡立て器で混ぜる（B）。中火にかけて、クレーム・アングレーズの要領で、泡立て器で混ぜながら82℃になるまで炊く。

❻ 火を止めて、ふやかした板ゼラチンを混ぜ溶かす。

❼ クーベルチュールを入れたボウルに、⑥をシノワで漉しながら入れ、泡立て器で少しずつなじませて均一な状態になるまで混ぜる（C）。

❽ 組み立てる直前に、7分立ての生クリーム B を入れたボウルに⑦を加え、泡立て器で均一な状態になるまで混ぜ合わせる。ゴムべらに替え、ムラのないよう混ぜ合わせる（D）。

クレーム・キャラメル・サレ

❶ 生クリーム、ヴァニラビーンズの種と鞘を鍋に入れ、火にかけて沸騰させる。

❷ ①と並行して、グラニュー糖を別の鍋に入れて強火にかけ、泡立て器で混ぜながら徐々に溶かす。あらかた溶けたら水アメを加えてさらに加熱し、焦がしてキャラメルをつくる。煙が出てしっかり色づくまで焦がすこと。

❸ ②の火を止めて①を少しずつ加え、そのつど泡立て器で混ぜる（A）。

❹ 卵黄をボウルに入れて泡立て器で溶きほぐす。③を少量加えて溶きのばす。

❺ ④を③に戻し入れ、泡立て器で混ぜる（B）。中火にかけて、ひと煮立ちさせる。

❻ 火を止めて、ふやかした板ゼラチンを混ぜ溶かす。

❼ シノワで漉してボウルに入れ、海塩を加えて泡立て器で混ぜ溶かす（C）。室温で28℃になるまで冷ます。

❽ 室温に戻したバターを加え、スティックブレンダーで撹拌して乳化させる（D）。

組み立て、仕上げ

❶ OPPシートを貼りつけた天板にカードル型をのせ、ムース・ショコラ・オ・キャラメルを流し入れ、L字パレットナイフで平らにならす（A）。

❷ 焼き面を下にしてビスキュイ・サッシェールを1枚かぶせる。オーブンペーパーをはがし、手のひらで軽く押さえて密着させ、平らにする（B）。ショックフリーザーで冷凍する。

❸ ②の上にムース・オ・キャラメルを1100g流し入れ、L字パレットナイフで平らにならす（C）。

❹ 焼き面を下にしてビスキュイ・サッシェールを1枚かぶせる。オーブンペーパーをはがし、手のひらで軽く押さえて密着させ、平らにする。

❺ 残りのムース・オ・キャラメルを流し入れ、L字パレットナイフで平らにならす（D）。

❻ 焼き面を下にしてビスキュイ・サッシェールを1枚かぶせる。オーブンペーパーをはがして板をかぶせ、軽く押さえて密着させ、平らにする。

❼ クレーム・キャラメル・サレを流し入れ、L字パレットナイフで平らにならす（E）。

❽ クルスティヤン・キャラメルを裏返してかぶせ、手のひらで軽く押さえて密着させ、平らにする（F）。ショックフリーザーで冷凍する。

❾ ⑧をショックフリーザーから取り出し、クルスティヤン・キャラメルを下にして置く。ガスバーナーで側面を軽く温め、型をはずす。ガスバーナーで軽く温めた平刃包丁で37×22cmに切る。

❿ 天板に網をのせ、その上に⑨をのせる。グラサージュ・キャラメル・ショコラ・オ・レ（→ p.266）を温めて34℃に調整し、上から流す（G）。網ごと軽くトントンと天板の縁に打ちつけて平らにし、余分なグラサージュを落す。ショックフリーザーで冷凍する。

⓫ ガスバーナーで軽く温めた平刃包丁で、11.5×2.5cmに切り分ける。

⓬ クルスティヤン・オ・ミエルを手で適当な大きさに割り、⑪の上面に5片差す（H）。金箔をつける。

キャラメル エピセ

ブルターニュで印象深かったことの一つは、塩やキャラメルだけ
でなく、香辛料を使うお菓子が非常に多かったこと。修業先の
ホテルで人気だった「キャラ エピス」というお菓子も、パン・デ
ピスとキャラメル、サフラン、リンゴ、ショコラの組み合わせで
した。「キャラメル エピセ」は、そのイメージを頭に描きながら
つくったオリジナルのひと品。フワッと軽いキャラメルのムース
が、キャラメリゼしたリンゴのコンポートの甘酸っぱさ、パン・
デピスのさわやかな香りと心地よくマッチします。

Caramel Épicé

Caramel Épicé

◉クレーム・ショコラ・オ・レ
Crème Chocolat au Lait
牛乳　lait　160g
水アメ　glucose　8g
板ゼラチン　feuilles de gélatine　4g
クーベルチュール (ミルク、カカオ分35%、ヴァローナ「エクアトリアル・ラクテ」)
couverture au lait 35%　300g
生クリーム (乳脂肪分35%)
crème fraîche 35% MG　320g

◉コンポート・ポンム
Compote Pomme
リンゴ (紅玉)　pommes　1320g (正味)
バター A　beurre　90g
グラニュー糖 A　sucre semoule　290g
生クリーム (乳脂肪分35%)
crème fraîche 35% MG　130g
グラニュー糖 B　sucre semoule　250g
バター B　beurre　90g
海塩　sel de mer　2g
板ゼラチン　feuilles de gélatine　14g
カルヴァドス　Calvados　10g

◉クレーム・キャラメル・サレ
Crème Caramel Salé
生クリーム (乳脂肪分35%)
crème fraîche 35% MG　410g
水アメ　glucose　40g
ヴァニラビーンズ　gousse de vanille　1本
グラニュー糖　sucre semoule　210g

卵黄　jaunes d'œufs　85g
板ゼラチン　feuilles de gélatine　8g
海塩　sel de mer　4g
バター　beurre　100g
＊「キャラメル テンダンス」のクレーム・キャラメル・サレ (→ p.088) を参照してつくる。

◉ビスキュイ・パン・デピス
Biscuit Pain d'Épices
A ┌ 水　eau　250g
│ ハチミツ (ミャンマー産、クインビーガーデン「ごまはちみつ」)　miel　166g
│ グラニュー糖　sucre semoule　83g
│ 転化糖　sucre inverti　83g
│ シナモンスティック　bâtons de cannelle　3本
│ スターアニス　anis étoilé　2個
└ 海塩　sel de mer　1g
アーモンドパウダー　amandes en poudre　83g
全卵　œufs　2個
ラム酒　rhum　33g
B ┌ 薄力粉　farine ordinaire　270g
│ コーンスターチ　fécule de maïs　30g
│ 重曹　bicarbonate de soude　8g
│ ベーキングパウダー　levure chimique　5g
│ パン・デピス用ミックススパイス (ル・ジャルダン・デ・エピス「パンデピス (スパイスミックス)」)　mélange pour pain d'épices　2g
すりおろしたオレンジの皮 (細かい目)
zestes d'orange râpés fins　½個分

◉バーズ・ド・キャラメル
Base de Caramel
生クリーム (乳脂肪分35%)
crème fraîche 35% MG　630g
グラニュー糖　sucre semoule　384g
水アメ　glucose　384g
バター　beurre　58g
海塩　sel de mer　9.6g

◉ムース・オ・キャラメル
Mousse au Caramel
バーズ・ド・キャラメル
base de caramel　1220g
板ゼラチン　feuilles de gélatine　49g
水　eau　100g
グラニュー糖　sucre semoule　130g
卵黄　jaunes d'œufs　290g
生クリーム (乳脂肪分35%)
crème fraîche 35% MG　1380g

◉クレーム・シャンティイ・オ・キャラメル
Crème Chantilly au Caramel (つくりやすい分量)
生クリーム (乳脂肪分35%)
crème fraîche 35% MG　400g
バーズ・ド・キャラメル　base de caramel　140g

◉その他　Autres Éléments
ナパージュ・ヌートル　nappage neutre　適量
カーブさせた円形のクーベルチュールの薄板
tuiles de chocolat (→ p.268)　適量

La Composition

1 クレーム・シャンティイ・オ・キャラメル
2 カーブさせた円形のクーベルチュールの薄板
3 コンポート・ポンム
4 ムース・オ・キャラメル
5 クレーム・ショコラ・オ・レ
6 クレーム・キャラメル・サレ
7 ビスキュイ・パン・デピス

クレーム・ショコラ・オ・レ

❶ 牛乳と水アメを鍋に入れ、沸騰させる。火から下ろしてふやかした板ゼラチンを加え、混ぜ溶かす。

❷ クーベルチュールをボウルに入れて溶かす。①を1/4量ずつ加え、中心から徐々に周囲へと広げてすり混ぜる（A）。次第に艶が出てきて、乳化する。

❸ 冷たい生クリームを2回に分けて加え、そのつど泡立て器で混ぜる（B・C）。ラップフィルムをかけて密着させ、冷蔵庫で1日休ませる。

❹ 使用する直前にミキサーボウルに入れ、高速のミキサーでしっかり泡立てる（D）。

コンポート・ポンム

❶ リンゴは皮を剥いて4つ割りにし、芯を取り除く。約2×1cmのざく切りにしてボウルに入れる（A）。

❷ バターAを鍋に入れて火にかける。軽めの焦がしバターになったら①を加え、木べらで混ぜて全体になじませる。

❸ グラニュー糖Aを2回に分けて加え、そのつど木べらで混ぜる（B）。混ぜながら加熱を続け、リンゴを煮る。次第にリンゴが透き通り、出てきた果汁が煮詰まって、木べらで混ぜると鍋底が見えるようになればよい。煮上がりのタイミングを⑥と合わせること。

❹ ③と並行して、生クリームを別の鍋に入れ、火にかけて沸騰させる。

❺ ④と並行して、グラニュー糖Bを別の鍋に入れて強火にかける。泡立て器で混ぜながら徐々に溶かし、全体が溶けて色づいてきたら火を弱め、明るいきつね色のキャラメルをつくる（C）。

❻ ⑤を火から下ろし、角切りにして室温に戻したバターBを加え、混ぜ溶かす（D）。続いて④を加え混ぜる（E）。

❼ ③の火を止めて⑥を加え、木べらで混ぜる（F）。再び弱火にかけて、海塩、ふやかした板ゼラチン、カルヴァドスを加えて混ぜ溶かし、火を止める。

❽ ボウルに移し入れ、ボウルの底に氷水を当てて、ゴムべらで混ぜながら30℃になるまで冷やす（G）。

❾ OPPシートを敷いた天板に57×37cmのカードル型をのせ、⑧を流し入れてL字パレットナイフで平らにならす（H）。ショックフリーザーで冷凍する。

ビスキュイ・パン・デピス／組み立て①

❶ Aを鍋に入れる。泡立て器で混ぜながら、火にかけて沸騰させる（A）。

❷ ①を漉してボウルに入れる。ボウルの底に氷水を当てて、ゴムべらで混ぜながら25℃になるまで冷ます。

❸ ふるったアーモンドパウダーをボウルに入れ、②を約100gずつ2回加え、そのつど泡立て器ですり混ぜる（B）。

❹ 残りの②のうち半量を加え混ぜる。

❺ 全卵を加え混ぜる（C）。

❻ 残りの②を加え混ぜる。続いてラム酒も加え混ぜる（D）。

❼ 合わせてふるったBを加え、泡立て器で中心からすり混ぜる。徐々に周りに広げ、全体が均一な状態になるまで混ぜる（E）。

❽ すりおろしたオレンジの皮を加えて混ぜる（F）。

❾ シルパットを敷いた天板に57×37cmのカードル型をのせ、⑧を流し入れる。L字パレットナイフで平らにならす（G）。

❿ 170℃のコンベクションオーブンで約6分焼く。そのまま室温で冷ます。

⓫ ⑩のビスキュイ・パン・デピスの上にクレーム・キャラメル・サレ（→ p.088）を流し、L字パレットナイフで平らにならす（H）。冷蔵庫で冷やしておく。

バーズ・ド・キャラメル

❶ 生クリームを鍋に入れ、火にかけて沸騰させる。

❷ ①と並行して、グラニュー糖を鍋に入れ、火にかける。あらかた砂糖が溶けたら水アメを加え、時折泡立て器で混ぜながら加熱を続ける。煙が出てきて、深く色づくまでしっかり焦がしてキャラメルをつくる（A）。

❸ ②の火を止めて、角切りにして室温に戻したバターを加える（B）。①の約半量を少しずつ注ぎ入れ、よく混ぜる。

❹ 再び火にかけ、残りの①を③に少しずつ注ぎ入れ、よく混ぜる（C）。

❺ 火を止めてよく混ぜたのち、シノワで漉してボウルに入れる。海塩を加えてゴムべらで混ぜる（D）。

＊できあがってすぐ、バーズ・ド・キャラメルがまだ熱いうちに1220g計量し、ムース・オ・キャラメルをつくりはじめること。残りは密閉容器に入れ、クレーム・シャンティイ・オ・キャラメル用に冷蔵庫で保管する。

ムース・オ・キャラメル

❶ バーズ・ド・キャラメルがつくりたてで熱いうちに、ふやかした板ゼラチンを加え混ぜる。ボウルの底に氷水を当てて、ゴムべらで時折混ぜながら28℃になるまで冷やす。

❷ ①と並行して、水とグラニュー糖を鍋に入れ、火にかけて沸騰させる。

❸ 卵黄を入れた耐熱ボウルに②を注ぎ入れ、泡立て器で混ぜる（A）。

❹ 電子レンジにかけ、時折混ぜながら82℃になるまで温める。

❺ ④を網で漉してミキサーボウルに入れ、高速のミキサーで泡立てる。30℃に冷めるまで撹拌を続ける（パータ・ボンブ）（B）。

❻ ①を⑤に注ぎ入れながら泡立て器で混ぜる（C）。ゴムべらに替え、ムラのないよう混ぜ合わせる。

❼ 8分立てにした生クリームを入れたボウルに⑥を注ぎ入れながら、泡立て器で混ぜる。ゴムべらに替え、ムラのないよう混ぜ合わせる（D）。

組み立て②

❶ 冷凍したコンポート・ポンムの上に、ムース・オ・キャラメルを1520g流し入れ、L字パレットナイフで平らにならす（A）。ショックフリーザーで冷凍する。残りのムースは、ラップフィルムをかけて室温で保管する。

❷ しっかり泡立てたクレーム・ショコラ・オ・レを①の上に流し、L字パレットナイフで平らにならす（B）。

❸ ①の残りのムース・オ・キャラメルを②の上に流し、L字パレットナイフで平らにならす（C）。

❹ 〈組み立て①〉⑪のクレーム・キャラメル・サレを塗ったビスキュイ・パン・デピスを、キャラメルを塗った面を下にして③にかぶせる（D）。天板をのせて上から手で押さえ、密着させて平らにする。ショックフリーザーで冷凍する。

クレーム・シャンティイ・オ・キャラメル／仕上げ

❶ 生クリームをボウルに入れ、8分立てに泡立てる。

❷ バーズ・ド・キャラメルを別のボウルに入れ、①の生クリームをひとすくい加え、泡立て器でよく混ぜる。これを①に戻し入れ、泡立て器でよく混ぜる（A）。冷蔵庫に入れておく。

❸ 〈組み立て②〉④を台にのせる。シルパットをはがし、オーブンペーパーをかぶせて板をのせ、上下を返す。天板をはずし、OPPシートをはがす。

❹ ③の上面にナパージュ・ヌートルをのせ、L字パレットナイフで平らに薄く塗り広げる（B）。

❺ ガスバーナーで側面を軽く温め、ペティナイフを差し入れて、型をはずす。冷凍庫に入れ、表面を冷やし固める。

❻ ガスバーナーで軽く温めた平刃包丁で、10×3cmに切り分ける（C）。

❼ ②のクレーム・シャンティイ・オ・キャラメルをティースプーンでクネル形にすくい取り、⑥の上面にのせる。

❽ カーブさせた円形のクーベルチュールの薄板（→ p.268）を飾る（D）。

3

感受性豊かに、自由に

オーナーシェフとして自分の店をもったからには、ほかにはない自分ならではの世界観を表現したいと、強く思います。たとえ店名が書かれていなくても、「これはアテスウェイのお菓子だよね」と言ってもらえるのが、僕の理想。そういうお菓子を生み出すことができて、お客様に受け入れてもらえたら、ほんとうに幸せです。

その意味で、自分のカラーを前面に出した、創作的なお菓子は、アテスウェイの柱となる存在です。最寄り駅から離れたこの店まで、お客様がわざわざ足を運んでくださる理由にもなると思います。自分らしさを問われて、言葉にするのは難しいですが、味にメリハリを出し、一つひとつのケーキにインパクトと率直な個性をもたせて、バリエーション豊かにそろえたいというのが、僕の考え。形の独創性も必要です。味がぼやけていたり、甘すぎたり、重すぎたりするのは苦手。そのうえで日頃から自分の舌で吟味し、記憶と感覚に叩き込んできた素材感をリンクさせていくのが、僕のお菓子づくりの基本といえるかもしれません。

オリジナル菓子の発想については、素材や季節はもちろん、レストランでの食事や本からアイデアが浮かぶこともあれば、日常のたわいのないことから思いつくこともあり、ひらめきと直感によるところが大きいと思います。それが、自分がこれまで目にしたり、読んだり、聞いたりしたものと結びついて、新しいお菓子のイメージができます。

その一方で、具体的にお菓子を形にしていく段階になると、すごく緻密な作業を繰り返します。バランスが適切に取られていなければ、僕が追求する、組み合わせた一つひとつの素材感をきちんと感じられるお菓子にはならないからです。何か一つが突出するのではなく、それぞれの素材が主張しながら調和しないとおいしくない。各パーツの味、質感、気泡の入り具合、厚み、組み立て方など、考えることはいろいろです。ひと口めとふた口めがまったく同じ味だったら飽きてしまいますから、食べ進めるにつれてどんどんおいしくなるような構成にもしなくてはならない。ショーケースに並んでいるほかのお菓子とも、味や食感を違えなくてはいけません。ようやく完成してもこれで満足ということはなく、ルセットの見直しもしょっちゅう行っています。

既存のお菓子をアレンジするのとは違い、ほかのどこにもないオリジナル菓子の味や形を一から生み出していくのは、すごく難しいことです。新しいお菓子をつくるからには、おもしろさや新しさがほしい。それがないと食べる人も楽しくないし、僕自身も飽きてしまいます。一般論から少し離れたところに、おもしろさを見つけることも多いですね。開発にはいつも苦労しますが、自分なりの発想でおいしいものができると、喜びもひとしおです。大切なのはつねに追い求め、進化し続けようとする情熱。それこそが僕の創作の原動力となっています。

Nougat aux Fruits des Bois

ヌガー オ フリュイ デ ボワ

ヌガー・モンテリマールから、発想を広げたお菓子です。酸味のあるフルーツをヌガーと合わせてみたくなり、思いついたのがピスタチオとベリーの組み合わせ。ピスタチオとベリーだけでは味が鋭角的になりますが、ヌガーの甘みが入ることでバランスよくまとまり、酸味もそこまできつく感じません。土台のダックワーズはヌガーと合うように糖分を多めにして、マカロンを思わせる質感を出しました。クーベルチュールを曲げて差すデコレーションは、フラワーアレンジメントであしらわれた葉をヒントにしています。

Nougat aux Fruits des Bois

ヌガー オ フリュイ デ ボワ ■ 材料（直径5.5cm、高さ4cmのセルクル型・約150個分）

◉ビスキュイ・ピスターシュ
Biscuit Pistache
（60×40cmの天板2枚分）
パート・ダマンド　pâte d'amandes　474g
パート・ド・ピスターシュ（バビ「ピスタチオ・ペースト」）　pâte de pistaches　238g
全卵　œufs　274g
卵黄　jaunes d'œufs　256g
卵白　blancs d'œufs　516g
グラニュー糖　sucre semoule　202g
薄力粉　farine ordinaire　58g
バター　beurre　85g

◉ダックワーズ・オ・ザマンド
Dacquoise aux Amandes
（60×40cmの天板2枚分）
アーモンドパウダー
amandes en poudre　500g
薄力粉　farine ordinaire　160g
グラニュー糖 A　sucre semoule　200g
卵白　blancs d'œufs　640g
グラニュー糖 B　sucre semoule　450g
粉糖　sucre glace　適量

◉クーリ・ド・フリュイ・デ・ボワ
Coulis de Fruits des Bois
フランボワーズのピュレ
purée de framboises　900g
イチゴのピュレ　purée de fraises　900g
グラニュー糖　sucre semoule　324g
板ゼラチン　feuilles de gélatine　54g
フランボワーズ（冷凍、ホール）
framboises entières surgelées　252g
フレーズ・デ・ボワ（冷凍、ホール）
fraises des bois entières surgelées　180g
カシス（冷凍、ホール）
cassis entièrs surgelés　180g

◉クレーム・ド・ヌガー
Crème de Nougat
生クリーム A（乳脂肪分35％）
crème fraîche 35% MG　284g
板ゼラチン　feuilles de gélatine　15g
パート・ド・ヌガー（アルカン「DGF クレーム・ド・ヌガー "モンテリマール" クール・ソヴァージュ」）
pâte de nougat　300g
粉糖　sucre glace　97.5g
生クリーム B（乳脂肪分35％）
crème fraîche 35% MG　1050g

◉バヴァロワ・ピスターシュ
Bavarois Pistache
牛乳　lait　1043g
卵黄　jaunes d'œufs　359g
グラニュー糖　sucre semoule　345g
板ゼラチン　feuilles de gélatine　38g
パート・ド・ピスターシュ（バビ「ピスタチオ・ペースト」）　pâte de pistache　259g
生クリーム（乳脂肪分35％）
crème fraîche 35% MG　2700g

◉その他　Autres Éléments
アパレイユ・ア・ピストレ・ショコラ・オ・レ
appareil à pistolet chocolat au lait（→ p.267）
適量
┌ ナパージュ・ヌートル　nappage neutre　適量
│ パート・ド・ピスターシュ（バビ「ピスタチオ・ペースト」）　pâte de pistache　適量
└
┌ パータ・グラッセ（ホワイト）
│ pâte à glacer blancne　1500g
│ ピスタチオ（ロースト、みじん切り）*
└ pistaches grillées hachées　150g
ブラックベリー　mûres　約150個
グロゼイユ　groseilles　適量
フランボワーズ　framboises　約75個
ブルーベリー　myrtilles　約150個
ナパージュ・ヌートル　nappage neutre　適量
緑のリボン状のクーベルチュール
larme de chocolat en couleurs verte（→ p.268）
適量
＊パータ・グラッセに混ぜるピスタチオは、色が損なわれないよう低温でローストする。

La Composition

1　パート・ド・ピスターシュを混ぜた、ナパージュ・ヌートル
2　バヴァロワ・ピスターシュ
3　ビスキュイ・ピスターシュ
4　クーリ・ド・フリュイ・デ・ボワ
5　クレーム・ド・ヌガー
6　ピスタチオを混ぜた、パータ・グラッセ
7　ダックワーズ・オ・ザマンド

ビスキュイ・ピスターシュ

❶　パート・ダマンドを電子レンジで人肌程度の温度になるまで温める。ミキサーボウルに入れ、ビーターをつけた低速のミキサーでほぐす。

❷　パート・ド・ピスターシュを加え、低速で撹拌する（A）。ざっと混ざったら中速にし、均一な状態になるまで混ぜる。ビーターやミキサーボウルの側面についた生地をゴムべらで払い落す。

❸　室温に戻した全卵と卵黄をボウルに入れて溶きほぐし、❷を再び低速で撹拌しながら約1/3量を少しずつ加え、そのつどよく混ぜる（B）。時折中速で少し撹拌し、ダマにならないように混ぜること。均一な状態になったら、ビーターやミキサーボウルの側面についた生地をゴムべらで払い落す。

❹　残りの全卵と卵黄を、❸と同様に加え、均一な状態になるまで混ぜる。

❺　❹をミキサーから下ろして湯煎にかけ、泡立て器で混ぜながら40℃になるまで温める（C）。

❻　❺を、ビーターをつけた中高速のミキサーで泡立てる（D）。

❼　❻と並行して、冷たい卵白とグラニュー糖をミキサーボウルに入れ、高速のミキサーでしっかり泡立てる。

❽　❻に❼をひとすくい加え、ゴムべらでよく混ぜてなじませる（E）。

❾　❼を❽にひとすくいずつ加えながら、ゴムべらで混ぜ合わせる。混ざり切る手前でふるった薄力粉を加え、ゴムべらで粉が見えなくなるまで混ぜ合わせる（F）。

❿　バターを耐熱ボウルに入れ、電子レンジにかけて溶かして65℃に調整する。これに❾をひとすくい加え、泡立て器でよく混ぜる。これを❾に戻し入れ、均一な状態になるまで混ぜ合わせる（G）。

＊粉の配合が少なく、気泡が潰れやすい生地なので、❻と❼をしっかり泡立て、粉を最低限の手数で混ぜ合わせること。

⓫　オーブンペーパーを敷いた天板に❿を1000gずつ流し入れ、パレットナイフで平らにならす（H）。

＊天板の縁に生地をつけないようにすることで、生地が焼きつかず、作業効率がよくなる。

⓬　170℃のコンベクションオーブンで約12分焼く。初めはダンパーを半開にし、10分経ったら全開にする。

⓭　オーブンペーパーごと網にのせ、焼き面にラップフィルムを貼りつけて室温で冷ます（I）。使用する直前にラップフィルムと一緒に焼き色のついた生地の表面をはがす（→ p.259）。

⓮　オーブンペーパーをはがし、直径4cmの円形の抜き型で抜く（J）。

ダックワーズ・オ・ザマンド／組み立て①

❶ アーモンドパウダーと薄力粉を合わせてふるい、グラニュー糖 A を混ぜ合わせておく。

❷ 卵白をミキサーボウルに入れ、グラニュー糖 B の1/3量を加える。ミキサーにかけ、低速で少しなじませてから高速で泡立てる。

❸ ボリュームが出て気泡が少し細かくなり、メレンゲの骨格ができてきたら、グラニュー糖 B の残り半量を加えて撹拌を続ける。8分立てになったらグラニュー糖 B の残りを加え、固くしっかり泡立てる（A）。

❹ ゴムべらで少し混ぜてメレンゲをなじませた後、①を加えながらゴムべらで粉が見えなくなるまで混ぜ合わせる（B）。

＊メレンゲをゴムべらでなじませてから粉を加えることで、混ざりやすく、メレンゲのダマができにくくなる。

❺ ④を口径8mmの丸口金をつけた絞り袋に入れる。天板にシルパットを敷き、直径5.5cmの円形になるよう渦巻き状に絞る（C）。

❻ 粉糖をふり（D）、180℃のコンベクションオーブンで約10分焼く。シルパットごと網にのせ、室温で冷ます。

❼ シルパットをはがし、直径5.5cmの円形の抜き型で抜く（E）。

❽ ⑦のダックワーズ・オ・ザマンドの焼き面に、アパレイユ・ア・ピストレ・ショコラ・オ・レ（→ p.267）をエアスプレーで吹きつける（F）。そのまま室温に置いて固まらせる。

クーリ・ド・フリュイ・デ・ボワ

❶ フランボワーズのピュレとイチゴのピュレをボウルに入れ、混ぜ合わせる。

❷ ①の半量を鍋に入れてグラニュー糖を加え（A）、火にかける。泡立て器で混ぜながら沸騰させる。

❸ 火から下ろし、ふやかした板ゼラチンを加え、混ぜ溶かす。

❹ 残りの①に③を注ぎ入れ、泡立て器で混ぜる（B）。フランボワーズ、フレーズ・デ・ボワ、カシスを冷凍した状態のまま加え、ゴムべらで混ぜる（C）。

＊ピュレの全量を加熱せず、ベリーを冷凍した状態のまま加えることで、必要以上に風味が損なわれず、氷水に当てて温度を下げる必要もなくなり、作業効率もよくなる。

❺ 直径4cm、高さ2cmのプティフール型（ロンド（円）、フレキシパン）に、④を半分の高さまでスプーンで入れる（D）。必ず1～2個ずつ実が入るようにすること。ショックフリーザーで冷凍する。

クレーム・ド・ヌガー

❶ 生クリーム A を鍋に入れ、火にかけてしっかり沸騰させる。火から下ろし、ふやかした板ゼラチンを加え、泡立て器で混ぜ溶かす。

❷ パート・ド・ヌガーをボウルに入れ、①の2/3量を約4回に分けて少量ずつ加えて、そのつど泡立て器でよく混ぜて乳化させる（A）。

❸ ②がきちんと乳化したら、残りの①を一度に加えてよく混ぜる。

❹ 粉糖を加え、泡立て器でよく混ぜる（B）。30 ～ 31℃ に調整する。

＊この後、泡立てた冷たい生クリームと合わせるので、温度が高すぎず、低すぎないようにする。

❺ 7分立ての生クリーム B を入れたボウルに④を加えながら、泡立て器で混ぜ合わせる（C）。ゴムべらに替え、ムラのないよう混ぜ合わせる。

❻ ⑤を口径10mmの丸口金をつけた絞り袋に入れ、冷凍したクーリ・ド・フリュイ・デ・ボワの上に、型の高さいっぱいまで絞り入れる（D）。ショックフリーザーで冷凍する。

バヴァロワ・ピスターシュ

❶ 牛乳を鍋に入れ、火にかけて沸騰させる。

❷ ①と並行して、卵黄とグラニュー糖をボウルに入れて、泡立て器でよく混ぜる（A）。

❸ ①の1/3量を②に加え、泡立て器で混ぜる。これを①の鍋に戻し入れ、泡立て器で混ぜる（B）。

❹ 火にかけて、クレーム・アングレーズの要領で、ゴムべらで混ぜながら82℃になるまで炊く（C）。

❺ ふやかした板ゼラチンを加え、ゴムべらで混ぜ溶かす。

❻ パート・ド・ピスターシュをボウルに入れ、⑤を少量ずつ加えて、そのつど泡立て器でダマにならないよう、よく混ぜて乳化させる（D）。

❼ 均一で流動性のある状態になったら、残りの⑤を一度に加え、泡立て器で均一な状態になるまで混ぜる。

❽ ボウルの底に氷水を当てて、ゴムべらで混ぜながら18℃になるまで冷やす（E）。スティックブレンダーで撹拌し、なめらかな状態にする。

❾ 8分立ての生クリームを入れたボウルに⑧を加えながら、泡立て器で混ぜ合わせる（F）。ゴムべらに替え、ムラのないよう混ぜ合わせる。

組み立て②

❶ 天板にOPPシートを貼りつけ、直径5.5cm、高さ4cmのセルクル型を並べる。口径10mmの丸口金をつけた絞り袋にバヴァロワ・ピスターシュを入れ、型の半分の高さまで絞り入れる（A）。

❷ スープスプーンの背でバヴァロワ・ピスターシュを側面に添わせ、すり鉢状に整える（B）。

❸ ②にビスキュイ・ピスターシュをかぶせ、上から指で軽く押して密着させる（C）。

❹ 重ねて冷凍したクーリ・ド・フリュイ・デ・ボワとクレーム・ド・ヌガーをフレキシパンからはずす。クーリ・ド・フリュイ・デ・ボワを下にして③にのせ、上から指で軽く押して、型の縁から7〜8mm下まで沈ませる（D）。

❺ ①の残りのバヴァロワ・ピスターシュを型の高さまで絞り入れる。

❻ スープスプーンの背でざっと平らにならし、中央のバヴァロワ・ピスターシュを少し取り除いて、浅いすり鉢状にする（E）。

❼ 〈組み立て①〉⑧のダックワーズ・オ・ザマンドを、ピストレした面を下にしてかぶせ、指で軽く押して密着させて、生地の厚みの半分くらいまで沈ませる（F）。ショックフリーザーで冷凍する。

❽ ナパージュ・ヌートルにパート・ド・ピスターシュを加え、混ぜ合わせる。⑦の上下を返し、バヴァロワの上面にパレットナイフで薄く塗る（G）。

❾ ふた回りほど小さいセルクル型の上に⑧をのせて、ガスバーナーで側面を軽く温め、型をはずす（H）。ラップフィルムを貼りつけた天板に並べる。

❿ パータ・グラッセを耐熱ボウルに入れて電子レンジで45℃に温め、ピスタチオを混ぜる。

⓫ ⑨の上面にペティナイフを刺して持ち上げ、⑩に3/4程度の高さまで浸して引き上げる（I）。ラップフィルムを貼りつけたトレイにのせ、ペティナイフを引き抜く。

⓬ ブラックベリー、グロゼイユ、縦半分に切ったフランボワーズ、ブルーベリーを上面に飾る。

⓭ ナパージュ・ヌートルをコルネに入れ、⑫のグロゼイユとブルーベリーのてっぺんと、フランボワーズの切り口に少量絞る（J）。

⓮ 緑のリボン状のクーベルチュール（→ p.268）を上面中央に差す。

Tarte à l'Orange
Chocolat Blond

タルト ア ロランジュ ショコラ ブロン

ブロンドチョコレートのビスケットのような甘い風
味は、柑橘によく合うと思います。せっかくなら
ば自家製にしようと、ホワイトチョコレートを低
温のオーブンで色づけました。なめらかなクリー
ムを土台に流し、フワッとした口溶けのガナッ
シュ・モンテを絞って、タルトに。そこにセミコ
ンフィとマルムラッドにしたオレンジを合わせて、
力強い果実感を主張させつつブロンドチョコレー
トの甘さと融合させました。香ばしいナッツと
ジャンドゥーヤでアクセントを与えています。

Tarte à l'Orange Chocolat Blond

タルト ア ロランジュ ショコラ ブロン ▌材料（直径8㎝、高さ1.5㎝のタルトリング型・30個分）

◉ショコラ・ブロン
Chocolat Blond（つくりやすい分量）
クーベルチュール（ホワイト、カカオバター35%、
ヴァローナ「イボワール」）
couverture blanc(beurre de cacao 35%) 1000g

◉ガナッシュ・モンテ・オ・ショコラ・ブロン
Ganache Montée au Chocolat Blond
生クリーム A（乳脂肪分35%）
crème fraîche 35% MG 250g
転化糖 sucre inverti 24g
水アメ glucose 24g
ショコラ・ブロン chocolat blond 170g
生クリーム B（乳脂肪分35%）
crème fraîche 35% MG 380g

◉セミコンフィ・ドランジュ
Semi-confit d'Orange（24個分）
オレンジの果肉*
quartiers d'oranges 600g（正味）
オレンジ果汁 jus d'orange 300g
すりおろしたオレンジの皮（細かい目）
zestes d'orange râpés fins 1½個分
グラニュー糖 sucre semoule 150g
板ゼラチン feuilles de gélatine 20g
＊オレンジの果肉は、皮を剥いて種を取り除き、カルチェ
（ひと房ごと）に切ったものを使用。

◉フリュイ・セック・キャラメリゼ
Fruits Sec Caramelisé（20個分）
アーモンド（ホール、皮つき）
amandes entières brutes 100g
ヘーゼルナッツ（ホール、皮剥き）
noisettes entières émondes 100g
ピスタチオ（ホール、皮つき）
pistaches entières brutes 50g
グラニュー糖 sucre semoule 125g
水 eau 50g
海塩 sel de mer 4g

◉クルスティヤン・ジャンドゥーヤ
Croustillant Gianduja（20個分）
フリュイ・セック・キャラメリゼ
fruits sec caramelisé 250g
ジャンドゥーヤ gianduja 215g

◉パート・シュクレ
Pâte Sucrée（→ p.254） 約1000g
ドリュール（全卵） dorure 適量

◉マルムラッド・ドランジュ
Marmelade d'Oranges（→ p.262） 360g

◉クレーム・オ・ショコラ・ブロン
Crème au Chocolat Blond（14個分）
水アメ glucose 52g
水 eau 252g
板ゼラチン feuilles de gélatine 6g
ショコラ・ブロン chocolat blond 368g

◉グラサージュ・ア・ロランジュ
Glaçage à l'Orange（つくりやすい分量）
ナパージュ・ヌートル nappage neutre 1000g
オレンジのリキュール（コアントロー「コアントロー
54°」） Cointreau 50g
＊ナパージュ・ヌートルをボウルに入れ、オレンジのリキュー
ルを加えてゴムべらで混ぜる。45℃に調整する。

◉その他 Autres Éléments
ゼスト・ドランジュ・コンフィ
zestes d'orange confits（→ p.263） 30枚
ナパージュ・ヌートル nappage neutre 適量

La Composition

1 ゼスト・ドランジュ・コンフィ
2 グラサージュ・ア・ロランジュ
3 セミコンフィ・ドランジュ
4 ガナッシュ・モンテ・オ・ショコラ・ブロン
5 クレーム・オ・ショコラ・ブロン
6 クルスティヤン・ジャンドゥーヤ
7 マルムラッド・ドランジュ
8 パート・シュクレ

つくり方

ショコラ・ブロン

❶ シルパットを天板に敷き、溶かしたクーベルチュールを流し入れる（A）。

❷ 100℃のコンベクションオーブンで約1時間30分加熱する。上面は白いが、裏面は茶色く色づいた状態になる。室温で冷まして固める（B）。

❸ ②を適当な大きさに割って耐熱ボウルに入れ（C）、電子レンジにかけて溶かして40℃に調整する。

❹ スティックブレンダーでなめらかな状態になるまで撹拌した後、ゴムべらでムラのないよう混ぜる（D）。

ガナッシュ・モンテ・オ・ショコラ・ブロン

❶ 生クリームA、転化糖、水アメを鍋に入れる。火にかけて、泡立て器で混ぜながら沸騰させる（A）。

❷ 溶かしたショコラ・ブロンをボウルに入れ、①を少量ずつ加え、そのつど均一な状態になるまで泡立て器で混ぜる（B）。

❸ ②がなめらかで艶のある乳化した状態になったら、残りの①をすべて加えて泡立て器で混ぜる。

❹ 冷たい生クリームBを加え、泡立て器で均一な状態になるまで混ぜる（C）。ラップフィルムをかけて冷蔵庫でひと晩休ませる。

❺ 使用する直前に、中高速のミキサーでしっかり泡立てる（D）。ミキサーから下ろし、泡立て器で混ぜてきめを整える。

セミコンフィ・ドランジュ

❶ オレンジの果肉を鍋に入れ、混ぜ合わせたオレンジ果汁とすりおろしたオレンジの皮、グラニュー糖を加えて泡立て器で混ぜる（A）。

❷ 中火にかけて、泡立て器で混ぜながら1/2量になるまで煮詰める（B）。

❸ ボウルに移し入れ、ふやかした板ゼラチンを加え、ゴムべらで混ぜ溶かす。

❹ ボウルの底に氷水を当てて、ゴムべらで混ぜながら17℃になるまで冷やす（C）。とろみがつく。

＊サラサラした液体の状態で型に流すと、果肉がすべて底に沈んでしまうため、とろみをつけてから型に流す。

❺ 直径4.2cm、高さ2.1cmのプティガトー型（半球、フレキシパン）を天板にのせ、④を型の9分目までスープスプーンで流し入れる（D）。ショックフリーザーで冷凍する。

フリュイ・セック・キャラメリゼ

❶　アーモンドは天板に広げて160℃のコンベクションオーブンで約15分、ヘーゼルナッツは同様にして12〜13分、ピスタチオは同様にして約10分ロストし、室温で冷ます。

❷　グラニュー糖と水を鍋に入れ、115℃になるまで加熱する。

❸　火を止めて①を入れ、木べらで混ぜる（A）。

❹　再び弱火にかけて、混ぜながら加熱し、白く結晶化させる（B）。

❺　混ぜながら加熱を続け、結晶化した糖が溶けてきたら、徐々に火を弱めながらキャラメル色になるまで色づかせる。最後は火を止めて、混ぜながら余熱で程よく色づかせる。

＊弱火で加熱するほうが、強火よりも芯までしっかり火が通り、水分が抜けてカリッと香ばしく仕上がる。

❻　海塩を加え混ぜる（C）。

＊塩を入れるとキャラメルの色づきが早くなるので、最後に加えること。

❼　大理石の台にシルパットを敷き、その上に⑥を広げる。室温で冷ます（D）。

クルスティヤン・ジャンドゥーヤ

❶　フリュイ・セック・キャラメリゼを、適当な大きさに割る。牛刀で刻んだのち（A）、包丁の腹で潰して粗く砕く。牛刀2本をそろえて手に持ち、さらに細かく刻む（B）。

❷　5㎜目のふるいに通し、粗いものをさらに刻む。これを数回繰り返す（C）。

❸　テンパリングしたジャンドゥーヤを入れたボウルに②を加え、ゴムべらで混ぜ合わせる（D）。

＊ジャンドゥーヤのテンパリングは、加熱して溶かしたものをいったん26℃まで下げた後、29℃に調整する。

❹　板にアルコールをスプレーで吹きつけてOPPシートを貼りつけ、高さ2㎜のバールを両側に置き、間にクルスティヤン・ジャンドゥーヤをのせる。上にOPPシートをかぶせる。

❺　麺棒を、力強く押さえつけるようにして④の上に転がして、バールの高さに合わせて厚さ2㎜にのばす（E）。

❻　バールをはずし、麺棒を押さえつけるようにして転がして、⑤をさらに薄く平らにのばす。上に板をかぶせ、ショックフリーザーで冷やし固める。

❼　⑥を直径6cmの円形の抜き型で抜き、ショックフリーザーで保管する（F）。

パート・シュクレの成形、焼成

❶　パート・シュクレをパイシーターで厚さ2㎜にのばし、直径12cmの円形の抜き型で抜く。直径8cm、高さ1.5cmのタルトリング型に敷き込み（フォンサージュ→p.259）、シルパンを敷いた天板に並べる。

❷　160℃のコンベクションオーブンで15〜18分焼く（A）。

❸　いったんオーブンから取り出し、型をはずして内側にドリュールを刷毛で塗る（B）。再び160℃のコンベクションオーブンで、ドリュールが乾くまで2〜3分焼く。そのまま室温で冷ます。

クレーム・オ・ショコラ・ブロン

❶ 水アメと水を鍋に入れ、沸騰させる。火から下ろし、ふやかした板ゼラチンを加え、泡立て器で混ぜ溶かす（A）。

❷ ボウルに溶かしたショコラ・ブロンを入れ、30℃に調整する。

❸ ①を②に4回に分けて注ぎ入れ、そのつど泡立て器でざっとすり混ぜる。最後はねっとり、均一な状態になるまでよく混ぜる（B・C）。

❹ ゴムべらに替えてムラのないよう混ぜる。混ぜ終わりは35℃が目安。ボウルの底に氷水を当てて、ゴムべらで混ぜながら15℃になるまで冷やす。とろみのついた状態になる（D）。

組み立て、仕上げ

❶ 口径12mmの丸口金をつけた絞り袋にマルムラッド・ドランジュ（→ p.262）を入れ、焼成したパート・シュクレの中央に12gずつ絞り入れる（A）。

❷ クルスティヤン・ジャンドゥーヤをショックフリーザーから取り出し、すぐに①にかぶせる。隙間からマルムラッド・ドランジュが少しあふれ出るまで、上から指で押さえる（B）。冷蔵庫に入れておく。

❸ クレーム・オ・ショコラ・ブロンを15℃に調整し、デポジッターに入れて、冷蔵庫から取り出した②に、タルトの高さいっぱいまで流し入れる（C）。ショックフリーザーで冷やし固める。

❹ セミコンフィ・ドランジュをフレキシパンからはずし、網をのせた天板の上に並べる。グラサージュ・ア・ロランジュを、レードルで上からかける（D）。網ごと持ち上げてトントンと軽く天板に打ちつけ、余分なグラサージュを落す。

❺ 縁に余分なグラサージュがたまらないよう、L字パレットナイフで④の位置を少しずつずらす（E）。ショックフリーザーに数分入れ、表面を冷やし固める。

❻ ⑤の底についた余分なグラサージュをパレットナイフですり切り、小さいL字パレットナイフで③のタルトの中央にのせる（F）。冷凍庫で保管する。
＊冷蔵庫に入れると解凍されて表面に水滴がつき、クリームを絞る際に滑るので、冷凍庫で保管する。

❼ ガナッシュ・モンテ・オ・ショコラ・ブロンをミキサーボウルに入れ、中高速のミキサーでしっかり泡立てる。ミキサーから下ろし、泡立て器で混ぜてきめを整える。

❽ 10切・8番の星口金をつけた絞り袋に⑦を入れ、セミコンフィ・ドランジュを囲むように、ロザス形に8回絞る（G）。

❾ ゼスト・ドランジュ・コンフィをキッチンペーパーにのせて余分な汁気を取り、表面にナパージュ・ヌートルを刷毛で塗る。これを⑧のガナッシュ・モンテ・オ・ショコラ・ブロンとセミコンフィ・ドランジュの間に差すようにしてあしらう（H）。

Rouge Fraise

ルージュ フレーズ

まだ寒い時期から登場して、春の喜びをいち早く
届けてくれるイチゴ。そのイチゴを思いっきり
使って、甘酸っぱさをストレートに楽しめるケー
キをつくりました。ムースも、果実いっぱいのコ
ンフィも、上に絞ったクリームも、みんなイチゴ
です。ただし、それだけでは味が一辺倒になる
ので、イチゴと旬が少し重なるユズを、パッショ
ンフルーツとともにクリームにして一層加えまし
た。イチゴにユズとは意外な組み合わせですが、
レモンやライムとは異なるさわやかさが広がり、
相性がよいと思います。

Rouge Fraise

◉クレーム・モンテ・ア・ラ・フレーズ
Crème Montée à la Fraise
生クリーム A（乳脂肪分35%）
crème fraîche 35% MG　180g
転化糖　sucre inverti　20g
水アメ　glucose　20g
イチゴ風味のクーベルチュール（フルーツ・クーベルチュール、カカオ分37%、ヴァローナ「インスピレーション・フレーズ」）
couverture de fraise　100g
カカオバター　beurre de cacao　34g
生クリーム B（乳脂肪分35%）
crème fraîche 35% MG　340g
イチゴの濃縮シロップ
（ドーバー洋酒貿易「グルマンディーズ フレーズ」）
sirop de fraise concentré　3g

◉グラサージュ・ルージュ
Glaçage Rouge
フランボワーズのピュレ
purée de framboises　250g
水　eau　250g
ナパージュ・ヌートル（加熱タイプ）
nappage neutre　300g
グラニュー糖　sucre semoule　10g
LM ペクチン　pectine　4g
レモン果汁　jus de citron　8g
赤の色素（粉末）　colorant rouge　適量

◉ビスキュイ・ダマンド・シトロン・ヴェール
Biscuit d'Amande Citron Vert
（60×40cm の天板1枚分）
パート・ダマンド　pâte d'amandes　400g
グラニュー糖 A　sucre semoule　41g
全卵　œufs　268g
卵黄　jaunes d'œufs　38g
卵白　blancs d'œufs　160g
グラニュー糖 B　sucre semoule　64g
すりおろしたライムの皮（細かい目）
zestes de citron vert râpés fins　½個分
強力粉　farine gruau　80g
バター　beurre　120g

◉クランブル　**Crumble**
バター　beurre　300g
カソナード　cassonade　300g
アーモンドパウダー
amandes en poudre　300g
海塩　sel de mer　6g
薄力粉　farine ordinaire　300g

◉コンフィ・ド・フレーズ
Confit de Fraise（つくりやすい分量）
イチゴ　fraises　500g
グラニュー糖　sucre semoule　70g
LM ペクチン　pectine　10g

◉クレーム・パッション・ユズ
Crème Passion Yuzu
生クリーム（乳脂肪分35%）
crème fraîche 35% MG　156g
パッションフルーツのピュレ
purée de fruits de la passion　100g
ユズ果汁　jus de yuzu　56g
卵黄　jaunes d'œufs　64g
グラニュー糖　sucre semoule　62g
板ゼラチン　feuilles de gélatine　4g
すりおろしたユズの皮（細かい目）
zestes de yuzu râpés fins　5g

◉ムース・ア・ラ・フレーズ
Mousse à la Fraise
イチゴのピュレ　purée de fraises　442g
グラニュー糖　sucre semoule　53g
板ゼラチン　feuilles de gélatine　19g
イチゴの濃縮シロップ
（ドーバー洋酒貿易「グルマンディーズ フレーズ」）
sirop de fraise concentré　6g
生クリーム（乳脂肪分35%）
crème fraîche 35% MG　570g

◉コンフィチュール・ド・フランボワーズ・ペパン
Confiture de Framboises Pépins
（つくりやすい分量）
フランボワーズ（冷凍、ブロークン）
framboises　1000g
グラニュー糖　sucre semoule　400g
LM ペクチン　pectine　14g
レモン果汁　jus de citron　½個分
＊「クイニーアマン オ フランボワーズ」のコンフィチュール・ド・フランボワーズ・ペパン（→ p.078）を参照してつくる。ただし、③で糖度58° brix になるまで炊く。

◉その他　**Autres Éléments**
イチゴ　fraises　12個
フランボワーズ　framboises　12個
ナパージュ・ヌートル　nappage neutre　適量

La Composition

1 クレーム・モンテ・ア・ラ・フレーズ
2 グラサージュ・ルージュ
3 ムース・ア・ラ・フレーズ
4 ビスキュイ・ダマンド・シトロン・ヴェール
5 コンフィ・ド・フレーズ
6 クレーム・パッション・ユズ
7 コンフィチュール・ド・フランボワーズ・ペパン
8 クランブル

クレーム・モンテ・ア・ラ・フレーズ

❶ 生クリームAを鍋に入れ、転化糖、水アメを加えて火にかけ、泡立て器で混ぜながら沸騰させる（A）。

❷ イチゴ風味のクーベルチュールとカカオバターを入れたボウルに、①を注ぎ入れる（B）。泡立て器でざっと混ぜた後、中心からすり混ぜて、徐々に周りに広げて全体を混ぜる（C）。

❸ ゴムべらに替え、均一な状態になるまでムラのないよう混ぜ合わせる。

❹ 冷たい生クリームBを加え、泡立て器でよく混ぜる（D）。

❺ イチゴの濃縮シロップを加え、よく混ぜる（E）。容器に移し入れてラップフィルムをかけて密着させ、冷蔵庫でひと晩休ませる。

❻ 使用する直前にミキサーボウルに入れ、中高速のミキサーで8分立てになるまで泡立てる（F）。ボウルに移し入れ、ボウルの底に氷水を当てて、泡立て器でさらに固く泡立てる。

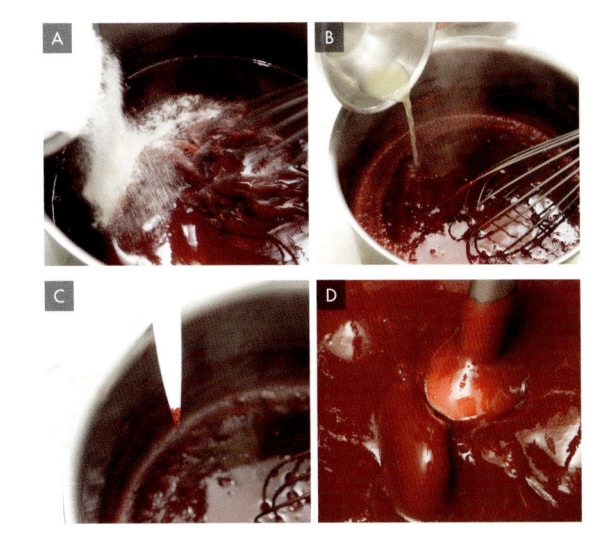

グラサージュ・ルージュ

❶ フランボワーズのピュレ、水、ナパージュ・ヌートルを鍋に入れ、火にかける。泡立て器で混ぜながら40℃になるまで加熱する。

❷ 火から下ろし、混ぜ合わせたグラニュー糖とLMペクチンを加え、泡立て器で混ぜる（A）。再び火にかけて、泡立て器で混ぜながら沸騰させる。

❸ 火から下ろし、レモン果汁を加え混ぜ、赤の色素をペティナイフの先で2～3回すくって加え、泡立て器で混ぜる（B・C）。

❹ 粗熱が取れたら容器に入れ、冷蔵庫で1日休ませる。

❺ 使用する直前に耐熱ボウルに入れ、電子レンジで40℃になるまで温めたのち、スティックブレンダーでなめらかな状態になるまで撹拌する（D）

ビスキュイ・ダマンド・シトロン・ヴェール

❶ 室温に戻してやわらかくしたパート・ダマンドをちぎってミキサーボウルに入れ、グラニュー糖Aを加えて、ビーターをつけた低速のミキサーで撹拌する。

❷ 撹拌を続けながら、合わせた全卵と卵黄の半量を3回に分けて加え、そのつど全体になじませる（A）。

❸ いったんミキサーから下ろし、ビーターやミキサーボウルの側面についた生地をゴムべらで払い落す。

❹ 再びビーターをつけた低速のミキサーにかけ、撹拌を続けながら、②の残りの全卵と卵黄を2回に分けて加え、そのつど全体になじませる。すべて入れ終えたら、均一な状態になるまでよく混ぜる。

❺ ④と並行して、卵白をミキサーボウルに入れてグラニュー糖Bを加え、中高速のミキサーで艶よくしっかり泡立てる（⑦と泡立ちのタイミングを合わせる）（B）。

❻ ④をミキサーから下ろして湯煎にかけ、泡立て器で混ぜながら人肌程度の温度になるまで温める（C）。

❼ ⑥を、ホイッパーをつけた中速のミキサーにかけ、空気を含んで白くもったりした状態になるまで泡立てる（D）。

❽ ⑤をミキサーから下ろし、すりおろしたライムの皮を加えてゴムべらで混ぜ合わせる（E）。

❾ ⑦をミキサーから下ろし、⑧を加えてゴムべらでざっと混ぜる（F）。続いて、ふるった強力粉を加えながら、ゴムべらで粉が見えなくなるまで混ぜ合わせる。

＊薄力粉や中力粉を使用すると、焼成によっていったん膨らんだ後、潰れてしまう。これを防ぐため、強力粉を使用する。

❿ バターを耐熱ボウルに入れ、電子レンジにかけて溶かして65℃に調整する。これに⑨をひとすくい加え、泡立て器でよく混ぜる。これを⑨に戻し入れながら、ゴムべらで均一な状態になり、少し艶が出るまで混ぜ合わせる（G）。

⓫ ⑩を、オーブンペーパーを貼りつけた60×40cmの天板に流し入れ、L字パレットナイフで平らにならす（H）。

⓬ 180℃のコンベクションオーブンで約7分焼く。オーブンペーパーごと網にのせ、焼き面にラップフィルムを貼りつけて室温で冷ます（I）。使用する直前にラップフィルムと一緒に焼き色のついた生地の表面をはがす（→ p.259）。

⓭ 板の上にオーブンペーパーを敷き、⑫を裏返してのせる。オーブンペーパーをはがし、直径4cmの円形の抜き型で抜く（J）。

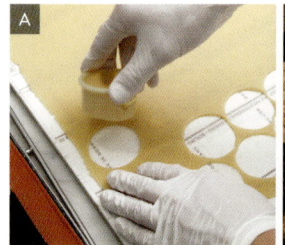

クランブル

❶ 「パリブレスト オ シトロン」のクランブル①～③（→ p.057）を参照してつくる。

❷ パイシーターで厚さ2mmにのばし、直径5cmの円形の抜き型で抜く（A）。

❸ シルパンを敷いた天板に並べ、160℃のコンベクションオーブンで約10分焼く。そのまま室温で冷ます（B）。

コンフィ・ド・フレーズ

❶ へたを取り、縦1/4に切ったイチゴをボウルに入れる。混ぜ合わせたグラニュー糖とLMペクチンを加え、混ぜる（A）。

❷ ①を鍋に入れ、中火にかける。木べらで時折混ぜながら加熱し、沸騰してからさらに少し煮詰め、火を止める（B）。ボウルに移し入れる。

❸ ボウルの底に氷水を当てて、粗熱が取れるまで冷やす（C）。

❹ 直径4cm、高さ2cmのプティフール型（ロンド（円）、フレキシパン）を天板にのせ、③をスープスプーンで型の半分強の高さまで流し入れる（D）。ショックフリーザーで冷凍する。

クレーム・パッション・ユズ

❶ 生クリームを鍋に入れ、火にかけて沸騰させる。

❷ ①と並行して、パッションフルーツのピュレとユズ果汁を別の鍋に入れ、火にかけて沸騰させる。

❸ ①と並行して、卵黄をボウルに入れて泡立て器で溶きほぐし、グラニュー糖を加え混ぜる。

❹ ①を半量ずつ③に加え、そのつど泡立て器でよく混ぜる（A）。

❺ ②を火から下ろして④を加え、泡立て器でよく混ぜる（B）。

❻ ⑤を火にかけて、クレーム・アングレーズの要領で、泡立て器で混ぜながら82℃になるまで加熱する。

❼ 火から下ろし、ふやかした板ゼラチンを加えて泡立て器で混ぜ溶かし、ボウルに移し入れる。ボウルの底に氷水を当てて、30℃になるまで冷やす。

❽ すりおろしたユズの皮を加え、泡立て器で混ぜる（C）。

❾ デポジッターに入れて、冷凍したコンフィ・ド・フレーズの上に、型いっぱいに流し入れる（D）。ショックフリーザーで冷凍する。

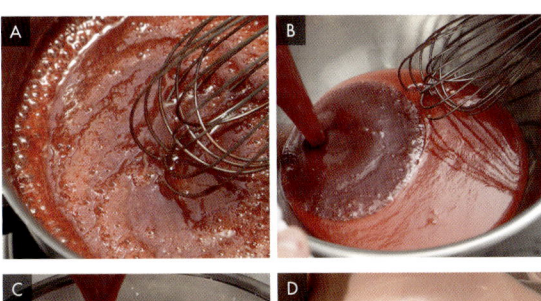
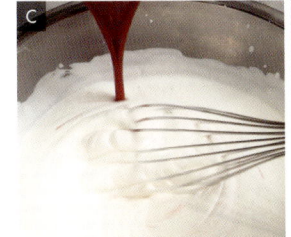

ムース・ア・ラ・フレーズ

❶ イチゴのピュレの半量を鍋に入れ、グラニュー糖を加え混ぜる。火にかけて、泡立て器で混ぜながら沸騰させる（A）。

❷ 火から下ろし、ふやかした板ゼラチンを混ぜ溶かす。

❸ ①の残り半量のイチゴのピュレ（冷たいもの）をボウルに入れ、②を加えて泡立て器で混ぜる（B）。続いて、イチゴの濃縮シロップを加え混ぜる。

❹ ボウルの底に氷水を当てて、30℃になるまで冷やす。

❺ 生クリームを別のボウルに入れて7分立てに泡立て、④を注ぎ入れながら泡立て器で混ぜ合わせる（C）。あらかた混ざったらゴムべらに替え、均一な状態になるまでムラのないよう混ぜ合わせる（D）。

組み立て、仕上げ

❶ OPPシートを貼りつけた天板に直径5.5cm、高さ4cmのセルクル型を並べる。口径13mmの丸口金をつけた絞り袋にムース・ア・ラ・フレーズを入れ、型の半分の高さまで絞り入れる（A）。

❷ スープスプーンの背でムース・ア・ラ・フレーズを側面に添わせ、すり鉢状に整える（B）。

❸ ②にビスキュイ・ダマンド・シトロン・ヴェールをかぶせ、上から指で軽く押して密着させる（C）。

❹ 重ねて冷凍したコンフィ・ド・フレーズとクレーム・パッション・ユズをフレキシパンからはずす。コンフィ・ド・フレーズを下にして③にのせ、上から指で軽く押す。隙間からムース・ア・ラ・フレーズが型の高さまで上がってくるまで押さえる（D）。

❺ ①の残りのムース・ア・ラ・フレーズを型の高さまで絞り入れる（E）。

❻ 小さいL字パレットナイフで平らにならし、余分なムースを取り除く。ショックフリーザーで冷凍する。

❼ コンフィチュール・ド・フランボワーズ・ペパン（→ p.078）を耐熱ボウルに入れ、電子レンジで人肌程度の温度になるまで温める。小さいL字パレットナイフでクランブルの片面に塗り、網の上にのせる（F）。

❽ ⑥にOPPシートと天板をかぶせ、上下を返す。上の天板をはずし、OPPシートをはがす。

❾ ⑦を、コンフィチュール・ド・フランボワーズ・ペパンを塗った面を下にして⑧にのせ、指で軽く押さえて接着する（G）。上下を返す。

❿ ガスバーナーで側面を軽く温め、型をはずす。網に並べ、冷蔵庫で冷やす。

⓫ グラサージュ・ルージュを耐熱ボウルに入れ、電子レンジで40℃になるまで温めたのち、スティックブレンダーでなめらかな状態になるまで撹拌する。

⓬ デポジッターに⓫を入れ、⑩の上からかける。すぐに小さいL字パレットナイフを上面に滑らせて、余分なグラサージュを落す（H）。冷蔵庫で少し冷やし固める。

⓭ クレーム・モンテ・ア・ラ・フレーズをミキサーボウルに入れ、中高速のミキサーで8分立てになるまで泡立てる。ボウルに移し入れ、ボウルの底に氷水を当てて、泡立て器でさらに固く泡立てる。

⓮ ⓬の底に小さいL字パレットナイフを差し入れ、網の上を滑らせながら余分なグラサージュを取り除き、ラップフィルムを貼りつけたトレイにのせる。

⓯ 15切・12番の星口金をつけた絞り袋に⓭を入れ、上面にらせん状に2回重ねて絞る（I）。

⓰ へたを取って縦半分に切ったイチゴと、同様に切ったフランボワーズを飾る。ナパージュ・ヌートルをコルネに入れ、イチゴの上に絞る（I）。

タルト ア ラ コンポテ ダブリコ エ ポワール

ムースやクレーム・シブーストをのせるのではなく、フルーツ本
来の味を生かす形でつくってみたのが、このタルト。洋ナシに
アプリコットの酸味を加え、メープルシロップのやさしい風味と
甘さをまとわせてコンポートにしました。火を通してやわらか
く煮込んだ感じを出したかったので、ゼラチンは使わず、ペク
チンでとろりと固まらせています。土台のクレーム・ダマンドも
メープルシロップ風味にし、やわらかい質感でコンポートと調和。
歯触りがよくて香ばしいロッシェでアクセントを添えました。

Tarte à la Compote d'Abricots et Poires

Tarte à la Compote d'Abricots et Poires

タルト ア ラ コンポテ ダブリコ エ ポワール ■ 材料（直径7㎝、高さ1.5㎝のタルトリング型・30個分）

◉パート・シュクレ
Pâte Sucrée（→ p.254） 約800g
ドリュール（全卵） dorure 適量

◉コンポテ・ダブリコ・エ・ポワール
Compotée d'Abricot et Poire
アプリコット（半割り、冷凍）
demi-abricots surgelés 692g
洋ナシのコンポート（半割り、缶詰）
demi-poires au sirop 692g
メープルシロップ sirop d'érable 69g
ヴァニラビーンズ gousse de vanille %本
アプリコットのピュレ purée d'abricots 106g
洋ナシのピュレ purée de poires 106g
グラニュー糖 sucre semoule 46g
メープルシュガー sucre d'érable 46g
LM ペクチン pectine 23g

◉ロッシェ・ア・レラブル
Rocher à l'Érable（つくりやすい分量）
クルミ（ホール、皮つき） noix brutes 60g
アーモンド（ホール、皮つき）
amandes entières brutes 60g
ヘーゼルナッツ（ホール、皮剥き）
noisettes entières émondées 30g
メープルシュガー sucre d'érable 90g
粉糖 sucre glace 23g
卵白 blancs d'œufs 24g

◉メープル風味のアンビバージュ
Sirop d'Imbibage à l'Érable
メープルシュガー sucre d'érable 25g
メープルシロップ sirop d'érable 18g
水 eau 75g
＊すべての材料を鍋に入れ、火にかけて煮溶かす。ボウル
に移し入れ、室温で冷ます。

◉ガルニチュール
Garniture（13個分）
アプリコット（半割り、冷凍）
deme-abricots surgelés 適量
洋ナシのコンポート（半割り、缶詰）
deme-poires au sirop 適量
＊アプリコットは半解凍し、薄くスライスする。洋ナシのコ
ンポートは、縦半分に切り、薄くスライスする。

◉クレーム・ダマンド・ア・レラブル
Crème d'Amande à l'Érable
バター beurre 280g
メープルシュガー sucre d'érable 308g
全卵 œufs 268g
メープルシロップ（アンバー）
sirop d'érable 84g
アーモンドパウダー
amandes en poudre 280g
薄力粉 farine ordinaire 44g
クレーム・パティシエール
crème pâtissière（→ p.260） 300g

◉その他 Autres Éléments
クレーム・シャンティイ
crème Chantilly（→ p.260） 適量
ナパージュ・ヌートル nappage neutre 適量
シュークル・デコール sucre décor 適量

La Composition

1 コンポテ・ダブリコ・エ・ポワール
2 シュークル・デコールをふった、ロッシェ・ア・レラブル
3 クレーム・シャンティイ
4 メープル風味のアンビバージュを打った
　クレーム・ダマンド・ア・レラブルと、ガルニチュール
5 パート・シュクレ

コンポテ・ダブリコ・エ・ポワール

❶ アプリコットを半解凍し、薄くスライスする。続いて洋ナシのコンポート を縦半分に切り、薄くスライスする（A）。

❷ メープルシロップ、ヴァニラビーンズの種と鞘を鍋に入れ、香りが立つま で強火で熱する（B）。

❸ ①のアプリコットを加え、ゴムべらで混ぜながら軽く火が通るまでソテー する。

❹ ①の洋ナシのコンポートを加え、ゴムべらで混ぜながら軽く火を通す （C）。いったん火から下ろす。

❺ アプリコットのピュレと洋ナシのピュレを鍋に入れ、火にかけて人肌程 度の温度になるまで温める（D）。

❻ グラニュー糖とメープルシュガー、LM ペクチンを混ぜ合わせて⑤に加え、 泡立て器で混ぜ溶かす。

❼ ④に⑥を加え、中火にかける（E）。しっかり沸騰したら火を止める。ボ ウルに移し入れ、ヴァニラビーンズの鞘を取り除く。

＊煮詰めすぎると甘みが強くなるので、沸騰したら火を止める。

❽ 底直径5.3cm、上直径6.3cm、高さ2.5cmのバヴァロワ型（円柱、フレキ シパン）を天板にのせ、レードルで⑦を型の9分目まで流し入れる。スープス プーンでざっと平らにならし、ショックフリーザーで冷凍する。

ロッシェ・ア・レラブル

❶ クルミとアーモンドを天板に広げ、160℃のコンベクションオーブンで約 15分、ヘーゼルナッツも同様にして12 ～ 13分ローストし、室温で冷ます。

❷ 牛刀2本を使い、①を合わせて粗く砕く。

❸ メープルシュガーと粉糖をボウルに入れ、手でざっと混ぜ合わせる（A）。

❹ 卵白を③に加え、ゴムべらの面を使って押し潰すようにしてムラのない よう混ぜ合わせる（B）。

❺ ②を加え、ゴムべらで上から少し押さえつけるようにして、よく混ぜ合 わせる（C）。

❻ シルパットを敷いた天板にのせ、手でざっと広げる。130℃のコンベク ションオーブンで約1時間焼き、室温で冷ます（D）。

❼ ⑥を適当な大きさに割り、乾燥剤とともに密閉容器に入れて保管する。

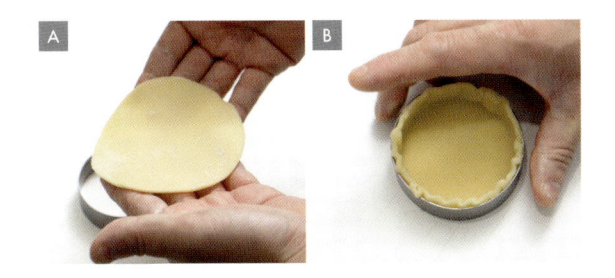

パート・シュクレの成形

❶ パート・シュクレ（→ p.254）をパイシーターで厚さ2mmにのばし、直径10 cmの円形の抜き型で抜く（A）。

❷ 直径7cm、高さ1.5cmのタルトリング型に敷き込む（フォンサージュ → p.259）（B）。冷蔵庫で休ませる。

クレーム・ダマンド・ア・レラブル

❶ 室温に戻したバターをボウルに入れ、泡立て器でポマード状になるまで混ぜる。

❷ メープルシュガーを加え、泡立て器ですり混ぜる（A）。

❸ 室温に戻した全卵の半量を加え、泡立て器ですり混ぜて乳化させる。

＊バターが冷たくても、全卵が冷たくても分離するので、25℃くらいを保つよう、時折ボウルの底を直火に当てて温めながら作業を進めること。

❹ 残りの全卵を加え、泡立て器ですり混ぜてしっかり乳化させる（B）。

❺ メープルシロップを加え、泡立て器で混ぜ合わせる（C）。

❻ 合わせてふるったアーモンドパウダーと薄力粉を加える。粉が見えなくなり、ダマがなくなるまで泡立て器で混ぜる（D）。

❼ クレーム・パティシエール（→ p.260）を別のボウルに入れ、ゴムべらで混ぜてなめらかにほぐす。それと同量程度の❻を加え、ゴムべらでよく混ぜてから、❻のボウルに戻し入れる（E）。

❽ 泡立て器で軽く混ぜ合わせた後、ゴムべらに替えて均一な状態になるまで混ぜる（F）。

＊分離すると、焼き上げたときに食感が悪くなるので、注意。

組立て、仕上げ

❶ パート・シュクレを冷蔵庫から取り出し、型の上にはみ出た余分な生地をペティナイフでそぎ落す。シルパンを敷いた天板に並べる。

❷ 口径12㎜の丸口金をつけた絞り袋にクレーム・ダマンド・ア・レラブルを入れ、①の底に薄く、隙間なく絞り入れる（A）。

❸ ②のクレーム・ダマンド・ア・レラブル全体を覆い隠すようにして、ガルニチュールをランダムにのせる（B）。

❹ 型の高さより少し低いところまで、残りのクレーム・ダマンド・ア・レラブルを隙間なく絞り入れる。

❺ 160℃のコンベクションオーブンで約22分焼き、いったんオーブンから出して型をはずす。

❻ 160℃のコンベクションオーブンでさらに約3分焼く。すぐに刷毛でメープル風味のアンビバージュを軽く打つ（C）。そのまま室温で冷ます。

❼ 口径12㎜の丸口金をつけた絞り袋にクレーム・シャンティイ（→ p.260）を入れ、⑥の中央に薄く少量絞る（D）。

❽ コンポテ・ダブリコ・エ・ポワールをフレキシパンからはずし、上下を返して⑦にのせ、軽く指で押さえて接着する（E）。

❾ 小さいL字パレットナイフで、⑧のコンポテ・ダブリコ・エ・ポワールの上面にナパージュ・ヌートルを塗る。そのまま室温で解凍する。

❿ ロッシェ・ア・レラブルを1～1.5cm角程度の大きさに割り、⑨の側面にランダムに貼りつける。

⓫ ⑩のロッシェ・ア・レラブルの上に、シュークル・デコールをふる（F）。

Yaourt Exotique

ヤウルト エキゾチック

ホワイトチョコレートのケーキはどうしても甘くなりがちです。そこで思いついたのが、ヨーグルトを加えること。少なすぎると風味が出にくく、入れすぎると保形性が弱くなるので注意が必要ですが、甘ったるさが抑えられて、すっきりさわやかな夏向きの味わいに仕上がります。さらにエキゾチックフルーツのコンポートと、バナナのジュレを合わせて、夏らしさを演出。酸味をプラスする意味で、グロゼイユを飾りました。土台のザクザクしたクランブルが、全体の味わいにコクと深みを与えています。

Yaourt Exotique

◉ビスキュイ・ダマンド・シトロン・ヴェール
Biscuit d'Amande Citron Vert
（60×40cmの天板1枚分）
パート・ダマンド　pâte d'amandes　400g
グラニュー糖A　sucre semoule　41g
全卵　œufs　268g
卵黄　jaunes d'œufs　38g
卵白　blancs d'œufs　160g
グラニュー糖B　sucre semoule　64g
すりおろしたライムの皮（細かい目）
zestes de citron vert râpés fins　½個分
強力粉　farine gruau　80g
バター　beurre　120g

◉クランブル
Crumble（つくりやすい分量）
バター　beurre　300g
カソナード　cassonade　300g
アーモンドパウダー
amandes en poudre　300g
海塩　sel de mer　6g
薄力粉　farine ordinaire　300g

◉コンポート・ド・フリュイ・エキゾチック
Compote de Fruits Exotiques（28個分）
バナナ　bananes　200g
マンゴーのピュレ　purée de mangues　110g
パッションフルーツのピュレ
purée de fruits de la passion　110g
ヴァニラビーンズ　gousse de vanille　½本
水アメ　glucose　24g
グラニュー糖　sucre semoule　50g
LMペクチン　pectine　7g

◉ジュレ・ド・バナーヌ
Gelée de Banane（28個分）
バナナのピュレ　purée de bananes　180g
グラニュー糖　sucre semoule　30g
板ゼラチン　feuilles de gélatine　5g
レモン果汁　jus de citron　5g

◉クレーム・オ・シトロン
Crème au Citron（つくりやすい分量）
レモン果汁　jus de citron　112g
全卵　œufs　160g
卵黄　jaunes d'œufs　128g
グラニュー糖　sucre semoule　192g
バター　beurre　100g
すりおろしたレモンの皮（細かい目）
zestes de citron râpés fins　3個分
レモン風味のE.V. オリーブオイル（テッレ・ボル
マーネ「チトリノ」）
huile d'olive au citron　30g

◉ムース・オ・ヤウルト
Mousse au Yaourt
牛乳　lait　215g
板ゼラチン　feuilles de gélatine　9g
クーベルチュール（ホワイト、カカオバター35％、
ヴァローナ「イボワール」）
couverture blanc（beurre de cacao 35％）　300g
ヨーグルト　yaourt　150g
生クリーム（乳脂肪分35％）
crème fraîche 35% MG　387g

◉その他　**Autres Éléments**
グラサージュ・ショコラ・ブラン
glaçage chocolat blanc（→ p.266）　適量
羽状のクーベルチュール（ホワイト）
plume de chocolat blanc（→ p.268）　25個
白いリボン状のクーベルチュール
bigoudi de chocolat blanc（→ p.269）　25個
グロゼイユ　groseilles　適量
ナパージュ・ヌートル　nappage neutre　適量

La Composition

① グラサージュ・ショコラ・ブラン
② ムース・オ・ヤウルト
③ ビスキュイ・ダマンド・シトロン・ヴェール
④ コンポート・ド・フリュイ・エキゾチック
⑤ ジュレ・オ・バナーヌ
⑥ クレーム・オ・シトロンを塗った、クランブル

ビスキュイ・ダマンド・シトロン・ヴェール

❶ 「ルージュ フレーズ」のビスキュイ・ダマンド・シトロン・ヴェール①〜⑫（→ p.110）を参照してつくる。

❷ 板の上にオーブンペーパーを敷き、ビスキュイ・ダマンド・シトロン・ヴェールを焼き面を下にしてのせる。オーブンペーパーをはがし、直径4cmと直径5.5cmの円形の抜き型で25枚ずつ抜く（A・B）。

クランブル

❶ 「パリブレスト オ シトロン」のクランブル①〜③（→ p.57）を参照してつくる。

❷ パイシーターで厚さ2mmにのばす（A）。直径5.5cmの円形の抜き型で抜く。

❸ シルパンを敷いた天板に並べ、160℃のコンベクションオーブンで約10分焼く。室温で冷ます（B）。

コンポート・ド・フリュイ・エキゾチック

❶ バナナは皮を剥き、厚さ1cmの輪切りにしたのち、1/4に切る。

❷ マンゴーのピュレとパッションフルーツのピュレ、①を鍋に入れ、ゴムべらで混ぜ合わせる（A）。ヴァニラビーンズの種と鞘、水アメも加えて火にかけ、ゴムべらで混ぜながら加熱する（B）。

❸ 40℃になるまで温めたら、混ぜ合わせたグラニュー糖とLMペクチンを加え、混ぜながら加熱し沸騰させる（C）。ボウルに移し入れる。

❹ 直径4cm、高さ2cmのプティフール型（ロンド（円）、フレキシパン）を天板にのせ、③をスープスプーンで15gずつ流し入れる（D）。天板ごと持ち上げて、底を手のひらでトントンと叩いてざっと平らにし、冷蔵庫で冷やし固める。

ジュレ・ド・バナーヌ

❶ バナナのピュレとグラニュー糖を鍋に入れて火にかけ、泡立て器で混ぜながら沸騰させる（A）。

❷ 火から下ろし、ふやかした板ゼラチンを加えて泡立て器で混ぜ溶かしたのち、レモン果汁を加え混ぜる。ボウルに移し入れ、ボウルの底に氷水を当てて、40℃になるまで冷やす（B・C）。

❸ 冷やし固めたコンポート・ド・フリュイ・エキゾチックの上に、②をスープスプーンで10gずつ流し入れる（D）。天板ごと持ち上げて、底を手のひらでトントンと叩いてざっと平らにし、ショックフリーザーで冷凍する。

クレーム・オ・シトロン

❶ レモン果汁を鍋に入れ、火にかけて沸騰させる。

❷ ①と並行して、ボウルに全卵、卵黄を入れて泡立て器で溶きほぐし、グラニュー糖を加えてすり混ぜる。

❸ ①を②に加えながら泡立て器で混ぜる。これを①の鍋に戻し入れる（A）。

❹ ③を弱火にかけて泡立て器で混ぜながら、クレーム・アングレーズの要領で、82℃になるまで炊く（B）。

❺ ④をボウルに移し入れ、ボウルの底に氷水を当てて、ゴムべらで混ぜながら38℃になるまで冷やす。

❻ 室温に戻した角切りのバターを加え、レモンの皮をすりおろしながら加える（C）。スティックブレンダーで撹拌して乳化させる。

❼ レモン風味のE.V.オリーブオイルを加え、スティックブレンダーで撹拌して、艶よくしっかり乳化させる（D）。

❽ 密閉容器に入れ、冷蔵庫で保管する。

ムース・オ・ヤウルト

❶ 牛乳を鍋に入れ、火にかけて沸騰させる。火からおろし、ふやかした板ゼラチンを加え、泡立て器で混ぜ溶かす（A）。

❷ クーベルチュールを耐熱ボウルに入れ、電子レンジにかけて溶かして40℃に調整する。①を1/4量加え、泡立て器で中心からすり混ぜて、徐々に周りに広げて全体を混ぜ、乳化させる（B）。

❸ 残りの①を半量ずつ加え、そのつど泡立て器で中心からすり混ぜて、徐々に周りに広げて全体を混ぜ、乳化させる。

❹ ボウルの底を氷水に当てて、泡立て器で混ぜながら15℃になるまで冷やす（C）。

❺ ヨーグルトを別のボウルに入れ、泡立て器で混ぜてなめらかな状態にする。④に加えて泡立て器ですり混ぜたのち、スティックブレンダーでなめらかになるまで撹拌する（D・E）。

❻ 7分立ての生クリームを入れたボウルに⑤を加えながら、泡立て器で混ぜ合わせる（F）。ゴムべらに替え、ムラのないよう混ぜる。

組み立て、仕上げ

❶ OPP シートを貼りつけた天板に、直径5.5㎝、高さ4㎝のセルクル型を並べる。口径12㎜の丸口金をつけた絞り袋にムース・オ・ヤウルトを入れ、型の半分の高さまで絞り入れる（A）。

❷ スープスプーンの背でムース・オ・ヤウルトを側面に添わせ、すり鉢状に整える（B）。

❸ 直径4㎝のビスキュイ・ダマンド・シトロン・ヴェールを②にかぶせ、上から指で軽く押して密着させる（C）。

❹ 重ねて冷凍したコンポート・ド・フリュイ・エキゾチックとジュレ・ド・バナーヌをフレキシパンからはずす。コンポート・ド・フリュイ・エキゾチックを下にして③にのせ、上から指で軽く押して、型の高さより約1㎝低いところまで沈ませる（D）。

❺ ①の残りのムース・オ・ヤウルトを型の高さまで絞り入れ、スープスプーンの背で浅いすり鉢状にならす（E）。

❻ 直径5.5㎝のビスキュイ・ダマンド・シトロン・ヴェールをかぶせ、指で軽く押さえて密着させる（F）。ラップフィルムをかけてショックフリーザーで冷凍する。

❼ クランブルにクレーム・オ・シトロンを小さいL字パレットナイフで薄く塗り、網の上に並べる（G）。

❽ ⑥の上下を返し、ガスバーナーで側面を軽く温め、型をはずす。小さいL字パレットナイフで⑦の上にのせる（H）。ショックフリーザーで少し冷やす。

❾ グラサージュ・ショコラ・ブラン（→ p.266）を耐熱ボウルに入れ、電子レンジで30℃になるまで温めたのち、スティックブレンダーでなめらかな状態になるまで撹拌する。

❿ 天板の上に⑧を網ごとのせ、⑨を上からかける。すぐに小さいL字パレットナイフを上面に滑らせて、余分なグラサージュを落す。（I）。さらに網ごと持ち上げて天板にトントンと軽く打ちつけ、余分なグラサージュを落す。網ごと冷蔵庫に入れて、少し冷やし固める。

⓫ ⑩を冷蔵庫から取り出し、⑩の底に小さいL字パレットナイフを差し入れて、網の上を滑らせて余分なグラサージュを取り除いたのち、オーブンペーパーを敷いた板の上にのせる。

⓬ 白い羽状のクーベルチュール（→ p.268）の下部をペティナイフで切りそろえ、側面に1枚ずつ貼りつける。

⓭ 白いリボン状のクーベルチュール（→ p.269）を上面にのせ、その下に小房に切ったグロゼイユをのせる。ナパージュ・ヌートルをコルネに入れ、グロゼイユの上に少量絞る（J）。

リンゴに火を入れたお菓子は多くありますが、フレッシュ感を生かして生菓子にするのは、味がぼやけやすくてなかなか難しいものだと思います。そこで、青リンゴだけでは弱いので、リキュールとレモンで補強してクリアな味わいのジュレをつくり、力強い酸味をもつカシスとブラックベリーのムースを合わせて、風味を引き立てました。ビスキュイにたっぷり混ぜ込んだ、千切りリンゴのシャキシャキした歯触りも楽しく、果実感を満喫できると思います。

Nuits-Saint-Georges

Nuits-Saint-Georges

◉パート・シュクレ

Pâte Sucrée（→ p.254） 約1000g

◉ビスキュイ・オ・ポンム

Biscuit aux Pommes

バター beurre 300g

グラニュー糖 sucre semoule 300g

全卵 œufs 750g

アーモンドパウダー

amandes en poudre 300g

強力粉 farine gruau 133g

リンゴ（紅玉） pommes 675g（正味）

青リンゴのリキュール（テイチネ・ディスティラリー「マンサナ・ベルデ テイチネ シュナップス」）

liqueur de pomme 50g

◉ジュレ・ド・ポンム・ヴェルト

Gelée de Pommes Vertes

青リンゴのピュレ*

purée de pommes 1100g

グラニュー糖 sucre semoule 130g

板ゼラチン feuilles de gélatine 30g

レモン果汁 jus de citron ½個分

青リンゴのリキュール（テイチネ・ディスティラリー「マンサナ・ベルデ テイチネ シュナップス」）

liqueur de pomme 30g

＊青リンゴのピュレは、冷蔵庫でよく冷やしておくこと。

◉ムース・オ・ミュール・エ・カシス

Mousse au Mûre et Cassis

ブラックベリーのピュレ purée de mûres 830g

カシスのピュレ purée de cassis 415g

卵黄 jaunes d'œufs 332g

グラニュー糖 sucre semoule 298g

板ゼラチン feuilles de gélatine 46g

カシスのリキュール（バーディネー「クレーム ド カシス ド ディジョン」） liqueur de cassis 85g

生クリーム（乳脂肪分35%）

crème fraîche 35% MG 1245g

◉クーリ・ド・カシス

Coulis de Cassis（つくりやすい分量）

カシスのピュレ purée de cassis 250g

水アメ glucose 30g

グラニュー糖 sucre semoule 35g

LMペクチン pectine 3g

◉グラサージュ・ア・ラ・ポンム・ヴェルト

Glaçage à la Pomme Verte

ナパージュ・ヌートル nappage neutre 400g

青リンゴのリキュール（テイチネ・ディスティラリー「マンサナ・ベルデ テイチネ シュナップス」）

liqueur de pomme 80g

＊ナパージュ・ヌートルに青リンゴのリキュールを加え、ゴムべらで混ぜ合わせる。

◉クレーム・オ・シトロン

Crème au Citron（つくりやすい分量）

レモン果汁 jus de citron 112g

全卵 œufs entiers 160g

卵黄 jaunes d'œufs 128g

グラニュー糖 sucre semoule 192g

バター beurre 100g

すりおろしたレモンの皮（細かい目）

zestes de citron râpés fins 3個分

レモン風味のE.V. オリーブオイル（テッレ・ボルマーネ「チトリノ」）

huile d'olive au citron 30g

＊「ヤウルト エキゾチック」のクレーム・オ・シトロン（→ p.120）を参照してつくる。

◉その他 Autres Éléments

ブラックベリー mûres 適量

ブルーベリー myrtilles 適量

グロゼイユ groseilles 適量

La Composition

1 グラサージュ・ア・ラ・ポンム・ヴェルトと、クーリ・ド・カシス
2 ムース・オ・ミュール・エ・カシス
3 ジュレ・ド・ポンム・ヴェルト
4 ビスキュイ・オ・ポンム
5 クレーム・オ・シトロンを塗った、パート・シュクレ

テイチネ・ディスティラリー社の「マンサナ・ベルデ テイチネ シュナップス」は、フレッシュ感あふれる青リンゴのリキュール。

つくり方

パート・シュクレの成形、焼成

❶ パート・シュクレ（→ p.254）をパイシーターで厚さ3mmにのばし、37×9.5cmに6枚切る。

❷ シルパンを敷いた天板に①をのせ、160℃のコンベクションオーブンで約15分焼く。シルパンごと網にのせて室温で冷ます（A）。

ビスキュイ・オ・ポンム

❶ 室温に戻したバターをミキサーボウルに入れ、ビーターをつけた低速のミキサーで撹拌してポマード状にする。

❷ グラニュー糖を加え、軽く空気を含んで白っぽくなるまで撹拌する（A）。

❸ 全卵を約1/5量加えて撹拌を続け、よく混ぜる（B）。アーモンドパウダーを約1/3量加えて撹拌する（C）。生地がつながってきたら、ビーターやミキサーボウルの側面についた生地をゴムべらで払い落す。

❹ ③の残りの全卵の半量を加え、低速で撹拌する。分離してはいるものの全体によく混ざったら、残りのアーモンドパウダーを加え、生地がつながるまで撹拌を続ける。

❺ 残りの全卵を加え、撹拌を続ける。少し分離した状態になる。

❻ 強力粉を加え、生地がつながるまで撹拌する（D・E）。多少分離した状態でもよい。ボウルに移し入れる。

＊リンゴも卵も多くて水分量が高い生地なので、分離気味になる。そのため、薄力粉ではなく強力粉を加え、生地をつなぐ。

❼ 皮剥きスライサーを使い、リンゴの皮を剥いて薄くスライスする（F）。丸ごと手に持って残った皮をペティナイフで取り除き、横1/2に切った後、ペティナイフで3mm幅程度の千切りにする。

❽ ⑦をボウルに入れ、青リンゴのリキュールを加えて手でまんべんなく和える（G）。

❾ ⑥に⑧を加え、ゴムべらでなじませるようにしてしっかり混ぜ込む（H）。

❿ シルパットを敷いた天板に57×37cm、高さ4cmのカードル型をのせ、⑨を流し入れてL字パレットナイフで平らにならす（I）。

⓫ 160℃のコンベクションオーブンで約18分焼く（J）。

⓬ カードル型と生地の間にペティナイフを差し入れて、型をはずす。室温で冷まし、粗熱が取れたらショックフリーザーに入れ、半冷凍の状態にして使用する。

ジュレ・ド・ポンム・ヴェルト

❶　青リンゴのピュレの半量を鍋に入れ、グラニュー糖を加えて火にかけて沸騰させる（A）。

❷　火から下ろし、ふやかした板ゼラチンを加え、泡立て器で混ぜ溶かす。

❸　残りの青リンゴのピュレ（冷たいもの）をボウルに入れ、②を注ぎ入れて泡立て器で混ぜる（B）。レモン果汁、青リンゴのリキュールを加えて泡立て器で混ぜた後、ゴムべらに替えてムラのないよう混ぜ合わせる（C・D）。

❹　使用する直前に、ボウルの底に氷水を当てるなどして22℃に調整する。

ムース・オ・ミュール・エ・カシス

❶　ブラックベリーのピュレとカシスのピュレを鍋に入れ、火にかけて沸騰させる。

❷　①と並行して、卵黄をボウルに入れ、グラニュー糖を加えて泡立て器で混ぜる。

❸　①の半量を②に注ぎ入れながら、泡立て器で混ぜる（A）。これを①の鍋に戻し入れる。

❹　③を中火にかけ、クレーム・アングレーズの要領で、泡立て器で混ぜながら85℃になるまで炊く（B）。

❺　火を止めて、ふやかした板ゼラチンを加え、泡立て器で混ぜ溶かす。ボウルに移し入れる。

❻　ボウルの底を氷水に当てて、泡立て器で混ぜながら30℃になるまで冷やす。カシスのリキュールを加え混ぜる（C）。

❼　7分立ての生クリームを入れたボウルに⑥を加えながら、泡立て器で混ぜ合わせる（D）。ほぼ混ざったらゴムべらに替え、均一でなめらかな状態になるまで混ぜ合わせる（E）。

❽　ラップフィルムを敷いた天板に57×37cm、高さ4cmのカードル型をのせ、⑦を1600g流し入れる。L字パレットナイフで平らにならし（F）、ショックフリーザーで半冷凍にする。

❾　残りの⑦は、ラップフィルムをかけて涼しいところに置いておく。

クーリ・ド・カシス

❶ カシスのピュレと水アメを鍋に入れ、混ぜ合わせたグラニュー糖とLMペクチンを加えて、泡立て器で混ぜる（A）。中火にかけて、混ぜながら沸騰するまで炊く（B）。

❷ 火から下ろしてボウルに移し入れ、ボウルの底に氷水を当てて、ゴムべらで混ぜながら冷やす。粗熱が取れたら冷蔵庫で冷やす。

❸ 使用する直前に、なめらかな状態になるまでゴムべらで混ぜほぐす。

組み立て、仕上げ

❶ 半冷凍にしたムース・オ・ミュール・エ・カシスの上に、22℃に調整したジュレ・ド・ポンム・ヴェルトを流し、L字パレットナイフで平らにならす（A）。ゆすって表面を平らにし、ショックフリーザーで半冷凍にする。

＊重ねたときに潰れるときれいな層にならないので、半冷凍にしてから組み立てを行う。

❷ 取り置いたムース・オ・ミュール・エ・カシスを①の上に流し入れ、L字パレットナイフで平らにならす（B）。

❸ ビスキュイ・オ・ポンムをシルパットごと、上下を返して②にかぶせる（C）。シルパットの上から手のひらで軽く押さえ、密着させる。ショックフリーザーで冷凍する。

❹ ③を冷凍庫から取り出し、シルパットをはがす。上下を返してオーブンペーパーを敷いた板の上にのせ、OPPシートをはがす。

❺ パレットナイフの先にクーリ・ド・カシスをつけ、④の上面にペタッとなすりつけるようにして模様をつける（D）。ショックフリーザーで冷凍する。

❻ ⑤の上面にグラサージュ・ア・ラ・ポンム・ヴェルトをかけ、L字パレットナイフで薄く塗り広げる（E）。

❼ 焼き上げて冷ましたパート・シュクレをオーブンペーパーを敷いた板にのせ、上面にパレットナイフでクレーム・オ・シトロンを薄く塗る（F）。

❽ ⑥の型をはずし、平刃包丁で37×9.5cmに切り分けて、⑦にのせる（G）。

❾ 平刃包丁で9.5×2.6cmに切り分ける（H）。上面にブラックベリーとブルーベリー、グロゼイユを飾る。

Paradis

パラディ

グラスデザートのおもしろさは、上から下へと食べ進めるにつれて味の変化が感じられること。いろいろな味を入れればさまざまな広がりが生まれ、食べる人もつくり手も飽きずに楽しめます。「パラディ」は夏を意識して見た目も涼しげに、ライチやエキゾチックフルーツ、イチゴのジュレやムース、ソースを重ねました。ゼラチンとアガー（海藻由来の凝固剤）を使い分けたり、シャンパンをイメージしてジュレを泡立ててのせたりして、全体的にやわらかいなかにも飽きない工夫を施しています。

◉クーリ・ド・フレーズ・バナーヌ

Coulis de Fraise-Banane

イチゴのピュレ　purée de fraises　261g

バナナのピュレ　purée de bananes　43g

グラニュー糖　sucre semoule　12.5g

板ゼラチン　feuilles de gélatine　2.5g

◉クレーム・オ・リチ

Crème au Litchi

ライチのピュレ　purée de litchis　200g

グラニュー糖　sucre semoule　27g

板ゼラチン　feuilles de gélatine　7g

ライチのリキュール（ペルノ・リカール「ディタ」）

liqueur de litchi　19g

生クリーム（乳脂肪分35%）

crème fraîche 35% MG　260g

◉ムース・オ・フリュイ・エキゾチック

Mousse aux Fruits Exotique

バナナのピュレ　purée de bananes　107g

パッションフルーツのピュレ

purée de fruits de la passion　54g

グラニュー糖　sucre semoule　38g

板ゼラチン　feuilles de gélatine　5g

マンゴーのピュレ　purée de mangues　155g

生クリーム（乳脂肪分35%）

crème fraîche 35% MG　145g

◉ジュレ・オ・リチ・エ・フランボワーズ

Gelée au Litchi et Framboise

ライチのピュレ　purée de litchis　250g

水　eau　250g

グラニュー糖　sucre semoule　165g

粉末ゼリーの素（伊那食品工業「イナアガー L」）

agar-agar　9g

ライチのリキュール（ペルノ・リカール「ディタ」）

liqueur de litchi　26g

◉ジュレ・ド・リチ

Gelée de Litchi

ライチのピュレ　purée de litchis　235g

水　eau　235g

グラニュー糖　sucre semoule　88g

板ゼラチン　feuilles de gélatine　10g

ライチのリキュール（ペルノ・リカール「ディタ」）

liqueur de litchi　38g

◉その他　Autres Éléments

フランボワーズ　framboises　30個

食用ミニバラ　petites roses　適量

ナパージュ・ヌートル　nappage neutre　適量

La Composition

1 食用ミニバラ　　　5 フランボワーズ

2 ナパージュ・ヌートル　　6 ムース・オ・フリュイ・エキゾチック

3 ジュレ・ド・リチ　　　7 クレーム・オ・リチ

4 ジュレ・オ・リチ・エ・フランボワーズ　8 クーリ・ド・フレーズ・バナーヌ

つくり方

クーリ・ド・フレーズ・バナーヌ

❶ イチゴのピュレの半量とバナナのピュレ、グラニュー糖を鍋に入れ、泡立て器で混ぜる（A）。火にかけて、泡立て器で混ぜながら沸騰させる（B）。

❷ 火から下ろし、ふやかした板ゼラチンを加えて混ぜ溶かす。

❸ ①の残りのイチゴのピュレ（冷たいもの）を入れたボウルに②を加え、ゴムべらで混ぜ合わせる（C）。ボウルの底に氷水を当てて、混ぜながら粗熱を取る。

❹ デポジッターに③を入れ、底直径5㎝、上直径6.5㎝、高さ7㎝のグラスに15gずつ流し入れる（D）。天板に並べてのせ、ラップフィルムをかけてショックフリーザーで冷凍する。

クレーム・オ・リチ

❶ ライチのピュレとグラニュー糖を鍋に入れ、火にかけて泡立て器で混ぜながら沸騰させる（A）。

❷ 火から下ろし、ふやかした板ゼラチンを加えて混ぜ溶かす。ボウルに移し入れる。

❸ ボウルの底に氷水を当てて、16℃になるまで冷やす。ライチのリキュールを加えて、ゴムべらで混ぜる（B）。さらに氷水に当てて、13℃になるまで冷やす。

❹ 生クリームをボウルに入れて7分立てに泡立て、③を加えながら泡立て器で均一な状態になるまで混ぜ合わせる（C）。

❺ デポジッターに④を入れ、冷凍したクーリ・ド・フレーズ・バナーヌの上に25gずつ流し入れる（D）。ラップフィルムをかけてショックフリーザーで冷凍する。

ムース・オ・フリュイ・エキゾチック／組み立て①

❶ バナナのピュレとパッションフルーツのピュレを鍋に入れ、グラニュー糖を加えて泡立て器で混ぜる。火にかけて泡立て器で混ぜながら沸騰させる。

❷ 火から下ろし、ふやかした板ゼラチンを加えて混ぜ溶かす。

❸ マンゴーのピュレをボウルに入れ、②を注ぎ入れて泡立て器で混ぜ合わせる（A）。ボウルの底に氷水を当てて、25℃になるまで冷やす。

❹ 生クリームをボウルに入れて7分立てに泡立て、③を加えながら泡立て器で均一な状態になるまで混ぜ合わせる（B）。

❺ デポジッターに④を入れ、冷凍したクレーム・オ・リチの上に25gずつ流し入れる（C）。グラスを手で持ち、台に軽くトントンと打ちつけて平らにする。ラップフィルムをかけてショックフリーザーで冷凍する。

❻ 冷凍した⑤のムース・オ・フリュイ・エキゾチックの上に縦半分に切ったフランボワーズを3切れずつ、切り口を上にしてのせる（D）。冷蔵庫に入れておく。

ジュレ・オ・リチ・エ・フランボワーズ

❶ ライチのピュレと水を鍋に入れ、混ぜ合わせたグラニュー糖と粉末ゼリーの素を加える（A）。泡立て器で混ぜながら火にかけ、沸騰させる（B）。

❷ 火を止めてライチのリキュールを加え混ぜる（C）。

＊海藻由来の粉末ゼリーの素を使用しているため、冷ましてからライチのリキュールを加えると離水が激しくなるので、熱いうちに加える。

❸ デポジッターに②を入れ、〈組み立て①〉⑥のグラスに35gずつ流し入れる（D）。このとき、一度に流し入れると固まりにくくなるので、まずはフランボワーズがひたひたになるくらいまで流し入れ、固まってから残りを流す。冷蔵庫で冷やし固める。

＊ムース・オ・フリュイ・エキゾチックがジュレ・オ・リチ・エ・フランボワーズの熱で溶けないよう、フランボワーズに当てるようにしてやさしく注ぎ入れること。

ジュレ・ド・リチ

❶ ライチのピュレと水を鍋に入れ、グラニュー糖を加える。火にかけて、泡立て器で混ぜながら沸騰させる（A）。

＊ライチのピュレは果肉にしっかり火を入れたほうが透明感が出るので、全量加熱する。

❷ 火から下ろし、ふやかした板ゼラチンを加えて混ぜ溶かした後、ライチのリキュールを加え混ぜる（B）。ボウルに移し入れる。

❸ ボウルの底に氷水を当てて、粗熱を取る（C）。ラップフィルムをかけて、冷蔵庫でひと晩冷やし固める。

❹ ③をジューサーミキサーに入れ、全体が白っぽく泡立つまで高速で撹拌する（D）。

＊冷蔵庫にひと晩入れてしっかり固めないと、泡になりにくい。スティックブレンダーで撹拌するよりも、ジューサーミキサーのほうがきれいに泡立つ。

組み立て②、仕上げ

❶ 冷やし固めたジュレ・オ・リチ・エ・フランボワーズの上に、ジュレ・ド・リチをグラスいっぱいに流し入れる（A）。まだ流していないジュレ・ド・リチの泡が細かくなってきたら、再びジューサーミキサーで撹拌し、作業を続ける。冷蔵庫で冷やし固める。

＊泡が大きすぎると潰れたときに美しくないので、適度な大きさに整える。

❷ 食用ミニバラの花びらを少し立てるようにして、上面に3枚ずつ飾る。ナパージュ・ヌートルをコルネに入れて、水滴のように絞る（B）。

Coco Mangue

ココ マングー

「ココ マングー」のテーマは、夏の素材でおいしい
ケーキをつくること。主役に選んだのはココナッ
ツです。風味を最大限に引き出せるように、ダッ
クワーズにはココナッツファインをローストしてか
ら混ぜ込みました。これを甘みのあるココナッツ
のムースと重ね、間に薄く挟んだマンゴーのクー
リとパッションフルーツのクリームの酸味によって、
風味を際立たせています。すべてのパーツにバ
ターをまったく使っていないこともポイント。暑い
夏でも重たく感じることなく楽しめます。

Coco Mangue

◉ダックワーズ・ノワ・ド・ココ
Dacqoise Noix de Coco
(60×40cmの天板2枚分)
ココナッツファインA
noix de coco râpée　210g
卵白　blancs d'œufs　510g
グラニュー糖　sucre semoule　420g
粉糖A　sucre glace　210g
準強力粉 (日清製粉「リスドオル」)
farine (Lys d'or)　210g
アーモンドパウダー
amandes en poudre　210g
粉糖B　sucre glace　適量
ココナッツファインB
noix de coco râpée　適量

◉クレーム・パッション
Crème Passion
生クリーム (乳脂肪分35％)
crème fraîche 35% MG　210g
パッションフルーツのピュレ
purée de fruits de la passion　380g
卵黄　jaunes d'œufs　160g
グラニュー糖　sucre semoule　136g
板ゼラチン　feuilles de gélatine　11g

◉クーリ・ド・マングー
Coulis de Mangue
マンゴーのピュレ
purée de mangues　900g
グラニュー糖　sucre semoule　225g
板ゼラチン　feuilles de gélatine　17g

◉ムース・ア・ラ・ノワ・ド・ココ
Mousse à la Noix de Coco
グラニュー糖　sucre semoule　475g
水　eau　175g
卵白　blancs d'œufs　240g
ココナッツのピュレ
purée de noix de coco　1000g
板ゼラチン　feuilles de gélatine　45g
ココナッツのリキュール (トゥエルブ・アイランズ・
シッピング「マリブ」)
liqueur de noix de coco　50g
生クリーム (乳脂肪分35％)
crème fraîche 35% MG　950g

◉その他　**Autres Éléments**
クーベルチュール (ミルク、カカオ分35％、ヴァ
ローナ「エクアトリアル・ラクテ」)
couverture au lait 35%　適量
パッションフルーツの種
Pèpin de fruits de la passion　適量
ナパージュ・ヌートル　nappage neutre　適量
グロゼイユ　groseilles　適量
水アメ　glucose　適量

La Composition

1 クーリ・ド・マングー
2 ムース・ア・ラ・ノワ・ド・ココ
3 ダックワーズ・ノワ・ド・ココ
4 クーリ・ド・マングー
5 クレーム・パッション
6 ココナッツファインをふった、ダックワーズ・ノワ・ド・ココ
7 クーベルチュール (ミルク)

つくり方

ダックワーズ・ノワ・ド・ココ

❶ オーブンペーパーを敷いた天板にココナッツファイン A を広げ、160℃の
コンベクションオーブンで約10分ローストする。途中、いったん取り出して混
ぜ、均等に火が入るようにすること。室温で冷ます。

❷ 卵白をミキサーボウルに入れ、グラニュー糖の1/3量を加えて中高速の
ミキサーで泡立てる。

❸ 全体が泡立ってボリュームが出てきたら、残りのグラニュー糖を3回に分
けて加え、そのつどしっかり泡立てる。モコモコとふんわり泡立ち、攪拌し
ているとメレンゲの塊ができる状態が目安（A）。

＊ダックワーズとしては砂糖の配合が多いので、しっかり泡立てること。

❹ ③と並行して、合わせてふるった粉糖 A、準強力粉、アーモンドパウ
ダーに①を加え、混ぜ合わせる。

＊準強力粉を使用し、薄力粉を使用したものよりも歯ごたえのあるダック
ワーズに仕上げる。

❺ ③をボウルに移し入れ、ゴムべらで少しほぐして塊をなくす。④を加え
ながらゴムべらで混ぜ合わせる（B）。

❻ オーブンペーパーを貼りつけた天板2枚に⑤を885ｇずつ流し入れる。L
字パレットナイフで平らにならす。

❼ 2枚のうち1枚（底生地用）に、粉糖 B をまんべんなくふる。そのままし
ばらく置いて溶けたら、ココナッツファイン B を軽くふる（C）。

❽ 180℃のコンベクションオーブンで約8分焼く（D）。

クレーム・パッション

❶ 生クリームを鍋に入れ、火にかけて沸騰させる

❷ ①と並行して、パッションフルーツのピュレを別の鍋に入れ、火にかけ
て沸騰させる。

❸ ①と並行して、卵黄をボウルに入れて泡立て器で溶きほぐし、グラ
ニュー糖を加え混ぜる。

❹ ①を③に加え混ぜ、続いて②を加え混ぜる（A・B）。

❺ ①の鍋に④を戻し入れ、クレーム・アングレーズの要領で、泡立て器で
混ぜながら強火にかけて、82℃になるまで炊く（C）。

❻ 火から下ろして、ふやかした板ゼラチンを加えて混ぜ溶かし、網で漉し
てボウルに入れる。ボウルの底に氷水を当てて、時折混ぜながら20℃にな
るまで冷やす。

❼ OPP シートを敷いた天板に57×37㎝のカードル型をのせて⑥を流し入
れ、L字パレットナイフで平らにならす（D）。ショックフリーザーで冷凍する。

クーリ・ド・マングー

❶ マンゴーのピュレの半量を鍋に入れ、グラニュー糖を加える。泡立て器
で混ぜながら火にかけ、沸騰させる（A）。

❷ 火から下ろし、ふやかした板ゼラチンを加えて混ぜ溶かす。

❸ ①の残りのマンゴーのピュレ（冷たいもの）を入れたボウルに①を加え、
泡立て器でよく混ぜる（B）。ボウルの底に氷水を当てて、時折混ぜながら
20℃になるまで冷やす。

組み立て①

❶ ダックワーズ・ノワ・ド・ココの端を、57×37cmのカードル型に合わせて牛刀で切り落す。

❷ ①のココナッツファインをふったダックワーズ・ノワ・ド・ココ（底生地用）を、その面を上にして、オーブンペーパーを敷いた板にのせる。温めて溶かしたクーベルチュールを、L字パレットナイフで上面に薄く塗る（A）。室温で固まらせる。

❸ OPPシートを敷いた天板に57×37cmのカードル型をのせる。コルネにクーリ・ド・マングーを入れ、円を重ねるようにランダムに描いて、OPPシートに模様をつける（B）。

❹ ③の上に、パッションフルーツの種をところどころ散らす（C）。ショックフリーザーで冷凍する。

❺ 冷凍したクレーム・パッションの上に、残りのクーリ・ド・マングーを流し入れ、L字パレットナイフで平らにならす（D）。

❻ ①のココナッツファインをふっていないダックワーズ・ノワ・ド・ココ（中生地用）を、焼き面を下にして⑤にかぶせる。オーブンペーパーをはがし、上から手のひらで軽く押さえて接着する（E）。ショックフリーザーで冷凍する。

❼ ⑥をショックフリーザーから取り出し、型と生地の間にペティナイフを差し入れて、型をはずす。オーブンペーパーを敷いた板に上下を返してのせ（OPPシートは貼りつけたままにする）、ショックフリーザーで冷凍する（F）。

ムース・ア・ラ・ノワ・ド・ココ

❶ グラニュー糖と水を鍋に入れ、火にかけて121℃になるまで煮詰める。

❷ 卵白をミキサーボウルに入れ、高速のミキサーで撹拌しながら①を注ぎ入れる（A）。そのまま撹拌を続けてしっかり泡立てる。ミキサーから下ろし、冷凍庫にミキサーボウルごと入れ、17℃になるまで冷やす。

❸ ココナッツのピュレの半量を鍋に入れ、火にかけて沸騰させる。

❹ ③を火から下ろし、ふやかした板ゼラチンを加えて泡立て器で混ぜ溶かす（B）。

❺ ③の残りのココナッツのピュレ（冷たいもの）を入れたボウルに④を加え、泡立て器でよく混ぜる（C）。ボウルの底に氷水を当てて、時折混ぜながら22℃になるまで冷やす。ココナッツのリキュールを加え混ぜる（D）。

❻ ②に⑤を1/4量ずつ加え、そのつど泡立て器でよく混ぜ合わせる（E）。

❼ 生クリームをボウルに入れて7分立てに泡立て、⑥を加えながら泡立て器で均一な状態になるまで混ぜ合わせる（F）。ゴムべらに替え、ムラのないよう混ぜ合わせる。

組み立て②、仕上げ

❶ 〈組み立て①〉④で、OPPシートにクーリ・ド・マングーで模様を描いて冷凍したカードル型を取り出し、ムース・ア・ラ・ノワ・ド・ココをレードルで1400g流し入れる。L字パレットナイフで平らにならしたのち、天板ごと手で軽くゆすって平らにする（A）。

❷ 〈組み立て①〉⑦で重ねて冷凍したダックワーズ・ノワ・ド・ココ、クーリ・ド・マングー、クレーム・パッションを取り出し、ダックワーズ・ノワ・ド・ココを下にして①にかぶせる（B）。上から手のひらで押さえて平らにし、OPPシートをはがす。

❸ ①の残りのムース・ア・ラ・ノワ・ド・ココを②に流し入れ、L字パレットナイフで平らにならす（C）。

❹ 〈組み立て①〉②でクーベルチュールを塗ったダックワーズ・ノワ・ド・ココ（底生地用）を、クーベルチュールを塗った面を上にしてかぶせる。上から手のひらで軽く押さえて密着させたのち、網を裏返してのせ、手で軽く押さえて平らにする。ラップフィルムをかけてショックフリーザーで冷凍する。

❺ ④をショックフリーザーから取り出し、ガスバーナーで側面を軽く温め、型をはずす（D）。

❻ オーブンペーパーをかぶせ、板をのせて上下を返し、上の天板をはずしてOPPシートをはがす。上面にナパージュ・ヌートルをのせ、L字パレットナイフで薄く塗り広げる（E）。

❼ 平刃包丁で10×2.5cmに切り、オーブンペーパーを敷いた板に並べる。

❽ 上面にグロゼイユを3粒飾る。水アメをコルネに入れてグロゼイユの上に露のように絞る（F）。

Fromage Fraise

フロマージュ フレーズ

クリームチーズにほろ苦いグレープフルーツを合わせてみたくな
り、つくりました。土台のタルトはクリームチーズのアパレイユ
に加えたココナッツと、薄く塗ったレモンのマルムラッドが隠し
味。その上にクリームチーズにグレープフルーツを混ぜたムース
をのせ、グレープフルーツのコンフィを中にしのばせました。そ
こに加えたのが、イチゴのコンフィです。甘さのある味と香り
によって、さわやかさのなかにメリハリが生まれ、プチプチした
種の食感がアクセントを与えています。

Fromage Fraise

◉パート・シュクレ

Pâte Sucrée（→ p.254）　約500g

◉マルムラッド・シトロン

Marmelade Citron（→ p.262）　240g

◉アパレイユ・ア・フロマージュ

Appareil à Fromage

クリームチーズ

fromage à la crème　500g

グラニュー糖　sucre semoule　110g

全卵　œufs　73g

薄力粉　farine ordinaire　11g

コーンスターチ　fécule　11g

ココナッツのピュレ

purée de noix de coco　31g

レモン果汁　jus de citron　22.5g

すりおろしたレモンの皮（細かい目）

zestes de citron râpés fins　1個分

◉ビスキュイ・ダマンド・シトロン

Biscuit d'Amande Citron

（60×40㎝の天板1枚分）

パート・ダマンド　pâte d'amandes　400g

グラニュー糖A　sucre semoule　41g

全卵　œufs　268g

卵黄　jaunes d'œufs　38g

卵白　blancs d'œufs　160g

グラニュー糖B　sucre semoule　64g

すりおろしたレモンの皮（細かい目）

zestes de citron râpés fins　½個分

強力粉　farine gruau　80g

バター　beurre　120g

◉コンフィ・ド・フレーズ

Confit de Fraise（つくりやすい分量）

イチゴ　fraises　500g

グラニュー糖　sucre semoule　70g

LMペクチン　pectine　10g

＊「ルージュ フレーズ」のコンフィ・ド・フレーズ（→ p.111）を
参照してつくる。

◉コンフィ・ド・パンプルムース

Confit de Pamplemousse

グレープフルーツ　pamplemousse　400g

グラニュー糖　sucre semoule　56.6g

LMペクチン　pectine　10.6g

板ゼラチン　feuilles de gélatine　3.4g

◉ムース・オ・フロマージュ・パンプルムース

Mousse au Fromage Pamplemousse

グレープフルーツ果汁

jus de pamplemousse　24g

グラニュー糖　sucre semoule　115g

卵黄　jaunes d'œufs　64g

クリームチーズ　fromage à la crème　347g

粉糖　sucre glace　21.3g

すりおろしたグレープフルーツの皮（細かい目）

zestes de pamplemousse râpés fins　⅓個分

板ゼラチン　feuilles de gélatine　12.7g

生クリーム（乳脂肪分35％）

crème fraîche 35% MG　347g

◉その他　Autres Éléments

ナパージュ・ヌートル　nappage neutre　適量

クレーム・シャンティイ

crème Chantilly（→ p.260）　適量

ココナッツファイン　noix de coco râpée　適量

La Composition

1 コンフィ・ド・フレーズ

2 ムース・オ・フロマージュ・パンプルムース

3 コンフィ・ド・パンプルムース

4 ビスキュイ・ダマンド・シトロン

5 クレーム・シャンティイ

6 アパレイユ・ア・フロマージュ

7 マルムラッド・シトロン

8 パート・シュクレ

アパレイユ・ア・フロマージュ

❶ 室温に戻したクリームチーズをフードプロセッサーにかけ、時折ゴムべらでシリンダーの側面についたクリームチーズを払い落しながら撹拌し、なめらかな状態にする。グラニュー糖を加え、同様にして混ざるまで撹拌する（A）。

❷ 溶きほぐした全卵を加え、①と同様にして混ざるまで撹拌する（B）。

❸ 合わせてふるった薄力粉とコーンスターチを加え、撹拌する。いったんゴムべらでシリンダーの側面についた生地を払い落す。

❹ ココナッツのピュレを加え、①と同様にして混ざるまで撹拌する。レモン果汁を加え、①と同様にして混ざるまで撹拌する。

❺ レモンの皮をすりおろしながら加え、均一な状態になるまで撹拌する（C）。

❻ ボウルに移し入れ、ゴムべらでなめらかな状態になるまで混ぜる（D）。

パート・シュクレの成形、焼成／組み立て①

❶ パート・シュクレ（→ p.254）をパイシーターで厚さ2mmにのばし、直径10cmの円形の抜き型で抜く。直径7cm、高さ1.5cmのタルトリング型に敷き込み（フォンサージュ→ p.259）、シルパンを敷いた天板に並べる。

❷ 160℃のコンベクションオーブンで約20分焼く。そのまま室温で冷ます（A）。

❸ ②にマルムラッド・シトロン（→ p.262）を8gずつ入れ、ティースプーンの背で薄く塗り広げる（B）。シルパットを敷いた天板に並べる。

❹ 口径9mmの丸口金をつけた絞り袋にアパレイユ・ア・フロマージュを入れ、③の中に、半分より少し高めのところまで平らに絞り入れる（C）。

❺ 140℃のコンベクションオーブンで約17分焼く。そのまま室温で冷ます（＝土台）（D）。

ビスキュイ・ダマンド・シトロン

❶ 「ルージュ フレーズ」のビスキュイ・ダマンド・シトロン・ヴェール①〜⑫（→ p.110）を参照してつくる。ただし、すりおろしたライムの皮の代わりに、すりおろしたレモンの皮を使用する。

❷ 板の上にオーブンペーパーを敷き、①を焼き面を下にしてのせる。オーブンペーパーをはがし、直径5cmの円形の抜き型で抜く（A・B）。

コンフィ・ド・パンプルムース

❶ グレープフルーツの実をカルチェ（ひと房ごと）に切って鍋に入れ、混ぜ合わせたグラニュー糖とLMペクチンをふり入れて、ゴムべらでざっと混ぜる（A）。

❷ 中火にかけて、ゴムべらで混ぜながら加熱する。沸騰してからさらに2〜3分加熱し、ゴムべらで混ぜていると底が見える状態になったら（B）、火を止めてふやかした板ゼラチンを混ぜ溶かす。

＊グレープフルーツの実は煮崩れてよい。

❸ ボウルの底に氷水を当てて、とろみがつくまで冷やす（C）。

❹ 直径4cm、高さ2cmのプティフール型（ロンド（円）、フレキシパン）を天板にのせ、③をスープスプーンで型の半分の高さまで流し入れる（D）。ショックフリーザーで冷凍する。残りのコンフィ・ド・パンプルムースは室温で取り置く。

組み立て②

❶ 〈組み立て①〉⑤の土台に、コンフィ・ド・フレーズ（→ p.111）をタルトいっぱいの高さまで入れ（約18gが目安）、小さいL字パレットナイフで平らにならす（A）。ショックフリーザーで冷凍する。

❷ 直径6.5cm、高さ3.5cmの半球型を傾けて、コンフィ・ド・フレーズをティースプーンで1杯分（約7g）ずつ入れる。フレキシパンの上に傾けた状態で置く。

❸ ②の型の側面に、コンフィ・ド・パンプルムースをティースプーンでまだらに数ヵ所、少量ずつつける。フレキシパンの上に傾けた状態で置き、ショックフリーザーで冷凍する（B）。

ムース・オ・フロマージュ・パンプルムース

❶ グレープフルーツ果汁とグラニュー糖を鍋に入れ、火にかけて、泡立て器で混ぜながら沸騰させる。

❷ ①と並行して、耐熱ボウルに卵黄を入れて泡立て器で溶きほぐす。

❸ ①を②に注ぎ入れながら泡立て器で混ぜる（A）。

❹ ③にラップフィルムをかけて、電子レンジで82℃になるまで温める。時折泡立て器で混ぜて温度を計り、全体を均一に温める。

❺ 網で漉してミキサーボウルに入れ、中低速のミキサーでしっかり空気を含んで白っぽくなるまで泡立てる（パータ・ボンブ）（B）。

＊通常、パータ・ボンブをつくる際は、溶きほぐした卵に121℃に熱したシロップを注ぎ入れながらミキサーで泡立てる。しかし、この方法ならばシロップがミキサーボウルに飛び散らず、確実に卵液全体の温度を上げることができる。

❻ クリームチーズを電子レンジで軽く温めてボウルに入れ、ポマード状になるまで泡立て器で混ぜる。粉糖を加え混ぜる（C）。

❼ グレープフルーツの皮をすりおろしながら加え、泡立て器で混ぜ合わせる（D）。

❽ ふやかした板ゼラチンをボウルに入れて湯煎にかけて溶かし、⑦をひとすくい加えて泡立て器でよく混ぜる。そのまま湯煎で40℃になるまで温める。

❾ ⑧を⑦に戻し入れ、泡立て器で混ぜ合わせる。続いて⑤を加えて、気泡をできるだけ潰さないよう、ふんわり混ぜ合わせる（E）。

❿ 7分立てにした生クリームを⑨に加えながら、泡立て器で混ぜ合わせる（E）。ざっと混ざったらゴムべらに替え、均一な状態になるまで混ぜ合わせる。

組み立て③、仕上げ

❶ 口径13mmの丸口金をつけた絞り袋にムース・オ・フロマージュ・パンプルムースを入れ、〈組み立て②〉③で冷凍した半球型に、半分ほどの高さまで絞り入れる（A）。ティースプーンの背で型の側面に添わせ、すり鉢状に整える。

❷ 冷凍したコンフィ・ド・パンプルムースをフレキシパンからはずす。①にのせて、指でぐっと押して沈ませる（B）。

❸ ①の残りのムース・オ・フロマージュ・パンプルムースを②の上に少量絞り入れ（C）、ティースプーンの背で浅いすり鉢状に整える。

❹ ビスキュイ・ダマンド・シトロンを焼き面を下にして③にのせ、指で上から軽く押さえて密着させる（D）。隙間からあふれ出たムース・オ・フロマージュ・パンプルムースを、小さいL字パレットナイフで平らにならし、余分をすり切って取り除く。ショックフリーザーで冷凍する。

＊全体が平らになっていないと、土台にきれいにのせられないので、念入りに行うこと。

❺ ④を手で持ち、型をさっと湯に浸す。ビスキュイの上を指先でぐっと押さえ、クルッと回転させるようにして型をはずす。ラップフィルムを敷いて網をかぶせた天板の上にのせる。

❻ ナパージュ・ヌートルを耐熱ボウルに入れ、電子レンジで35℃になるまで温める。レードルで⑤の上にかける（E）。網ごと手で持って軽く天板に打ちつけたのち、小さいL字パレットナイフを使って網の上を滑らせるようにして、裾に溜まった余分なナパージュを落す。

＊非加熱タイプのナパージュ・ヌートルを使用するが、温めることでやわらかくなり、作業がしやすくなる。

❼ 〈組み立て②〉①の土台の上面に、クレーム・シャンティイ（→ p.260）をパレットナイフで薄く塗る（F）。

❽ 小さいL字パレットナイフで⑥を⑦にのせる（G）。

❾ 土台のパート・シュクレの側面に、ナパージュ・ヌートル（温めていないもの）を刷毛で塗る。ココナッツファインを手のひらですくい、その上に押し当てててまぶしつける（H）。

Tout Chocolat

トゥー ショコラ

シンプルなお菓子には、複雑なお菓子とはまた違う魅力があります。「トゥー ショコラ」はその名の通り、すべてのパーツがチョコレート味。苦みと口溶けのよさを追求し、ビターなカカオの風味が強いヴァローナのクーベルチュール、「P125 クール・ド・グアナラ」を使用することにしました。クレムー・ショコラはさらっとした口溶けで、シュトロイゼル・ショコラのホロッとした食感と、ほのかな塩味が心地よくマッチ。見た目も無駄をそぎ落し、味とリンクしたシャープなデザインに仕上げています。

◉シュトロイゼル・ショコラ
Streuzel Chocolat

クーベルチュール（ビター、カカオ分125％、ヴァローナ「P125 クール・ド・グアナラ」）

couverture noir 125％　140g

バター　beurre　220g

カソナード　cassonade　220g

アーモンドパウダー

amandes en poudre　220g

海塩　sel de mer　3g

薄力粉　farine ordinaire　230g

◉ビスキュイ・ショコラ・サン・ファリーヌ
Biscuit Chocolat sans Farine

卵白　blancs d'œufs　320g

乾燥卵白　blancs d'œufs en poudre　2g

グラニュー糖　sucre semoule　296g

卵黄　jaunes d'œufs　224g

カカオパウダー　cacao en poudre　72g

◉クレムー・ショコラ
Crémeux Chocolat

生クリーム（乳脂肪分35％）

crème fraîche 35% MG　1216g

牛乳　lait　1216g

卵黄　jaunes d'œufs　480g

グラニュー糖　sucre semoule　242g

クーベルチュール（ビター、カカオ分125％、ヴァローナ「P125 クール・ド・グアナラ」）

couverture noir 125％　978g

◉ガナッシュ・オ・ショコラ
Ganache au Chocolat（つくりやすい分量）

生クリーム（乳脂肪分35％）

crème fraîche 35% MG　100g

クーベルチュール（ビター、カカオ分66％、ヴァローナ「カライブ」）

couverture noir 66％　100g

バター　beurre　40g

◉その他　Autres Éléments

グラサージュ・ショコラ・ノワール

glaçage chocolat noir（→ p.266）　適量

細長い三角形のクーベルチュールの薄板

triangle rectangle de chocolat（→ p.269）　適量

La Composition

1 グラサージュ・ショコラ・ノワール

2 クレムー・ショコラ

3 ビスキュイ・ショコラ・サン・ファリーヌ

4 ガナッシュ・オ・ショコラを塗った、シュトロイゼル・ショコラ

つくり方

シュトロイゼル・ショコラ

❶ クーベルチュールをボウルに入れ、湯煎にかけて溶かし、40℃に調整する。室温に戻してやわらかくしたバターを加え、泡立て器でよく混ぜる。

❷ カソナード、アーモンドパウダー、海塩、ふるった薄力粉を加え、ゴムべらで底からすくい上げるようにして、しっかり混ぜ合わせる（A）。

❸ ②があらかた混ざったら、ボウルの側面についた生地をカードで払い落し、両手で揉み込むようにして混ぜて均一な状態にする（B）。

❹ 手でひとまとまりにしてラップフィルムを敷いた天板にのせ、上から押さえて平らにならす。ラップフィルムをかけ、冷蔵庫で1日休ませる（C）。

❺ パイシーターで厚さ3mmにのばし、直径24cmのセルクル型で抜く。

❻ シルパンを敷いた天板にのせ、160℃のコンベクションオーブンで約15分焼く（D）。

ビスキュイ・ショコラ・サン・ファリーヌ

❶ 卵白をミキサーボウルに入れ、乾燥卵白とグラニュー糖の1/2量を加え、中高速のミキサーで泡立てる。

❷ 全体が泡立ってボリュームが出てきたら、残りのグラニュー糖を2回に分けて加え、そのつどしっかり泡立てる。仕上がりは艶よく、しっかり角が立つ状態が目安。砂糖の配合が多いので、きちんと泡立てること。

❸ ②をミキサーから下ろして泡立て器でざっと混ぜたのち、卵黄を加えながら均一な状態になるまで混ぜ合わせる（A）。

❹ ふるったカカオパウダーを加えながら、ゴムべらで均一な状態になるまで混ぜ合わせる（B）。

❺ 直径24cm、高さ5cmのセルクル型を、シルパットを敷いた天板にのせ、④を225gずつ流し入れる。カードで平らにならす（C）。

❻ 170℃のコンベクションオーブンで約10分焼く。

❼ オーブンから出したらすぐ、型と生地の間にペティナイフを差し入れて1周し、型をはずす。両脇に高さ1cmのバールを置き、オーブンペーパーをかぶせて板をのせる。上から手のひらでやさしく押さえ、バールの高さに合わせて平らにしたのち、室温で冷ます（D）。

クレムー・ショコラ

❶ 生クリームと牛乳を鍋に入れ、火にかけて沸騰させる。

❷ ①と並行して、卵黄をボウルに入れ、グラニュー糖を加えて泡立て器でよく混ぜる。

❸ ①の1/3量を②に加え、泡立て器でよく混ぜる。これを①の鍋に戻し入れ、クレーム・アングレーズの要領で、ゴムべらで混ぜながら82℃になるまで炊く（A）。

❹ クーベルチュールを入れたボウルに、③をシノワで漉しながら注ぎ入れる（B）。クーベルチュールが少し溶けてくるまで、そのまま室温に数分置く。

❺ 泡立て器で中心からすり混ぜて、徐々に周りに広げて全体を混ぜる（C）。

❻ あらかた混ざったら、スティックブレンダーで撹拌し、艶よくなめらかな状態になるまで乳化させる（D）。

❼ ボウルの底に氷水を当てて、ゴムべらで混ぜながら25〜26℃になるまで冷やす。

組み立て①

❶ ビスキュイ・ショコラ・サン・ファリーヌを裏返し、焼き面を下にする。

❷ OPPシートを貼りつけた天板に直径24cm、高さ5cmのセルクル型をのせ、クレムー・ショコラを1000gずつ流し入れる（A）。

❸ ①をかぶせて指で軽く押さえ、密着させる（B）。ショックフリーザーで冷凍する。

ガナッシュ・オ・ショコラ

❶ 生クリームを鍋に入れ、火にかけて、泡立て器で混ぜながら沸騰させる。

❷ クーベルチュールをボウルに入れ、①を注ぎ入れる（A）。そのまま少し置いて、泡立て器でざっと混ぜた後、中心からすり混ぜて、徐々に周りに広げて全体を混ぜる（B）。

❸ そのまま室温で38℃になるまで冷まし、室温に戻してやわらかくしたバターを加える（C）。スティックブレンダーで撹拌し、艶よくなめらかな状態になるまで乳化させる（D）。

組み立て②、仕上げ

❶ ガナッシュ・オ・ショコラを、シュトロイゼル・ショコラの片面に、L字パレットナイフで薄く塗り広げる（A）。

❷ 〈組み立て①〉③で冷凍した本体を取り出し、上下を返してOPPシートをはがす。ガスバーナーで側面を軽く温めて、型をはずす。

❸ ①に②をのせ（B）、はみ出したシュトロイゼルをペティナイフでそっと砕くようにして切り落す。網をのせた天板の上にのせる。

❹ 35℃に温めてスティックブレンダーで撹拌したグラサージュ・ショコラ・ノワール（→ p.266）を、③に中央からたっぷりかける。すぐにL字パレットナイフを上面に滑らせて、余分なグラサージュを落す（C）。網ごと持ち上げて天板に軽くトントンと打ちつけ、余分なグラサージュを落す。

❺ ④を別の網に移し、ショックフリーザーでグラサージュを冷やし固める。

❻ 平刃包丁をガスバーナーで軽く温め、24等分に切り分ける。

❼ ⑥の側面に、細長い三角形のクーベルチュールの薄板（→ p.269）を貼りつける（D）。

Flamme

フラム

スコッチウィスキーを飲んで浮かんだのが、クリとの組み合わせ
と炎のイメージ。それをなんとか具現化しようと、オリジナル
の型をつくって生まれたのが、フランス語で炎を意味する「フラ
ム」です。口溶けのよいクレーム・オ・ブール、それぞれ異なる2
種のムースとビスキュイ、マロン・グラッセによって、クリとウィ
スキーの香りを繊細に重ねています。ウィスキーは、まろやかで
甘みのある「ザ・マッカラン」を選択。ムラング・イタリエンヌの先
を炎のように尖らせて、スタイリッシュに仕上げました。

⊙マロン・グラッセ・オ・ウィスキー
Marron Glacé au Whisky（つくりやすい分量）
シロップ漬けのクリ（細かいブロークン。アンベール「マロンインシロップ ブリジュア」）
marrons confits au sirop　適量
ウィスキー（ザ・マッカラン「ザ・マッカラン 12年」）
whisky　適量
＊シロップ漬けのクリを容器に入れ、全体が浸る程度にウィスキーを注ぎ、冷蔵庫で1日漬けておく。

⊙ビスキュイ・マロン（中生地用）
Biscuit Marron（60×40cmの天板・1枚分）
卵白　blancs d'œufs　273g
グラニュー糖A　sucre semoule　73g
パート・ド・マロン　pâte de marrons　150g
パート・ダマンド　pâte d'amandes　252g
グラニュー糖B　sucre semoule　34g
全卵　œufs　155g
卵黄　jaunes d'œufs　135g
薄力粉　farine ordinaire　50g
ベーキングパウダー　levure chimique　2.5g
バター　beurre　45g

⊙ビスキュイ・マロン（底生地用）
Biscuit Marron（60×40cmの天板・1枚分）
パート・ド・マロン　pâte de marrons　330g
バター　beurre　330g
グラニュー糖　sucre semoule　270g
ヴァニラペースト　pâte de vanille　適量
全卵　œufs　230g
薄力粉　farine ordinaire　130g
ベーキングパウダー　levure chimique　3g
シロップ漬けのクリ（細かいブロークン。アンベール「マロンインシロップ ブリジュア」）
marrons confits au sirop　200g

⊙クレーム・オ・ブール
Crème au Beurre（つくりやすい分量）
卵白　blancs d'œufs　74g
グラニュー糖A　sucre semoule　140g
水　eau　28g
牛乳　lait　120g
ヴァニラビーンズ　gousse de vanille　⅕本
卵黄　jaunes d'œufs　80g
グラニュー糖B　sucre semoule　90g
バター　beurre　500g

⊙クレーム・オ・ブール・マロン
Crème au Beurre Marron（つくりやすい分量）
パート・ド・マロン　pâte de marrons　1000g
クレーム・オ・ブール　crème au beurre　500g

⊙ムース・オ・ウィスキー
Mousse au Whisky（約50個分）
グラニュー糖　sucre semoule　57g
水　eau　43g
卵黄　jaunes d'œufs　86g
生クリーム（乳脂肪分35％）
crème fraîche 35% MG　265g
ウィスキー（ザ・マッカラン「ザ・マッカラン 12年」）
whisky　67g
板ゼラチン　feuilles de gélatine　10g

⊙アンビバージュ
Sirop d'Imbibage（つくりやすい分量）
ボーメ30°のシロップ
sirop à 30° B（→ p.261）　100g
ウィスキー（ザ・マッカラン「ザ・マッカラン 12年」）
whisky　32g
水　eau　10g
＊すべての材料を混ぜ合わせる。

⊙ムース・オ・マロン・ウィスキー
Mousse au Marron Whisky（約50個分）
パート・ド・マロン　pâte de marrons　141g
クレーム・ド・マロン　crème de marrons　165g
生クリームA（乳脂肪分35％）
crème fraîche 35% MG　37g
ウィスキー（ザ・マッカラン「ザ・マッカラン 12年」）
whisky　30g
板ゼラチン　feuilles de gélatine　5.3g
生クリームB（乳脂肪分35％）
crème fraîche 35% MG　405g

⊙ムラング・イタリエンヌ
Meringue Italienne（つくりやすい分量）
グラニュー糖　sucre semoule　300g
水　eau　75g
卵白　blancs d'œufs　150g

⊙その他　**Autres Éléments**
クレーム・シャンティイ
crème Chantilly（→ p.260）　適量

La Composition

1 ムラング・イタリエンヌ
2 ムース・オ・ウィスキー
3 クレーム・シャンティイ
4 クレーム・オ・ブール・マロン
5 ムース・オ・マロン・ウィスキー
6 ビスキュイ・マロン（中生地用）
7 マロン・グラッセ・オ・ウィスキー
8 アンビバージュを打った、ビスキュイ・マロン（底生地用）

ビスキュイ・マロン（中生地用）

❶ 卵白とグラニュー糖 A をミキサーボウルに入れ、低速で泡立てる。

❷ ①と並行して、パート・ド・マロンとパート・ダマンドを別のミキサーボウルにちぎり入れ、グラニュー糖 B を加え、ビーターをつけた中低速のミキサーで撹拌する。途中、ビーターやミキサーボウルの側面についた生地を払い落す。

❸ 合わせた全卵と卵黄を②に少量（全卵1個分が目安）加え、中速で均一な状態になるまで撹拌する（A）。ミキサーから下ろしてビーターやミキサーボウルの側面についた生地をゴムべらで払い落し、ダマが残らないよう混ぜる。

❹ ③を再びミキサーにかけ、残りの全卵と卵黄を少量加え、中速で混ぜる。

❺ ④の残りの全卵と卵黄をすべて加え、中速で均一な状態になるまで撹拌する。ミキサーからいったん下ろし、湯煎にかけて泡立て器で混ぜながら40℃になるまで温める（B）。

❻ ⑤をビーターをつけた高速のミキサーにかけ、空気を含んで白っぽくなり、持ち上げるとリボン状に流れ落ちる状態になるまで泡立てる（C）。

❼ ①がしっかり泡立ったら、高速で少し撹拌してメレンゲを締める。

❽ ⑥に⑦をすべて入れ、ゴムべらでざっと混ぜる（D）。

❾ 合わせてふるった薄力粉とベーキングパウダーを⑧に加え混ぜる。

❿ 溶かしたバターに⑨をひとすくい加え、泡立て器でよく混ぜる。

⓫ ⑩を⑨に戻し入れる。ゴムべらで少し艶が出てくるまでよく混ぜる。

⓬ オーブンペーパーを貼りつけた天板に⑪を流し入れ、L字パレットナイフで平らにならす（E）。

⓭ 160℃のコンベクションオーブンで約12分焼く。オーブンペーパーごと網にのせ、焼き面にラップフィルムを貼りつけて室温で冷ます（F）。使用する直前にラップフィルムと一緒に焼き色のついた生地の表面をはがす（→ p.259）。

ビスキュイ・マロン（底生地用）

❶ パート・ド・マロンをミキサーボウルにちぎり入れ、ビーターをつけた中速のミキサーで撹拌してざっとなめらかにする。

❷ 室温に戻したバターの2/3量を、適当な大きさに切って加え、中速で撹拌する（A）。あらかた混ざったら、残りのバターも適当な大きさに切って加え、中速で均一な状態になるまで撹拌する。ミキサーから下ろし、ビーターやミキサーボウルの側面についた生地をゴムべらで払い落す。

❸ ②を再びミキサーにかけ、グラニュー糖を加えて中高速で撹拌する。ヴァニラペーストを混ぜた全卵の半量を加え、空気を含ませるイメージで泡立てる（B）。

❹ ③の残りの全卵も加え、中高速で撹拌して泡立てて空気を含ませる。

❺ 合わせてふるった薄力粉とベーキングパウダーを加える（C）。低速で撹拌して少しグルテンを出した後、少しだけ中速で撹拌し、均一な状態にする。

❻ シロップ漬けのクリをボウルに入れ、⑤をゴムべらでひとすくい加えてよく混ぜる（D）。これを⑤に戻し入れ、ゴムべらで均一な状態になるまで混ぜる。

❼ オーブンペーパーを貼りつけた天板に⑥を流し入れ、L字パレットナイフで平らにならす（E）。

❽ 160℃でのコンベクションオーブンで約15分焼く（F）。オーブンペーパーごと網にのせて室温で冷ましたのち、ショックフリーザーで半冷凍する。

クレーム・オ・ブール

❶ 卵白をミキサーボウルに入れ、中高速のミキサーで7分立てに泡立てる。

❷ ①と並行して、グラニュー糖と水Aを鍋に入れ、121℃になるまで加熱する。

❸ ①に②を注ぎ入れながら、高速で泡立てる（A）。しっかり泡立ったら中速にして、しっかり冷めるまで撹拌を続ける。

❹ 牛乳と、ヴァニラビーンズの種と鞘を鍋に入れ（B）、火にかけて沸騰させる。

❺ ④と並行して、ボウルに卵黄を入れ、グラニュー糖Bを加えて泡立て器でよく混ぜる。

❻ ④の半量程度を⑤に注ぎ入れ、泡立て器でよく混ぜる（C）。これを④に戻し入れ、弱火にかけて、クレーム・アングレーズの要領で、ゴムべらで混ぜながら85℃になるまで炊く（D）。

❼ ⑥を漉してボウルに入れ、ボウルの底に氷水を当てて、ゴムべらで混ぜながら25℃になるまで冷やす（E）。

❽ ⑦と並行して、室温に戻したバターをミキサーボウルに入れ、ビーターをつけた低速のミキサーでポマード状になるまでやわらかくする。

❾ ミキサーを止めて⑦の半量を⑧に注ぎ入れ、低速で混ぜる（F）。ビーターやミキサーボウルの側面についたクリームをゴムべらで払い落す。

＊バターが溶けることも固まることもなく、スムーズに混ざるよう、⑦と⑧の温度を25〜30℃に調整しておくこと。

❿ ⑨を低速で撹拌しながら残りの⑦を加え、なめらかで均一な状態になるまで混ぜ合わせる。

⓫ ③を⑩に加え、低速で混ぜ合わせる（G）。ざっと混ざったらいったんミキサーを止め、ビーターやミキサーボウルの側面についたクリームをゴムべらで払い落す。再び低速で撹拌し、均一な状態になるまでしっかり混ぜ合わせる（H）。

＊バターが溶けないよう、③のムラング・イタリエンヌはしっかり冷ましておくこと。

⓬ ラップフィルムをかけて密着させ、冷蔵庫で冷やし固める。

クレーム・オ・ブール・マロン

❶ パート・ド・マロンを適当な大きさに砕いてミキサーボウルに入れ、ビーターをつけた低速のミキサーでざっと撹拌し、なめらかな状態にする。

❷ クレーム・オ・ブールを適当な大きさに切り分けて①に加え、低速でなめらかな状態になるまで混ぜる（A）。

❸ ②が均一でなめらかな状態になったら中速にして、白っぽくなるまで泡立てる（B）。

ムース・オ・ウィスキー

❶ グラニュー糖と水を鍋に入れ、沸騰させる。

❷ 卵黄を耐熱ボウルに入れ、①を注ぎ入れながら泡立て器でよく混ぜたのち、電子レンジで82℃になるまで加熱する。

❸ ②を網で漉してミキサーボウルに入れ、中速のミキサーで泡立てる（パータ・ボンブ）（A）。

❹ ③を7分立ての生クリームを入れたボウルに加え、泡立て器で混ぜる（B）。

❺ ③～④と並行して、ウィスキーを別のボウルに入れ、ふやかした板ゼラチンを加える。これを湯煎にかけて溶かし、60℃に調整する。

❻ ⑤に④を泡立て器でひとすくい入れ、よく混ぜる。これを④に戻し入れ、泡立て器でムラのないよう混ぜ合わせる（C）。

❼ 口径9mmの丸口金をつけた絞り袋に⑥を入れ、3.5×3.5cm、高さ2.3cmの四角錐型（ミニピラミッド、フレキシパン）に絞り入れる。L字パレットナイフで平らにならす（D）。ショックフリーザーで冷凍する。

組み立て①

❶ 4.5×4.5cm、高さ4.5cmの角型の内側に、クレーム・オ・ブール・マロンを小さいパレットナイフで、厚さ5mmに塗りつける（A）。1面ずつ塗りつけていき、余分なクリームをていねいにこそぎ取ってから、はみ出したクリームをすり落す。冷凍庫で冷やし固める。

＊塗り方が薄いとはがれてしまううえ、味も薄くなる。

❷ ビスキュイ・マロン（中生地用）を裏返してオーブンペーパーをはがし、平刃包丁で3.5×3.5cmに切り分ける（B）。

❸ ビスキュイ・マロン（底生地用）を裏返してオーブンンペーパーをはがし、平刃包丁で4×4cmに切り分ける（C）。

❹ ③の焼き面ではないほうの面に刷毛で軽くアンビバージュを打つ（D）。冷蔵庫に入れておく。

ムース・オ・マロン・ウィスキー

❶ パート・ド・マロンをミキサーボウルに入れ、ビーターをつけた低速のミキサーで撹拌する。クレーム・ド・マロンを2～3回に分けて加え、そのつどダマにならないよう低速でゆっくり、均一な状態になるまで混ぜる（A）。

❷ 50℃に温めた生クリームAを注ぎ入れながら低速で撹拌し、なめらかなペースト状にする（B）。ミキサーから下ろし、ゴムべらでムラのないよう混ぜてからボウルに移し入れる。

❸ ②と並行して、ウィスキーを別のボウルに入れ、ふやかした板ゼラチンを加える。これを湯煎にかけて溶かし、60℃に調整する。

❹ ②の1/4量を③に加え、泡立て器で混ぜる（C）。湯煎にかけ、45℃になるまで温める。

❺ 残りの②を④に加え、泡立て器で混ぜる。混ぜ終わりの温度は32℃。

❻ 生クリームBをボウルに入れ、7分立てに泡立てる。少量を⑤に加え、泡立て器でよく混ぜる。これを生クリームBのボウルに戻し入れ、ゴムべらでムラのないよう混ぜ合わせる（D）。

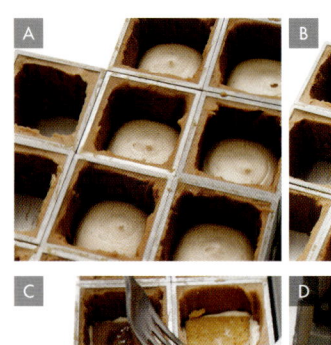

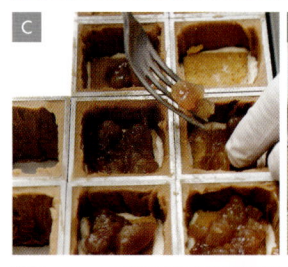
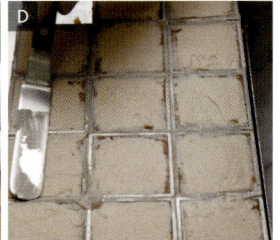

組み立て②

❶ アルコールをスプレーで吹きつけてOPPシートを貼りつけた天板に、〈組み立て①〉①のクレーム・オ・ブール・マロンを塗って冷凍した型を並べる。

❷ 口径9mmの丸口金をつけた絞り袋にムース・オ・マロン・ウィスキーを入れ、①に型の半分の高さよりやや低いところまで絞り入れる（A）。

❸ ビスキュイ・マロン（中生地用）を、焼き面を下にしてかぶせ、指で軽く押さえて密着させる。さらに少し指で押すようにして、ビスキュイ・マロンとクレーム・オ・ブール・マロンの隙間からムース・オ・マロン・ウィスキーが上がってきて、ビスキュイと同じ高さになるようにする（B）。

❹ マロン・グラッセ・オ・ウィスキーをフォークで約10gずつ、③の中央にのせる（C）。

❺ ④の上に、ムース・オ・マロン・ウィスキーを型いっぱいまで絞り入れる。

❻ 小さいL字パレットナイフで平らにならし、余分なムース・オ・マロン・ウィスキーをすり切る（D）。

❼ ビスキュイ・マロン（底生地用）を、焼き面を上にしてかぶせ、指で軽く押さえて接着する（E）。ショックフリーザーで冷凍する。

❽ ⑦を型ごと逆さまにして、ラップフィルムを貼りつけたバットにのせる。

❾ クレーム・シャンティイ（→ p.260）をコルネに入れ、⑧の上面中央に少量絞る。

❿ ムース・オ・ウィスキーを型からはずして⑨の上面中央にのせ、指で軽く押して接着する（F）。ショックフリーザーで冷凍する。

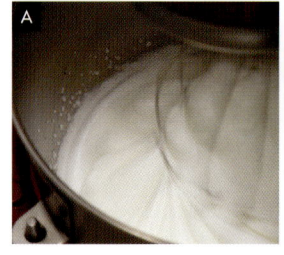

ムラング・イタリエンヌ

❶ グラニュー糖と水を鍋に入れ、火にかけて121℃になるまで加熱する。

❷ 卵白をミキサーボウルに入れ、中高速のミキサーで7分立てになるまで泡立てる（A）。

❸ ①を②に注ぎ入れながら高速で泡立てる。しっかり泡立ったら中速にして、しっかり冷めるまで撹拌を続ける（B）。

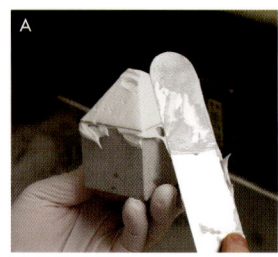
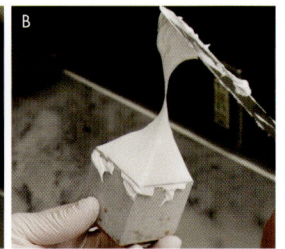

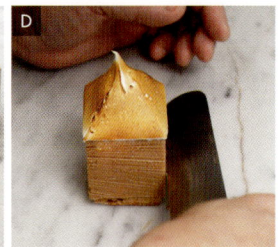

組み立て③、仕上げ

❶ 〈組み立て②〉⑩で冷凍した本体を取り出す。パレットナイフでムラング・イタリエンヌをムース・オ・ウィスキーのまわりに厚く塗りつけたのち、上から斜め下へとパレットナイフを滑らせるようにして、四角垂形に整える（A）。

❷ パレットナイフでムラング・イタリエンヌを少量すくい取り、①のてっぺんにペタンとつけてから引き上げ、角を出す（B）。ペティナイフで型についた余分なムラング・イタリエンヌを取り除く。

❸ ガスバーナーでムラング・イタリエンヌの表面をあぶり、焼き色をつける（C）。

❹ ③を小さい台の上にのせ、角型の側面をガスバーナーで軽く温め、角型を自然に下へ落すようにして型をはずす。冷凍庫で冷やし固める。
＊重力を使って自然に下へ型を落してはずすほうが、エッジがきれいに出る。

❺ ④の下側面のうち、隣り合う2面のみに、ガスバーナーで温めたパレットナイフの刃をトントンと小刻みに押し当てて、横縞模様をつける（D）。

Fusion Chocolat

フュージョン ショコラ

粉もゼラチンも使わず、ショコラのさまざまな風
味や質感を前面に押し出して、融合させました。
まろやかなクレーム・ショコラと、クレーム・ブリュ
レ・トンカ、酸味のあるサバイヨン・マンジャリが
調和し、ビスキュイ・ショコラ・サン・ファリーヌが
カカオ感を主張。ヘーゼルナッツのメレンゲで香
ばしさと軽やかさを加えました。ショコラのお菓
子で大切なのは、きちんと乳化させて口溶けをよ
くすること。そうすれば、カカオの風味はしっか
りしつつ、重たい印象になりません。

Fusion Chocolat

⦿ **クレーム・シャンティイ・オ・ショコラ**
Crème Chantilly au Chocolat
生クリーム A（乳脂肪分35％）
crème fraîche 35% MG　134g
転化糖　sucre inverti　14g
水アメ　glucose　14g
クーベルチュール（ビター、カカオ分66％、ヴァローナ「カライブ」）
couverture noir 66%　133g
生クリーム B（乳脂肪分35％）
crème fraîche 35% MG　269g

⦿ **ムラング・ノワゼット**
Meringue Noisette（65個分）
ヘーゼルナッツパウダー（皮つき、ロースト）
noisettes en poudre　96g
グラニュー糖 A　sucre semoule　164g
水　eau　40g
卵白　blancs d'œufs　120g
グラニュー糖 B　sucre semoule　20g
乾燥卵白　blancs d'œufs en poudre　1.2g
粉糖　sucre glace　81g

⦿ **ビスキュイ・ショコラ・サン・ファリーヌ**
Biscuit Chocolat sans Farine
（60×40cm の天板・1枚分）
卵白　blancs d'œufs　425g
グラニュー糖　sucre semoule　145g
乾燥卵白　blancs d'œufs en poudre　4g
クーベルチュール（ビター、カカオ分66％、ヴァローナ「カライブ」）
couverture noir 66%　425g
バター　beurre　102g
卵黄　jaunes d'œufs　85g

⦿ **クレーム・ブリュレ・トンカ**
Crème Brûlée Tonka（約34個分）
生クリーム（乳脂肪分35％）
crème fraîche 35% MG　186g
牛乳　lait　62g
トンカ豆　fève de tonka　2.6g
卵黄　jaunes d'œufs　47g
グラニュー糖　sucre semoule　50g

⦿ **サバイヨン・マンジャリ**
Sabayon Manjari（約48個分）
グラニュー糖　sucre semoule　38g
水　eau　9g
全卵　œufs　27g
卵黄　jaunes d'œufs　31g
クーベルチュール（ビター、カカオ分64％、ヴァローナ「マンジャリ」）
couverture noir 64%　92g
生クリーム（乳脂肪分35％）
crème fraîche 35% MG　132g

⦿ **クレーム・ショコラ・カライブ**
Crème Chocolat Caraibe（約35個分）
生クリーム（乳脂肪分35％）
crème fraîche 35% MG　696g
牛乳　lait　465g
卵黄　jaunes d'œufs　325g
グラニュー糖　sucre semoule　232g
クーベルチュール（ビター、カカオ分66％、ヴァローナ「カライブ」）
couverture noir 66%　580g

⦿ **その他**　**Autres Éléments**
アパレイユ・ア・ピストレ・ショコラ・ノワール
appareil à pistolet chocolat noir（→ p.267）
適量
グラサージュ・ショコラ・ノワール
glaçage chocolat noir（→ p.266）　適量
カカオニブをまぶした棒状のクーベルチュール
stick plat de chocolat avec fève de cacao
（→ p.269）　60本
カカオニブ　grué de cacao　適量

La Composition

1 カカオニブと、カカオニブをまぶした棒状のクーベルチュール
2 クレーム・シャンティイ・オ・ショコラ
3 グラサージュ・ノワール
4 クレーム・ショコラ・カライブ
5 ビスキュイ・ショコラ・サン・ファリーヌ
6 クレーム・ブリュレ・トンカ
7 サバイヨン・マンジャリ
8 ショコラ・ノワールを吹きつけた、ムラング・ノワゼット

つくり方

クレーム・シャンティイ・オ・ショコラ

❶ 生クリーム A、転化糖、水アメを鍋に入れ、火にかけて沸騰させる。

❷ クーベルチュールを入れたボウルに①を注ぎ入れ、室温に少し置く（A）。

❸ 泡立て器で中心からすり混ぜて、徐々に周りに広げて全体を混ぜる。

❹ 冷たい生クリーム B を③に1/4量加え、泡立て器で均一な状態になるまで混ぜる。残りの生クリーム B を加え、ムラなく均一な状態になるまで混ぜる（B）。

❺ ラップフィルムをかけて、冷蔵庫でひと晩休ませる。

❻ 使用する直前にミキサーボウルに入れ、中高速のミキサーでしっかり泡立てる。

ムラング・ノワゼット／組み立て①

❶ シルパットを敷いた天板にヘーゼルナッツパウダーを広げ、160℃のコンベクションオーブンで約15分ローストする（A）。途中、2回ほど混ぜて、ムラなく焼く。室温で冷ます。

＊ヘーゼルナッツパウダーは、焼くと皮つきのほうが皮剥きよりも香りが立つので、皮つきを選択。

❷ グラニュー糖 A と水を鍋に入れ、火にかけて121℃になるまで加熱する。

❸ ②と並行して、卵白をミキサーボウルに入れ、混ぜ合わせたグラニュー糖 B と乾燥卵白を加える。中速のミキサーで7分立てになるまで泡立てる。

❹ ②を③に注ぎ入れながら、高速で泡立てる（B）。しっかり泡立ったら中速にして、しっかり冷めるまで撹拌を続ける。

❺ 合わせてふるった①と粉糖を④に加えながら、ゴムべらで混ぜ合わせる（C）。

❻ 口径9㎜の丸口金をつけた絞り袋に⑤を入れ、シルパットを敷いた天板に、直径4.5㎝の円形に渦巻き状にして絞る（D）。

❼ 粉糖（分量外）を軽めにふる。粉糖が少し溶けるまで、そのまま室温に置く。

❽ 160℃のコンベクションオーブンで約20分、180℃で約3分焼く（E）。シルパットごと網にのせて室温で冷ます。

＊最後に高温にしてより乾燥させ、中まで茶色く色づかせて甘みを飛ばす。

❾ ⑧のムラング・ノワゼットの表面に、アパレイユ・ア・ピストレ・ショコラ・ノワール（→ p.267）を吹きつける（F）。そのまま室温に置いて固まらせる。

ビスキュイ・ショコラ・サン・ファリーヌ

❶ 卵白をミキサーボウルに入れ、混ぜ合わせたグラニュー糖と乾燥卵白を加え、高速のミキサーで艶よくしっかり角が立つまで泡立てる。

❷ クーベルチュールを耐熱ボウルに入れ、溶かした熱いバターを回しかけてから、電子レンジにかけて溶かして45℃に調整する。

❸ ①をボウルに移し入れ、卵黄を加えながら泡立て器でざっと混ぜる（A）。

❹ ②を③に注ぎ入れながら泡立て器でやさしく混ぜる（B）。ざっと混ざったらゴムべらに替えて、底からすくうようにして混ぜ合わせる。

❺ オーブンペーパーを貼りつけた天板に④を流し入れ、L字パレットナイフで手早く平らにならす（C）。

❻ 200℃のコンベクションオーブンで約6分焼く。網にのせて室温で冷ます。

❼ ⑥を裏返してオーブンペーパーを敷いた板にのせ、オーブンペーパーをはがす。再びオーブンペーパーをかぶせ、板をのせて裏返し、焼き面を上にする。

❽ 直径4㎝の抜き型で抜き、ラップフィルムを敷いた天板にのせる（D）。

クレーム・ブリュレ・トンカ

❶ 生クリーム、牛乳、フードミルで粉砕したトンカ豆を鍋に入れ（A）、火にかけて沸騰させる。火を止めてラップフィルムをかけ、約10分アンフュゼする（B）。

❷ ①と並行して、卵黄をボウルに入れ、グラニュー糖を加えて泡立て器ですり混ぜる。

❸ ①の半量を②に加え、泡立て器でよく混ぜ合わせる（C）。残りの①も加えてよく混ぜた後、網で漉して別のボウルに移し入れる（D）。
＊トンカ豆が通り抜けないよう、なるべく目の細かい網で漉す。

❹ ③の表面にキッチンペーパーを密着させて、1時間程置く（D）。紙をそっとはずし、表面に上がった気泡を取り除く。

❺ 直径4cm、高さ2cmのプティフール型（ロンド（円）、フレキシパン）を天板にのせる。デポジッターに④を入れ、型の半分の高さまで流し入れる（F）。

❻ 120℃のコンベクションオーブンで約6分焼く。そのまま室温で冷まし、シルパットをかぶせてショックフリーザーで冷凍する。

サバイヨン・マンジャリ

❶ グラニュー糖と水を鍋に入れ、火にかけて沸騰させる。

❷ 全卵と卵黄を入れた耐熱ボウルに①を注ぎ入れながら、泡立て器で混ぜる（A）。

❸ ラップフィルムをかけ、電子レンジで82℃になるまで温める。途中、数回泡立て器で混ぜて、全体が均一に温まるようにする。

❹ ③を網で漉してミキサーボウルに入れる。中高速のミキサーで、空気を含んで白っぽくなるまで泡立てる（B）。

❺ クーベルチュールをボウルに入れて湯煎にかけて溶かし、45℃に調整する。ここに5分立てにした生クリームを1/6量ずつ、3回に分けて加え、そのつど泡立て器でよく混ぜる（C）。

❻ ⑤が乳化したら④を加え、ゴムべらで均一な状態になるまで混ぜる（D）。

❼ ⑤の残りの生クリームを7分立てにして⑥に加え、ゴムべらで均一な状態になるまで混ぜる（E）。

❽ 口径9㎜の丸口金をつけた絞り袋に⑦を入れ、冷凍したクレーム・ブリュレ・トンカの上に、型いっぱいになるまで絞り入れる（F）。ショックフリーザーで冷凍する。

クレーム・ショコラ・カライブ

❶ 生クリームと牛乳を鍋に入れ、火にかけて沸騰させる。

❷ ①と並行して、ボウルに卵黄を入れ、グラニュー糖を加えて泡立て器ですり混ぜる。

❸ ①の1/3量を②に加えながら、泡立て器でよく混ぜる。これを①の鍋に戻し入れ、泡立て器で混ぜる。

❹ ③を火にかけ、クレーム・アングレーズの要領で、ゴムべらで混ぜながら82℃になるまで炊く(A)。

❺ クーベルチュールをボウルに入れ、④を網で漉しながら注ぎ入れる。クーベルチュールが少し溶けてくるまで室温に置く。

❻ 泡立て器で中心からすり混ぜて、徐々に周りに広げて全体を混ぜる(B)。あらかた混ざったらゴムべらに替え、ボウルの側面についたクリームを払い落したのち、ムラのないよう混ぜる。

❼ ボウルの底に氷水を当てて、ゴムべらで混ぜながら27℃になるまで冷やす(C)。

❽ スティックブレンダーで撹拌し、艶よくなめらかな状態になるまで乳化させる(D)。

組み立て②、仕上げ

❶ クレーム・ショコラ・カライブを口径12mmの丸口金をつけた絞り袋に入れ、直径6.5cm、高さ3cmのストーン型(シリコマート「カーブフレックス」)の半分の高さまで絞り入れる。スープスプーンで型の側面全体を覆うようにクレーム・ショコラ・カライブを添わせる(A)。

❷ ビスキュイ・ショコラ・サン・ファリーヌを、焼き面を下にして①の中央にのせ、指で軽く押さえて接着する(B)。

❸ 重ねて冷凍したクレーム・ブリュレ・トンカとサバイヨン・マンジャリを型からはずし、クレーム・ブリュレ・トンカを下にして②の中央にのせる。指で押して下まで沈める(C)。

❹ ③の上に①の残りのクレーム・ショコラ・カライブを絞り入れ、スープスプーンの背でならして、ごく浅いすり鉢状にする(D)。

❺ ムラング・ノワゼットを、焼き面を下にして④の上にのせ、指で軽く押さえて接着する(E)。ショックフリーザーで冷凍する。

❻ ⑤の型をていねいにはずし、網をのせた天板に置く。
＊壊れやすいので、ムラング・ノワゼットに触らないよう注意。

❼ 35℃に温めてスティックミキサーで撹拌したグラサージュ・ショコラ・ノワール(→ p.266)を⑥にかけ、小さいL字パレットナイフで上面をさっと滑らせて余分なグラサージュを落す(F)。網ごと持ち上げて天板に軽くトントンと打ちつけ、余分なグラサージュを落す。

❽ 冷凍庫でグラサージュが固まるまで数分冷やす。

❾ ⑧の上面中央のグラサージュを、L字パレットナイフの先で少し削り取る。
＊クレーム・シャンティイ・オ・ショコラを上に絞る際に、滑らないようにする。

❿ 中高速のミキサーでしっかり泡立てたクレーム・シャンティイ・オ・ショコラを、8切・10番の星口金をつけた絞り袋に入れ、⑨の上面中央にロザス形に絞る(G)。

⓫ カカオニブをまぶした棒状のクーベルチュール(→ p.269)を2本飾り、カカオニブを散らす(H)。

Cappuccino

カプチーノ

僕のお菓子のラインナップのなかで、意外に少なかったのが
コーヒーのお菓子。そこで、コーヒーの香りをしっかり出しつつ、
ショコラと合わせて苦みを引き立たせようと、「カプチーノ」をつ
くりました。ミルクフォームは、コーヒー風味のクレーム・シャン
ティイで表現。軽くて保形性の弱いムース・モカのセンターに、
コーヒーのクリームとガナッシュを重ね、周りを薄いクーベル
チュールで覆いました。コーヒー豆は使用する前に煎り直すと
香りが立って、持続性が格段に高まります。

Cappuccino

◉グラン・デュ・カフェ
Grains du Café
コーヒー豆（イタリアンロースト）
café en grains（torréfaction italienne）　40g

◉クレーム・シャンティイ・オ・カフェ
Crème Chantilly au Café
生クリーム（乳脂肪分35%）
crème fraîche 35% MG　250g
グラン・デュ・カフェ　grains du café　25g
グラニュー糖　sucre semoule　適量（約29g）
コーヒー濃縮エキス（ドーバー洋酒貿易「トックブ
ランシュ カフェ」）
extrait de café concentré　3g

◉ビスキュイ・ジョコンド
Biscuit Joconde（60×40cmの天板1枚分）
全卵　œufs　235g
アーモンドパウダー
amandes en poudre　175g
粉糖　sucre glace　175g
卵白　blancs d'œufs　150g
グラニュー糖　sucre semoule　32g
乾燥卵白　blancs d'œufs en poudre　1g
薄力粉　farine ordinaire　56g
バター　beurre　36g

◉クランブル
Crumble（つくりやすい分量）
バター　beurre　300g
カソナード　cassonade　300g
アーモンドパウダー
amandes en poudre　300g
海塩　sel de mer　6g
薄力粉　farine ordinaire　300g

◉アンビバージュ　Sirop d'Imbibage
ボーメ30°のシロップ
sirop à 30° B（→ p.261）　60g
エスプレッソ　café express　60g
コーヒー濃縮エキス（ドーバー洋酒貿易「トックブ
ランシュ カフェ」）
extrait de café concentré　6g
＊すべての材料を混ぜ合わせる。エスプレッソは、抽出し
たてのものを使用する。

◉クレーム・オ・カフェ
Crème au Café（42個分）
生クリーム（乳脂肪分35%）
crème fraîche 35% MG　280g
グラン・デュ・カフェ　grains du café　12g
ヴァニラビーンズ　gousse de vanille　½本
卵黄　jaunes d'œufs　70g
グラニュー糖　sucre semoule　58g
板ゼラチン　feuilles de gélatine　3g
コーヒー濃縮エキス（ドーバー洋酒貿易「トックブ
ランシュ カフェ」）
extrait de café concentré　4g

◉クール・ガナッシュ
Cœur Ganache（42個分）
生クリーム（乳脂肪分35%）
crème fraîche 35% MG　20g
牛乳　lait　90g
水　eau　90g
卵黄　jaunes d'œufs　54g
グラニュー糖　sucre semoule　22g
クーベルチュール（ビター、カカオ分61%、ヴァ
ローナ「エクストラ・ビター」）
couverture noir 61%　150g

◉ムース・モカ
Mousse Moka
グラニュー糖　sucre semoule　48g
水　eau　44g
卵黄　jaunes d'œufs　92g
コーヒー濃縮エキス（ドーバー洋酒貿易「トックブ
ランシュ カフェ」）
extrait de café concentré　24g
インスタントコーヒー　café soluble　12g
ヴァニラビーンズの種
grains de vanille　1本分
板ゼラチン　feuilles de gélatine　10g
生クリーム（乳脂肪分35%）
crème fraîche 35% MG　692g

◉その他　Autres Éléments
グラサージュ・ショコラ・ノワール
glaçage chocolat noir（→ p.266）　適量
クーベルチュール（ミルク、カカオ分35%、ヴァ
ローナ「エクアトリアル・ラクテ」）
couverture au lait 35%　適量
クーベルチュール（ビター、カカオ分61%、ヴァ
ローナ「エクストラ・ビター」）
couverture noir 61%　適量
カカオパウダー　cacao en poudre　適量
シナモンパウダー　cannelle en poudre　適量

La Composition

1 カカオパウダー、シナモンパウダー
2 クレーム・シャンティイ・オ・カフェ
3 ミルクとビターのクーベルチュール
4 ムース・モカ
5 アンビバージュを打った、ビスキュイ・ジョコンド
6 クレーム・オ・カフェ
7 クール・ガナッシュ
8 グラサージュ・ショコラ・ノワールを塗った、クランブル

つくり方

グラン・デュ・カフェ

❶ コーヒー豆を鍋に入れ、火にかける。鍋をゆすりながら、充分に香りが立つまで軽く煎る（A）。

❷ 台にオーブンペーパーを敷き、①をのせる。オーブンペーパーを2つ折りにして①を挟み、上に麺棒を転がして粗く砕く（B）。

クレーム・シャンティイ・オ・カフェ

❶ 生クリームをボウルに入れ、グラン・デュ・カフェを加えてゴムべらで混ぜる（A・B）。ラップフィルムをかけて冷蔵庫でひと晩休ませる。

❷ 使用する直前に、①を網で漉してミキサーボウルに入れる。このとき、ゴムべらで上からしっかり押さえて漉し取る（C）。

❸ ②を計量し、これに対して7％のグラニュー糖とコーヒー濃縮エキスを加える。中速のミキサーで7分立てに泡立てる（D）。

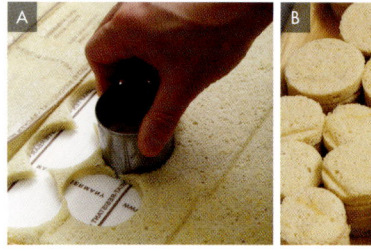

ビスキュイ・ジョコンド

❶ 「オペラ オ フランボワーズ」のビスキュイ・ジョコンド①〜⑨（→ p.016）を参照してつくる。

❷ 板の上にオーブンペーパーを敷き、ビスキュイ・ジョコンドを焼き面を下にしてのせる。オーブンペーパーをはがし、直径4cmと直径5.5cmの円形の抜き型で14枚ずつ抜く（A・B）。

クランブル

❶ 「パリブレスト オ シトロン」のクランブル①〜③（→ p.057）を参照してつくる。

❷ パイシーターで厚さ2mmにのばし、直径5.5cmの円形の抜き型で抜く。シルパンを敷いた天板に並べる（A）。

❸ 160℃のコンベクションオーブンで約10分焼く。室温で冷ます（B）。

クレーム・オ・カフェ

❶ 生クリームを鍋に入れ、グラン・デュ・カフェ、ヴァニラビーンズの種と鞘を加えて、泡立て器で混ぜる。

❷ ①を火にかけて泡立て器で混ぜながら沸騰させる。火を止めてラップフィルムをかけ、10分アンフュゼし（A）、網で漉して別の鍋に入れる（B）。

❸ ①～②と並行して、卵黄をボウルに入れて泡立て器で溶きほぐし、グラニュー糖を加えてすり混ぜる。

❹ ②の1/4量を③に加えてよく混ぜる（C）。これを②の鍋に戻し入れ、混ぜる。

❺ 火にかけて、クレーム・アングレーズの要領で、ゴムべらで混ぜながら82℃になるまで炊く（D）。

❻ 火から下ろし、ふやかした板ゼラチンを加えて、ゴムべらで混ぜ溶かす。網で漉してボウルに入れる。

❼ コーヒー濃縮エキスを加え混ぜる（E）。ボウルの底に氷水を当てて、ゴムべらで混ぜながら25℃になるまで冷やす。

❽ ⑦をデポジッターに入れ、天板にのせた直径4cm、高さ2cmのプティフール型（ロンド（円）、フレキシパン）に10gずつ流し入れる（F）。天板を手で持ち上げて、台にトントンと軽く打ちつけ、平らにする。ショックフリーザーで冷凍する。

クール・ガナッシュ

❶ 生クリーム、牛乳、水を鍋に入れ、火にかけて沸騰させる。

❷ ①と並行して、卵黄をボウルに入れて泡立て器で溶きほぐし、グラニュー糖を加えてすり混ぜる。

❸ ①の1/4量を②に加えてよく混ぜる。これを①の鍋に戻し入れる（A）。

❹ 火にかけて、クレーム・アングレーズの要領で、ゴムべらで混ぜながら82℃になるまで炊く（B）。

❺ クーベルチュールをボウルに入れ、④を網で漉しながら注ぎ入れる（C）。クーベルチュールが少し溶けてくるまで室温に置く。

❻ 泡立て器で中心からすり混ぜて、徐々に周りに広げて全体を混ぜる（D）。あらかた混ざったらゴムべらに替え、ボウルの側面についたクリームを払い落したのち、全体をムラのないよう混ぜ合わせる。

❼ スティックブレンダーで撹拌し、艶よくなめらかな状態になるまで乳化させる（E）。

❽ ⑦をデポジッターに入れ、冷凍したクレーム・オ・カフェの上に10gずつ流し入れる（F）。天板を手で持ち上げて、台にトントンと軽く打ちつけ、平らにする。ショックフリーザーで冷凍する。

ムース・モカ

❶ グラニュー糖と水を鍋に入れて火にかけ、泡立て器で混ぜながら沸騰させる。

❷ 耐熱ボウルに卵黄を入れて泡立て器で溶きほぐす。

❸ ①を②に2回に分けて注ぎ入れ、そのつど泡立て器でよく混ぜる。

❹ ラップフィルムをかけて、電子レンジで82℃になるまで温める。途中、数回泡立て器で混ぜて、全体が均一に温まるようにする。

❺ ④を網で漉してミキサーボウルに入れ、中低速のミキサーで、空気を含んで白っぽくなるまでしっかり泡立てる。泡立て終わりの温度は27℃が目安（パータ・ボンブ）（A）。

❻ ⑤と並行して、コーヒー濃縮エキスをボウルに入れ、インスタントコーヒーを加えてゴムべらで混ぜる。ヴァニラビーンズの種とふやかした板ゼラチンを加え、ゴムべらで混ぜながら湯煎にかけて溶かす（B）。

❼ ⑤をミキサーから下ろし、⑥を加えて泡立て器で混ぜ合わせる（C）。

❽ 7分立てにした生クリームの1/2量を⑦に加え、泡立て器で混ぜ合わせる（D）。これを残りの生クリームを入れたボウルに戻し入れながら、泡立て器で混ぜ合わせる。ざっと混ざったらゴムべらに替え、均一な状態になるまでムラのないよう混ぜ合わせる。

組み立て、仕上げ

❶ ラップフィルムを敷いた板に、直径4cmと直径5.5cmのビスキュイ・ジョコンドを並べ、アンビバージュを刷毛で軽く打つ（A）。

❷ OPPシートを貼りつけた天板に、直径5.5cm、高さ4cmのセルクル型を並べる。口径12mmの丸口金をつけた絞り袋にムース・モカを入れ、型の半分の高さまで絞り入れる（B）。

❸ スープスプーンの背でムース・モカを側面に添わせ、すり鉢状に整える。

❹ ①の直径4cmのビスキュイ・ジョコンドを、アンビバージュを打った面を下にして②にかぶせ、上から指で軽く押して接着する（C）。

❺ 重ねて冷凍したクレーム・オ・カフェとクール・ガナッシュをフレキシパンからはずす。クレーム・オ・カフェを下にして④にのせ、上から指で軽く押して、型の高さより約1cm低いところまで沈ませる（D）。

❻ ②の残りのムース・モカを型の高さまで絞り入れ、スープスプーンの背で浅いすり鉢状にならす。

❼ ①の直径5.5cmのビスキュイ・ジョコンドを、アンビバージュを打った面を下にしてかぶせ、密着させる（E）。ラップフィルムをかけてショックフリーザーで冷凍する。

❽ グラサージュ・ショコラ・ノワール（→ p.266）を耐熱ボウルに入れ、電子レンジで30℃に温め、スティックブレンダーでなめらかな状態になるまで撹拌する。

❾ クランブルに⑧をL字パレットナイフで薄く塗り、網の上に並べる。

❿ ⑦の側面をガスバーナーで軽く温め、型をはずす。L字パレットナイフで⑨の上にのせ（F）、ショックフリーザーで少し冷やす。

⓫ 温めて溶かした2種のクーベルチュールを同量ずつボウルに入れ、冷凍した天板の裏側に細長く流す。L字パレットナイフで手早く薄くのばす（G）。

⓬ すぐに、牛刀で19×5.5cmの型紙に合わせて切る。

⓭ ⑩をショックフリーザーから取り出し、すぐに⓬を側面に巻きつける（H）。

⓮ 中速のミキサーで7分立てにしたクレーム・シャンティイ・オ・カフェを、口径12mmの丸口金をつけた絞り袋に入れ、⓭の上にドーム状にぷっくりと絞る。

⓯ カカオパウダーとシナモンパウダーをふる。

Alexandra

アレクサンドラ

和素材に親しみ、そのよさをうまく引き出せるの
は、やはり日本人だと思います。それならば、日
本人である自分なりに和素材を解釈して、フラン
ス菓子として昇華させたらおもしろいのではない
か。そう考えてゴマから発想を広げたのが、「ア
レクサンドラ」です。ビスキュイとダックワーズに
は特有の苦みをもつ黒ゴマを、プラリネにはマイ
ルドな白ゴマを使い、それぞれの風味を生かしま
した。そこに柑橘やエキゾチックフルーツの酸味
を合わせ、和にかたよりすぎない華やかな味わい
に仕上げています。

Alexandra

⊙ビスキュイ・セザム・ノワール
Biscuit Sésame Noir
（60×40cmの天板1枚分）
パート・ダマンド　pâte d'amandes　237g
黒ゴマのペースト　pâte de sésame noir　119g
グラニュー糖A　sucre semoule　32g
全卵　œufs　150g
卵黄　jaunes d'œufs　128g
卵白　blancs d'œufs　260g
グラニュー糖B　sucre semoule　62g
薄力粉　farine ordinaire　29g
バター　beurre　43g

⊙ダックワーズ・セザム・ノワール
Dacquoise Sésame Noir
（60×40cmの天板1枚分）
アーモンドパウダー
amandes en poudre　275g
薄力粉　farine ordinaire　88g
グラニュー糖A　sucre semoule　110g
黒ゴマ　sésame noir　55g
卵白　blancs d'œufs　352g
グラニュー糖B　sucre semoule　248g
黒ゴマのペースト　pâte de sésame noir　30g
粉糖　sucre glace　適量

⊙プラリネ・セザム・ブラン
Praliné Sésame Blanc
グラニュー糖　sucre semoule　333g
水　eau　80g
白ゴマ　sésame blanc　250g
アーモンド（ホール、皮つき）
amandes entières brutes　250g

⊙クルスティヤン・セザム・ブラン
Croustillant Sésame Blanc
プラリネ・セザム・ブラン
praliné sésame blanc　240g
白ゴマのペースト
pâte de sésame blanc　240g
クーベルチュール（ミルク、カカオ分40％、ヴァローナ「ジヴァラ・ラクテ」）
couverture au lait 40%　80g
フイユティーヌ　feuilletine　120g

⊙クレーム・オ・ザグリュム
Crème aux Agrumes
オレンジ果汁　jus d'orange　150g
グレープフルーツ果汁
jus de pamplemousse　150g
レモン果汁　jus de citron　35g
全卵　œufs　215g
卵黄　jaunes d'œufs　190g
グラニュー糖　sucre semoule　150g
板ゼラチン　feuilles de gélatine　7g
すりおろしたオレンジの皮（細かい目）
zestes d'orange râpés fins　3g
すりおろしたレモンの皮（細かい目）
zestes de citron râpés fins　3g
バター　beurre　5g

⊙ムース・オ・ショコラ・レ・エ・フリュイ・エキゾチック
Mousse au Chocolat Lait et Fruits Exotique
パッションフルーツのピュレ
purée de fruits de la passion　525g
マンゴーのピュレ　purée de mangues　225g
グラニュー糖　sucre semoule　270g
板ゼラチン　feuilles de gélatine　25g
クーベルチュール（ミルク、カカオ分40％、ヴァローナ「ジヴァラ・ラクテ」）
couverture au lait 40%　1012g
生クリーム（乳脂肪分35％）
crème fraîche 35% MG　1350g

⊙マルムラッド・ドランジュ
Marmelade d'Oranges （→ p.262）　650g

⊙ロッシェ
Rocher （つくりやすい分量）
クルミ（ホール、皮つき）　noix brutes　60g
アーモンド（ホール、皮つき）
amandes entières brutes　60g
ヘーゼルナッツ（ホール、皮剥き）
noisettes entières brutes　30g
粉糖　sucre glace　113g
卵白　blancs d'œufs　24g
＊「タルト コンポテ ダブリコ ポワール」のロッシェ・ア・レラブル（→ p.115）を参照してつくる。ただし、メープルシュガーは加えない。

⊙その他　Autres Éléments
ナパージュ・ヌートル　nappage neutre　適量
黒ゴマ　sésame noir　適量
シュークル・デコール　sucre décor　適量

La Composition

1 シュークル・デコールをふった、ロッシェ
2 マルムラッド・ドランジュ
3 ムース・オ・ショコラ・レ・エ・フリュイ・エキゾチック
4 ビスキュイ・セザム・ノワール
5 クレーム・オ・ザグリュム
6 クルスティヤン・セザム・ブラン
7 ダックワーズ・セザム・ノワール

ビスキュイ・セザム・ノワール

❶ パート・ダマンドを電子レンジで人肌程度の温度になるまで温める。ミキサーボウルに入れ、黒ゴマのペーストを加える。ビーターをつけた低速のミキサーで撹拌し、均一な状態になるまで混ぜる（A）。

❷ ①にグラニュー糖Aを加え、低速でざっと混ぜる。

❸ 全卵と卵黄をボウルに入れて溶きほぐし、②を低速で撹拌しながら、約1/2量を2〜3回に分けて加え、そのつどよく混ぜる（B）。均一な状態になったら、ビーターやミキサーボウルの側面についた生地をゴムべらで払い落す。

❹ 再び低速のミキサーで撹拌し、残りの全卵と卵黄を2回に分けて③に加え、そのつど均一な状態になるまで混ぜる。混ざったら中速にして、ふんわり、白っぽくなるまで泡立てる（C）。

❺ ④と並行して、冷たい卵白とグラニュー糖Bを別のミキサーボウルに入れ、高速のミキサーでしっかり泡立てる。

＊砂糖の配合が少ないので、泡立てすぎないよう注意。

❻ ふるった薄力粉を④に加え、粉が見えなくなるまでゴムべらで混ぜ合わせる（D）。

❼ ⑤を⑥に半量ずつ加え、そのつどゴムべらで混ぜ合わせる（E）。

❽ バターをボウルに入れ、電子レンジにかけて溶かして65℃に調整する。これに⑦を泡立て器でひとすくい加え、よく混ぜる。これを⑦に戻し入れ、ゴムべらで均一な状態になるまで手早く混ぜ合わせる（F）。

❾ オーブンペーパーを貼りつけた天板に⑧を流し入れ、L字パレットナイフで平らにならす（G）。

❿ 170℃のコンベクションオーブンで約12分焼く。

⓫ オーブンペーパーごと網にのせ、焼き面にラップフィルムを貼りつけて室温で冷ます（H）。使用する直前にラップフィルムと一緒に焼き色のついた生地の表面をはがす（→ p.259）。

⓬ 波刃包丁で端を切り落す。シルパットをかぶせて室温に置く。

ダックワーズ・セザム・ノワール

❶ アーモンドパウダーと薄力粉を合わせてふるい、グラニュー糖Aと黒ゴマを加えて混ぜ合わせておく。

❷ 卵白をミキサーボウルに入れ、グラニュー糖Bの1/2量を加える。ミキサーにかけ、低速で少しなじませてから中速で泡立てる。

❸ ボリュームが出て気泡が少し細かくなり、メレンゲの骨格ができてきたら、残りのグラニュー糖のうち半量を加えて撹拌を続ける。8分立てになったら、残りのグラニュー糖を加え、しっかり泡立てる（A）。

＊ていねいにじっくり、きめ細かく泡立てることで、気泡が潰れにくくなる。

❹ 黒ゴマのペーストを入れたボウルに、③をゴムべらでひとすくい加え、よく混ぜる（B）。

❺ ④を③に戻し入れ、①を加えながらゴムべらで混ぜ合わせる（C）。

❻ オーブンペーパーを貼りつけた天板に⑤を流し入れ、L字パレットナイフで平らにならす。

❼ 粉糖をふり、溶けたら180℃のコンベクションオーブンで約10分焼く。オーブンペーパーごと網にのせ、室温で冷ます（D）。

❽ 波刃包丁で端を切り落す。室温に置いておく。

プラリネ・セザム・ブラン

❶ グラニュー糖と水を鍋に入れ、火にかけて118℃になるまで煮詰める。

❷ 火からおろして白ゴマとアーモンドを加え、木べらで混ぜる。

❸ 弱火にかけ、木べらで混ぜて白く結晶化させる（A）。混ぜながらさらに加熱を続けて徐々に糖を溶かし、全体的に溶けてキャラメル色に色づくまで加熱する（B）。

＊最後は、焦げやすくなるので注意。

❹ 大理石の台にシルパットを敷き、③を広げる。室温で冷まして固める（C）。

❺ ④を適当な大きさに割り、フードプロセッサーに入れて撹拌する。白ゴマの油脂が出てきて、粗めのペースト状になるまで粉砕する（D）。途中で数回、シリンダーの側面についたプラリネをゴムべらで払い落すこと。

クルスティヤン・セザム・ブラン／組み立て①

❶ プラリネ・セザム・ブランをボウルに入れ、白ゴマのペーストを加えてゴムべらで混ぜる（A）。

❷ 溶かして40℃に調整したクーベルチュールを①に加え、ゴムべらで混ぜる。

❸ フイユティーヌを②に加え、ゴムべらでまんべんなく混ぜ合わせる（B）。

❹ ダックワーズ・セザム・ノワールの上に③のクルスティヤン・セザム・ブランをのせ、L字パレットナイフで平らに薄く塗り広げる（C）。

❺ 天板にラップフィルムを敷き、57×37cmのカードル型をのせる。マルムラッド・ドランジュ（→p.262）を650g入れ、L字パレットナイフで平らにならす（D）。ショックフリーザーで冷凍する。

クレーム・オ・ザグリュム

❶ オレンジ果汁、グレープフルーツ果汁、レモン果汁を鍋に入れ、火にかけて沸騰させる。

❷ ①と並行して、全卵と卵黄をボウルに入れ、グラニュー糖を加えて泡立て器でよく混ぜる。

❸ ①の半量を②に注ぎ入れ、泡立て器でよく混ぜる。これを①の鍋に戻し入れる（A）。

❹ ゴムべらで混ぜながら弱火で加熱し、クレーム・アングレーズの要領で、82℃になるまで炊く。

❺ 火から下ろし、ふやかした板ゼラチンを加えて泡立て器で混ぜ溶かす。網で漉してボウルに入れる。ボウルの底を氷水に当てて、30℃になるまで冷やす（B）。

❻ オレンジの皮とレモンの皮をすりおろして加え、ゴムべらで混ぜる（C）。

❼ 室温に戻したバターを加えてゴムべらでざっと混ぜた後、スティックブレンダーで撹拌し、乳化させる（D）。ボウルの底を氷水に当てて、10℃になるまで冷やす。

ムース・オ・ショコラ・レ・エ・フリュイ・エキゾチック

❶ パッションフルーツのピュレとマンゴーのピュレを鍋に入れ、グラニュー糖を加えて泡立て器で混ぜる。火にかけて、混ぜながら沸騰させる（A）。

❷ 火から下ろし、ふやかした板ゼラチンを加えて泡立て器で混ぜ溶かす。

❸ ②と並行して、ボウルにクーベルチュールを入れ、湯煎にかけて半ば溶かす。

❹ ②の1/3量を③に加え、泡立て器で中心からすり混ぜて、徐々に周りに広げて全体を混ぜる。

❺ 残りの②を加え、泡立て器で中心からすり混ぜて、徐々に周りに広げて全体を混ぜ、乳化させる（B）。艶のある均一な状態になればよい。

❻ ボウルの底に氷水を当てて、ゴムべらで混ぜながら38℃になるまで冷やす（C）。

❼ 7分立ての生クリームを入れたボウルに⑥を注ぎ入れながら、泡立て器で混ぜ合わせる（D）。ほぼ混ざったらゴムべらに替え、均一でなめらかな状態になるまでムラのないよう混ぜる。

組み立て②

❶ 〈組み立て①〉⑤で冷凍したマルムラッド・ドランジュの上に、ムース・オ・ショコラ・レ・エ・フリュイ・エキゾチックを1600g流し入れ、L字パレットナイフで平らにならす（A）。

❷ ビスキュイ・セザム・ノワールを、焼き面を下にして②にかぶせる。オーブンペーパーをはがし、上から手のひらで軽く押さえて密着させる（B）。

❸ クレーム・オ・ザグリュムを②の上に流し入れ、L字パレットナイフで平らにならす（C）。ショックフリーザーに少し入れ、表面を冷やし固める。

❹ ①の残りのムース・オ・ショコラ・レ・エ・フリュイ・エキゾチックを③の上に流し入れ、L字パレットナイフで平らにならす（D）。

❺ 〈組み立て①〉④のダックワーズ・セザム・ノワールを、クルスティヤン・セザム・ブランを塗った面を下にして④にかぶせる（E）。上に網をのせて手のひらで押さえ、平らにする。ショックフリーザーで冷凍する。

❻ ⑤の上面のオーブンペーパーをはがす（F）。再びオーブンペーパーをかぶせて板をのせ、上下を返す。天板をはずして、OPPシートをはがす。

❼ ⑥の上面にナパージュ・ヌートルをのせ、L字パレットナイフで薄く塗り広げる（G）。

❽ ガスバーナーで側面を軽く温め、型をはずす。平刃包丁で12×2.8cmに切り分ける。

❾ ロッシェ（→ p.115）を適当な大きさに割り、⑧の上面に並べて飾る。黒ゴマを散らし、ロッシェの上にシュークル・デコールをふる（H）。

4

幸せなひとときに、驚きと感動を

アントルメは、特別なときや楽しいシチュエーションで用いられることが多くて、主役の人にとっても、一緒に囲んだり贈ったりした人たちにとっても、思い出として残るものです。だから僕は、アントルメを重視しているお店は、お客様に支持されるお店だろうと考えています。つくり手としても、幸せな瞬間を自分たちがつくったお菓子で味わってもらえたら、ほんとうにうれしいことなので、いつも特別な思いを抱いてつくっています。

大切なのは、お客様の気持ちやイメージを汲み取ること。どんなに力を入れてつくろうと、それをはずせば、お客様をがっかりさせてしまいます。まずはどういうお祝いなのか、何か飾ってほしいものや形などこだわりはあるか、主役の人の年齢、好きな色、好きなフルーツなど、要望を細かく聞きます。そのうえで自分なりの表現を加えて、期待の120%のアントルメをつくって喜んでいただくのが、僕の仕事です。

開店10周年の際にお店から感謝を込めて、お客様全員にマカロンをプレゼントしたことがあります。そのときあるご家族から花束をいただき、4歳くらいのお嬢さんから「いつもおいしいおたんじょうびケーキをありがとう！」と書かれた手紙をいただきました。それを見てとても感動しましたし、改めて特別な日のケーキをつくる仕事の重要性を強く感じました。

アントルメのよさは、プチガトーよりも自由で華やかな表現ができるところ。いつも意識するのは、箱を開けた瞬間の驚きや感動です。還暦のお祝いで赤いケーキを依頼されたときに、ケーキを赤くするだけでなく、チョコレートで大きな赤い花をつくって飾ることも。結婚のお祝いには、ケーキとプレートをピンクのハート形にして、ハートをいっぱい飾ることもあります。3歳くらいまでのお子さんの誕生日ケーキであれば、通常のプレートではなくて、クマの形のチョコレートに顔を描いて添えていて、そうしたちょっとした気遣いをとても大事にしています。僕自身はシャープでデザイン性の高いものが好きですが、自分の好みに関わらず、かわいいものももちろんつくります。箱にケーキを入れれば終わりではなくて、その先の笑顔まで思い描いて、どれだけ相手の気持ちに寄り添えるかによって、喜びを届けられるかどうかが決まるのだと考えています。

1年のなかでもクリスマスは、アントルメが活躍する大切な時期。毎年来店されるお客様も多いので、毎年新しい味に挑戦し、違うものをつくるようにしています。ただでさえたくさんの台数をつくらなければいけなくて大変なのに、見た目もシンプルでなく、いつものアントルメより華やかにしたいと考えていると、つい手間のかかるものになってしまうこともあります。それでもクリスマスには特別な驚きと感動を届けたいと思います。

気をつけなければいけないのは、プチガトーをただ大きくすれば、アントルメになるわけではないということです。大きさや形、高さが変わることもあるので、部分的に構成を見直す必要も出てきます。デコレーションも華やかでありつつ味を壊さず、味と結びついたものでなくてはなりません。そのなかでどんな表現をして、プラスアルファの喜びを届けられるかを考える過程に、つくり手としての楽しさを感じています。

Myrtille Citron Vert

ミルティーユ シトロン ヴェール

ホワイトデーに向けてつくったアントルメです。オリジナルで製作した左右非対称のハート型を使い、男性から女性へ贈るのにふさわしいクールな印象にまとめました。味の発想は、ブルーベリーから。ブルーベリーのやわらかな風味をしっかり生かしたクレーム・ムースリーヌに、ライムのムースとビスキュイでさわやかな香りをまとわせ、重厚感と軽やかさを両立させました。味と食感が単調にならないよう、香り高いプラリネのクルスティヤンを薄く敷き、サクサクした歯触りとコクを加えています。

Myrtille Citron Vert

ミルティーユ シトロン ヴェール ■ 材料（横約14㎝、縦約13㎝、高さ4.5㎝のハート型・6台分）

◉ビスキュイ・マカロン
Biscuit Macaron （直径約4.5㎝・66個分）
アーモンド（ホール、皮剥き、シシリー産）
amandes entières émondées　420g
純粉糖　sucre glace　395g
グラニュー糖A　sucre semoule　370g
水　eau　98g
卵白A　blancs d'œufs　136g
グラニュー糖B　sucre semoule　20g
乾燥卵白　blancs d'œufs en poudre　7g
卵白B　blancs d'œufs　150g
紫の色素　colorant violet　適量

◉ジュリエンヌ・オ・シトロン・ヴェール・コンフィ
Julienne au Citron Vert Confit
（つくりやすい分量）
ライムの皮　zestes de citron vert　3個分
グラニュー糖A　sucre semoule　200g
水　eau　200g
グラニュー糖B　sucre semoule　50g

◉ビスキュイ・ミルティーユ・シトロン・ヴェール
Biscuit Myrtille Citron Vert
卵白　blancs d'œufs　400g
グラニュー糖　sucre semoule　120g
すりおろしたライムの皮（細かい目）
zestes de citron vert râpés fins　½個分
アーモンドパウダー
amandes en poudre　300g
粉糖　sucre glace　138g
薄力粉　farine ordinaire　60g
ブルーベリー（冷凍、ホール）
myrtilles entières surgelées　適量

◉クルスティヤン
Croustillant
クーベルチュール（ミルク、カカオ分40％、ヴァ
ローナ「ジヴァラ・ラクテ」）
couverture au lait 40％　35g
プラリネ・アマンド
praliné amandes（→ p.265）　72g
パート・ド・ノワゼット　pâte de noisettes　72g
フイユティーヌ　feuilletine　72g

◉ムースリーヌ・ア・ラ・ミルティーユ
Mousseline à la Myrtille
ブルーベリーのピュレ
purée de myrtilles　280g
卵黄　jaunes d'œufs　83g
グラニュー糖　sucre semoule　33g
薄力粉　farine ordinaire　16g
コーンスターチ　fécule de maïs　6g
バター　beurre　124g
クレーム・シャンティイ
crème Chantilly（→ p.260）　134g

◉ムース・オ・シトロン・ヴェール
Mousse au Citron Vert
パラチニット　sucre palatinit　110g
グラニュー糖A　sucre semoule　110g
水　eau　90g
卵白　blancs d'œufs　110g
すりおろしたライムの皮（細かい目）
zestes de citron vert râpés fins　2個分
ライム果汁　jus de citron vert　178g
グラニュー糖B　sucre semoule　29g
板ゼラチン　feuilles de gélatine　18g
生クリーム（乳脂肪分35％）
crème fraîche 35％ MG　427g

◉ナパージュ
Nappage（つくりやすい分量）
ナパージュ・ヌートル　nappage neutre　200g
ライム果汁　jus de citron vert　10g
緑の色素　colorant vert　適量
＊ナパージュ・ヌートルにライム果汁を加えてゴムべらで混
ぜ、緑の色素を適量加え混ぜる。緑の色素は、緑の色粉を
ごく少量の湯で溶いたものを使用。

◉その他　Autres Éléments
ブラックベリー　mûres　適量
ブルーベリー　myrtilles　適量
エディブルフラワー　fleur comestible　適量
ナパージュ・ヌートル　nappage neutre　適量

La Composition

1 ライム果汁を加えた、ナパージュ
2 ムース・オ・シトロン・ヴェール
3 ビスキュイ・ミルティーユ・シトロン・ヴェール
4 ムースリーヌ・ア・ラ・ミルティーユ
5 クルスティヤン
6 ビスキュイ・マカロン
7 ブルーベリーを散らした、
　ビスキュイ・ミルティーユ・シトロン・ヴェール

つくり方

ビスキュイ・マカロン

❶ アーモンドと純粉糖をフードプロセッサーに入れ、撹拌して粉砕する（A）。

❷ ある程度粉砕できたら、台の上にオーブンペーパーを敷き、1mm目のふるいでふるう（B）。

❸ ②でふるいの目を通らずに残ったものは、フードプロセッサーに戻し入れる。これに、②でふるいを通った細かい粉を少量加え、再び撹拌して粉砕する。

＊ふるいに残った粉だけで再び撹拌すると、ほぼアーモンドだけの状態なので、油脂分が出てきてしまう。そこで、純粉糖を含んでいるふるいを通った細かい粉を加え、再度粉砕する。

❹ ある程度粉砕できたら、台の上にオーブンペーパーを敷き、1mm目のふるいでふるう。

❺ ③〜④を繰り返す（計3回）。それでもふるいに残ったもの（約30gが目安）は取り除き、ふるいを通った細かい粉だけをボウルに入れる。

❻ グラニュー糖Aと水を鍋に入れ、火にかけて121℃になるまで煮詰める。

❼ ⑥と並行して、卵白Aをミキサーボウルに入れ、混ぜ合わせたグラニュー糖Bと乾燥卵白を加える。泡立て器で混ぜながら湯煎にかけて、43℃になるまで温める（C）。

❽ ⑥と並行して、卵白Bをボウルに入れ、紫の色素を加える。泡立て器で混ぜながら湯煎にかけて、50℃になるまで温める（D）。

＊温めると色素の青みが強くなる。

❾ ⑦をミキサーにかけ、⑥を注ぎ入れながら低速で撹拌する（E）。注ぎ終えたら高速にして、ラップフィルムでミキサーボウルの口を覆い、保温した状態で、温度を下げずに艶よくしっかり泡立てる（F）。

＊通常のイタリアン・メレンゲの場合はしっかり泡立てたのち、冷めるまで撹拌を続けるが、ここでは保温した状態でしっかり泡立て、温度が下がらないうちに⑪の作業に移る。そのほうが焼成前に生地の表面が乾きやすくなる。

❿ ⑤に⑧を加え、ゴムべらで均一な状態になるまで混ぜ合わせる（G）。

⓫ ⑨が熱いうちに（48℃が目安）⑩に加え、ゴムべらでざっと混ぜ合わせる。さらに、ゴムべらですくってはボウルの底面に押しつけるようにして混ぜて、気泡を殺していく（マカロナージュ）（H）。

⓬ 生地に艶が出て、ゴムべらですくい上げるとリボン状に流れ落ち、落ちた生地の跡がゆっくり全体になじんで消えていく状態になればよい（I）。

⓭ ⑫を口径9mmの丸口金をつけた絞り袋に入れ、シルパットを敷いた天板の上に、直径約3.5cmの円形に絞る（J）。

⓮ 天板を持ち上げて、手のひらで天板の底をトントンと叩いたのち、天板ごと台に軽く打ちつけて、絞った生地を直径約4.5cmの円形になるまで広げる（K）。

⓯ 上面にグラニュー糖をまんべんなくふりかける。室温で30分程乾かす。

⓰ 150℃のコンベクションオーブンで約11分焼く。シルパットごと網にのせ、室温で冷ます（L）。乾燥剤とともに密閉容器に入れて保管する。

ジュリエンヌ・オ・シトロン・ヴェール・コンフィ

❶ ライムの皮をエコノムで薄く、長く剥く。ペティナイフでごく細長い千切りにする（A）。

❷ 鍋に水（分量外）をたっぷり入れ、塩（分量外）をひとつまみ加えて火にかけ、沸騰させる。

＊塩を加えるのは、えぐみを取るため。

❸ ①を②に加え、沸騰したら網にあけて茹でこぼす（B）。

❹ ②〜③と並行して、グラニュー糖Aと水を別の鍋に入れ、火にかけて沸騰させる。

❺ ③を④に加え、沸騰してからさらに1〜2分煮る。火を止めて、室温程度になるまでそのまま冷ます。

❻ グラニュー糖Bを加えて火にかける（C）。沸騰してからさらに1〜2分煮る。

❼ 火から下ろしてボウルに移し入れる（D）。ラップフィルムをかけて密着させ、室温で冷ます。密閉容器に移し入れ、ラップフィルムをかけて密着させ、冷蔵庫で保管する。

ビスキュイ・ミルティーユ・シトロン・ヴェール

❶ 冷たい卵白をミキサーボウルに入れ、グラニュー糖を加えて中高速のミキサーでしっかり泡立てる。

❷ ライムの皮をすりおろして加え、さっと撹拌して全体に混ぜる（A）。ボウルに移し入れる。

❸ 合わせてふるったアーモンドパウダー、粉糖、薄力粉を加えながら、ゴムべらで粉が見えなくなるまで混ぜ合わせる（B）。

❹ 横約14cm、縦約13cm、高さ4.5cmの左右非対称のハート型に薄力粉（分量外）をつけ、シルパットを敷いた天板にポンッと打ちつけて粉を落し、印をつける（底生地用6個分、中生地用6個分）。

❺ 口径12mmの丸口金をつけた絞り袋に③を入れる。底生地用は印よりもひと回り小さく、中生地用は印よりもふた回り小さく絞る（C）。

＊外から内へと隙間を埋めるように絞ること。焼成すると生地が広がるので、少し小さめに絞っておく。

❻ ⑤の底生地には粉糖をふり、ブルーベリーを冷凍状態のまま全体に散らす。L字パレットナイフで軽く押さえて生地にブルーベリーを少し沈ませる（D）。

❼ ⑤の中生地と⑥の底生地を、180℃のコンベクションオーブンで約10分焼く。シルパットごと網にのせ、室温で冷ます（E・F）。

クルスティヤン

❶ クーベルチュールを耐熱ボウルに入れ、電子レンジにかけて溶かして40℃に調整する。

❷ ①にプラリネ・アマンド（→ p.265）とパート・ド・ノワゼットを加え、ゴムべらでよく混ぜる（A）。

❸ ②にフイユティーヌを加え、まんべんなく混ぜ合わせる（B）。

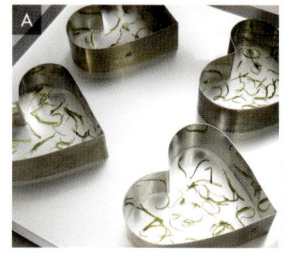

組み立て①

❶ OPP シートを貼りつけた天板に、横約14cm、縦約13cm、高さ4.5cmの左右非対称のハート型をのせる。ジュリエンヌ・オ・シトロン・ヴェール・コンフィを、1本1本竹串でつまみながら底面に散らす（A）。ショックフリーザーで冷凍する。

❷ 底生地のビスキュイ・ミルティーユ・シトロン・ヴェールをシルパットからはがし、上面にクルスティヤンをパレットナイフで薄く塗る（B）。ショックフリーザーで冷凍する。

ムースリーヌ・ア・ラ・ミルティーユ

❶ ブルーベリーのピュレを鍋に入れ、火にかけて50℃になるまで温める。

❷ ①と並行して、卵黄をボウルに入れて泡立て器で溶きほぐし、グラニュー糖を加え混ぜる。合わせてふるった薄力粉とコーンスターチを加え、混ぜ合わせる（A）。

❸ ①の約1/3量を②に加え、泡立て器で混ぜ合わせる（B）。これを①の鍋に戻し入れる。

❹ 強火にかけて、泡立て器で混ぜながらクレーム・パティシエールの要領で炊く。沸騰してからさらに約1分炊き続ける（C）。

❺ 火から下ろし、網で漉してボウルに入れる。ボウルの底を氷水に当てて、30℃になるまで冷やす（D）。

＊クレーム・ムースリーヌは、温度調整が正しくできていないとバターが溶けたり、固まったりして分離してしまうので注意。

❻ 室温に戻したバターをミキサーボウルに入れ、ビーターをつけた低速のミキサーで撹拌してポマード状にする。

❼ ⑤を⑥に加えて低速でざっと撹拌したのち、中速にして全体を混ぜ合わせる（E）。いったんビーターやミキサーボウルの側面についたクリームをゴムべらで払い落す。

❽ 再び中速で撹拌し、少し白っぽくなるまで空気を含ませる。

❾ ミキサーから下ろして、8分立てにしたクレーム・シャンティイ（→ p.260）を加え、ゴムべらで混ぜ合わせる（F）。

ムース・オ・シトロン・ヴェール

❶ パラチニット、グラニュー糖 A、水を鍋に入れ、火にかけて121℃になるまで煮詰める。

❷ 卵白をミキサーボウルに入れ、中高速のミキサーで撹拌する。すぐに①を注ぎ入れながらしっかり泡立て、冷めるまで撹拌を続ける（A）。

❸ ライムの皮をすりおろして加え、さっと撹拌して全体に混ぜる（B）。

❹ ライム果汁を鍋に入れてグラニュー糖 B を加え、火にかける。泡立て器で時折混ぜながら沸騰させる。

❺ 火から下ろし、ふやかした板ゼラチンを加えて泡立て器で混ぜ溶かす。ボウルに移し入れ、ゴムべらで時折混ぜながら35℃になるまで室温で冷ます。

❻ ③に⑤を注ぎ入れながら、泡立て器で混ぜ合わせる（C）。

❼ 7分立ての生クリームを入れたボウルに⑥を加えながら、泡立て器で混ぜ合わせる（D）。

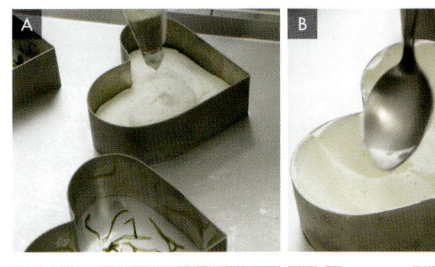

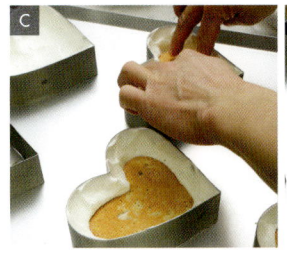

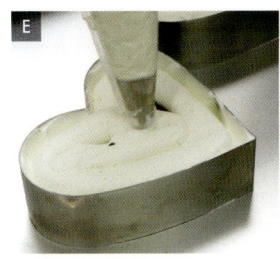

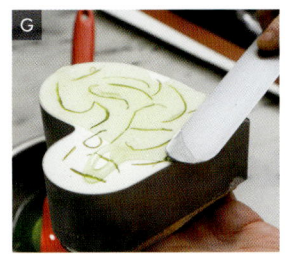

組み立て②、仕上げ

❶ ムース・オ・シトロン・ヴェールを口径12mmの丸口金をつけた絞り袋に入れ、〈組み立て①〉①で冷凍した型の中に1/3程度の高さまで絞り入れる（A）。

❷ スープスプーンの背でムース・オ・シトロン・ヴェールを側面に添わせ、すり鉢状に整える（B）。

❸ ビスキュイ・ミルティーユ・シトロン・ヴェールの中生地をシルパットからはがし、②の上にかぶせて上から指で軽く押して密着させ、平らにする（C）。

❹ ムースリーヌ・ア・ラ・ミルティーユを口径12mmの丸口金をつけた絞り袋に入れ、③の上に型の2/3の高さまで絞り入れる（D）。

❺ ①の残りのムース・オ・シトロン・ヴェールを、型いっぱいに絞り入れる（E）。スープスプーンの背でざっと平らにならしたのち、浅いすり鉢状に整える。

❻ 〈組み立て①〉②のビスキュイ・ミルティーユ・シトロン・ヴェールの底生地を、クルスティヤンを塗った面を下にして⑤にかぶせ、指で軽く押さえて密着させる（F）。ショックフリーザーで冷凍する。

❼ ⑥を裏返してOPPシートをはがし、上面にナパージュをパレットナイフで薄く塗る（G）。

❽ 高さのある台に⑦をのせ、ガスバーナーで側面を軽く温めて、型をはずす。

❾ ④の残りのムースリーヌ・ア・ラ・ミルティーユをコルネに入れ、ビスキュイ・マカロンの裏側に少量つけて接着剤とし、⑧の側面に貼りつける（H）。

❿ ブラックベリー、ブルーベリー、エディブルフラワーを上面に飾り、ナパージュ・ヌートルをコルネに入れてところどころ絞る。

Marron Fruits Rouges

マロン フリュイ ルージュ

人気が高いクリのお菓子のバリ
エーションを考えるなかで思いつい
たのが、フリュイ・ルージュ（赤い実
のフルーツ）との組み合わせ。複数
のベリーが混じり合った味と香りの
深みが、クリに合うと思いました。
クリのムースとクレーム・シャンティ
イはラム酒で華やかさを加え、ビ
スキュイ・マロンにはマロン・コン
フィを混ぜ込んで、ぜいたくに。間
にフリュイ・ルージュのやわらかな
ジュレを挟んで、一体感のある味
わいに仕上げました。モンブランと
はひと味違う、ポップで華やかな
装いも目を引きます。

◉ビスキュイ・ジョコンド
Biscuit Joconde（60×40㎝の天板1枚分）
全卵　œufs　275g
アーモンドパウダー
amandes en poudre　200g
粉糖　sucre glace　200g
卵白　blancs d'œufs　175g
グラニュー糖　sucre semoule　37g
乾燥卵白　blancs d'œufs en poudre　2g
薄力粉　farine ordinaire　65g
バター　beurre　42g
＊「オペラ オ フランボワーズ」のビスキュイ・ジョコンド（→
p.016）を参照してつくる。

◉ビスキュイ・マロン
Biscuit Marron（60×40㎝の天板・1枚分）
パート・ド・マロン　pâte de marrons　330g
バター　beurre　330g
グラニュー糖　sucre semoule　270g
ヴァニラペースト　pâte de vanille　適量
全卵　œufs　230g
薄力粉　farine ordinaire　130g
ベーキングパウダー　levure chimique　3g
シロップ漬けのクリ（細かいブロークン。アンベー
ル「マロンインシロップ ブリジュア」）
marrons confits au sirop　200g
＊「フラム」のビスキュイ・マロン（底生地用）（→p.147）を
参照してつくる。

◉ジュレ・オ・フリュイ・ルージュ
Gelée aux Fruits Rouges
（57×37㎝のカードル型・1台分）
フランボワーズのピュレ
purée de framboises　460g
グラニュー糖　sucre semoule　170g
板ゼラチン　feuilles de gélatine　37g
イチゴのピュレ　purée de fraises　460g
カシスのピュレ　purée de cassis　270g

◉クーリ・ド・カシス
Coulis de Cassis（つくりやすい分量）
グラニュー糖　sucre semoule　35g
LMペクチン　pectine　3g
カシスのピュレ　purée de cassis　250g
水アメ　glucose　30g
板ゼラチン　feuilles de gélatine　4g

◉クレーム・シャンティイ・オ・マロン
Crème Chantilly au Marron
（つくりやすい分量）
パート・ド・マロン　pâte de marrons　150g
クレーム・ド・マロン　crème de marrons　75g
生クリーム（乳脂肪分35％）
crème fraîche 35% MG　150g
板ゼラチン　feuilles de gélatine　5g
ラム酒（バーディネー「ディロン トレヴューラム
V.S.O.P.」）　rhum　6g
クレーム・シャンティイ
crème Chantilly（→p.260）　300g

◉ムース・オ・マロン
Mousse aux Marrons
パート・ド・マロン　pâte de marrons　885g
クレーム・ド・マロン　crème de marrons　442g
生クリーム A（乳脂肪分35％）
crème fraîche 35% MG　132g
板ゼラチン　feuilles de gélatine　22g
ラム酒（バーディネー「ディロン トレヴューラム
V.S.O.P.」）　rhum　123g
生クリーム B（乳脂肪分35％）
crème fraîche 35% MG　1592g

◉その他　**Autres Éléments**
ナパージュ・ヌートル　nappage neutre　適量
シュークル・デコール　sucre décor　適量
フランボワーズ　framboises　適量
ブルーベリー　myrtilles　適量
シロップ漬けのクリ（細かいブロークン。アンベー
ル「マロンインシロップ ブリジュア」）
marrons confits au sirop　適量

La Composition

1 シロップ漬けのクリ
2 クレーム・シャンティイ・オ・マロン
3 ジュレ・オ・フリュイ・ルージュ、クーリ・ド・カシス
4 ムース・オ・マロン
5 ジュレ・オ・フリュイ・ルージュ
6 ビスキュイ・ジョコンド
7 ビスキュイ・マロン

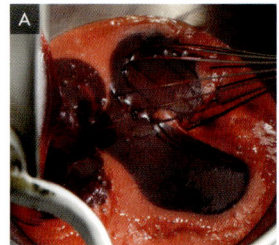
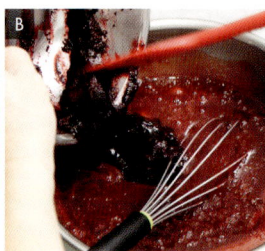

つくり方

ジュレ・オ・フリュイ・ルージュ

❶ フランボワーズのピュレを鍋に入れ、グラニュー糖を加えて泡立て器で混ぜる。火にかけて、混ぜながら沸騰させる。

❷ 火から下ろし、ふやかした板ゼラチンを加えて混ぜ溶かす。

❸ 半解凍したイチゴのピュレを入れたボウルに②を注ぎ入れ、混ぜる（A）。

❹ 半解凍したカシスのピュレを③に加え混ぜる（B）。ゴムべらに替えてムラのないよう混ぜ合わせたのち、ボウルの底に氷水を当てて、15℃になるまで冷やす。

＊半解凍したピュレと混ぜ合わせることで、早く冷える。

クーリ・ド・カシス

❶ グラニュー糖とLMペクチンを混ぜ合わせる。

❷ カシスのピュレを鍋に入れ、泡立て器で混ぜながら火にかける。40℃になるまで温めたら①を加え混ぜる（A）。水アメも加えて混ぜながら加熱を続け、沸騰させる。

❸ ふやかした板ゼラチンを加え、泡立て器で混ぜ溶かす（B）。ボウルに移し入れ、ボウルの底に氷水を当てて、15℃になるまで冷やす。

組み立て①

❶ OPPシートを敷いた天板に57×37cmのカードル型をのせる。ジュレ・オ・フリュイ・ルージュをコルネに入れ、直径1.5〜2cmの円形に、間隔をあけて絞る（14個×10列程度が目安）（A）。

＊残りのジュレ・オ・フリュイ・ルージュは、固まりすぎないよう室温で保管し、〈組み立て②〉の直前にボウルの底に氷水を当てて冷やし、ゲル状になるよう調整する。

❷ コルネにクーリ・ド・カシスを入れ、①の隙間に直径7mmの円形に絞る（14個×11列程度が目安）（B）。ショックフリーザーで冷凍する。

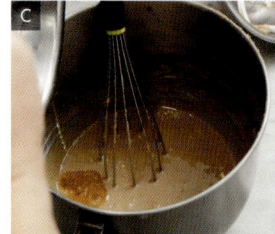

クレーム・シャンティイ・オ・マロン

❶ 室温に戻したパート・ド・マロンをミキサーボウルに入れ、ビーターをつけた中速のミキサーでざっと撹拌し、なめらかな状態にする。

❷ 室温に戻したクレーム・ド・マロンを①に加え、中高速で混ぜ合わせる（A）。

❸ ①〜②と並行して、生クリームを鍋に入れて火にかけ、沸騰させる。ふやかした板ゼラチンを加え、混ぜ溶かす。

❹ ③の半量を4回に分けて②に加え、中速でよく混ぜる（B）。ダマができないよう、混ぜ終えるたび、ビーターやミキサーボウルの側面についたクリームをゴムべらで払い落しながら行うこと。

❺ 残りの③を加え、中速でよく混ぜる。ビーターやミキサーボウルの側面についたクリームをゴムべらで払い落し、泡立て器でムラのないよう混ぜる。

❻ ラム酒を加え、泡立て器で混ぜる（C）。混ぜ終わりの温度は30℃が目安。

❼ しっかり泡立てたクレーム・シャンティイ（→ p.260）を入れたボウルに⑥を加えながら、泡立て器で混ぜ合わせる（D）。ゴムべらに替えてムラのないよう混ぜ合わせたのち、冷蔵庫でしっかり冷やす。

ムース・オ・マロン

❶ 室温に戻したパート・ド・マロンをミキサーボウルに入れ、ビーターをつけた低速のミキサーでざっと撹拌し、なめらかな状態にする。

❷ 室温に戻したクレーム・ド・マロンを3回に分けて①に加え、そのつど中高速でよく混ぜる（A）。

❸ ①〜②と並行して、生クリームAを鍋に入れて火にかけ、沸騰させる。ふやかした板ゼラチンを加え、混ぜ溶かす。

❹ ③の半量を5回程度に分けて少しずつ②に加え、そのつど中速でよく混ぜる（B）。4/5ほど混ぜたらいったん、ビーターやミキサーボウルの側面についたクリームをゴムべらで払い落す。

❺ 残りの③を加え、中速でよく混ぜる。

❻ ラム酒の半量を加え、中速で混ぜる（C）。ビーターやミキサーボウルの側面についたクリームをゴムべらで払い落し、残りのラム酒を加えて中速で混ぜる。ミキサーから下ろしてゴムべらでムラのないよう混ぜ合わせる。

❼ ⑥を耐熱ボウルに移し入れ、電子レンジで38℃になるまで温める。途中、数回泡立て器で混ぜて、全体が均一に温まるようにする。

❽ 7分立てにした生クリームBの1/5量を⑦に加え、泡立て器でざっと混ぜる。これを、生クリームBを入れたボウルに戻し入れながら、泡立て器で混ぜ合わせる（D）。ゴムべらに替え、均一な状態になるまで混ぜ合わせる。

組み立て②、仕上げ

❶ 〈組み立て①〉②のカードル型にムース・オ・マロンを1580g流し入れ、L字パレットナイフで平らにならす（A）。ショックフリーザーに少し入れて表面を冷やし固める。

❷ ①の上に、冷やしてゲル状にしたジュレ・オ・フリュイ・ルージュを1300g流し入れ、L字パレットナイフで平らにならす（B）。

❸ ビスキュイ・ジョコンドを焼き面を下にして②にかぶせる。オーブンペーパーをはがし、上から手のひらで軽く押さえて密着させ、平らにする（C）。

❹ 残りのムース・オ・マロン1580gを③に流し入れ、L字パレットナイフで平らにならす（D）。

❺ ビスキュイ・マロン（→ p.147）を焼き面を下にして④にかぶせ、上から手のひらで軽く押さえて密着させる（E）。板をのせて上から手で押さえて平らにしたのち、ショックフリーザーで冷凍する。

❻ ⑤の上面のオーブンペーパーをはがし、再びオーブンペーパーをかぶせて板をのせ、上下を返す。ガスバーナーで側面を軽く温め、型をはずす。平刃包丁で37×8.5cmに切り分ける。ショックフリーザーでしっかり冷やし固める。＊ここでよく冷やさないと、⑦でジュレやクーリがこすれてにじんでしまう。

❼ 上面にナパージュ・ヌートルをのせ、L字パレットナイフで手早く、薄く塗り広げる（F）。ショックフリーザーで冷凍する。

❽ 平刃包丁で19×8.5cmに切る。

❾ 小さいL字パレットナイフで、ランダムに5ヵ所、上面のナパージュ・ヌートルを取り除く。

❿ クレーム・シャンティイ・オ・マロンを12切・10番の星口金をつけた絞り袋に入れ、⑨でナパージュ・ヌートルを取り除いた部分にロザス形に絞る（G）。

⓫ シュークル・デコールをふったフランボワーズとブルーベリー、キッチンペーパーで汁気を取って小さく切ったシロップ漬けのクリを上面に飾る。

⓬ ナパージュ・ヌートルをコルネに入れ、⑪のシロップ漬けのクリとブルーベリーの上に絞る（H）。

Noisettines

ノワゼッティーヌ

ヘーゼルナッツとショコラの相性のよさを前面に打ち出したひと
品です。ヘーゼルナッツのプラリネは、もちろん自家製。つくり
たてを使えば、風味の力強さは格別です。これをなめらかなク
レムーと、サクサクしたクルスティヤンにし、ダックワーズには
ヘーゼルナッツパウダーを加えました。一方、ムース・オ・ショコ
ラは、ベースとなるクレーム・アングレーズを泡立ててから、
クーベルチュールや生クリームと合わせて軽やかに。コク深い
ナッツの油脂と相まって、重たくならないようにしています。

Noisettines

⊙ クランブル
Crumble（つくりやすい分量）
バター　beurre　300g
カソナード　cassonade　300g
アーモンドパウダー
amandes en poudre　300g
海塩　sel de mer　6g
薄力粉　farine ordinaire　300g
＊「パリブレスト オ シトロン」のクランブル①～③（→p.057）
を参照してつくる。パイシーターで厚さ3mmにのばし、直径
12cmの円形の抜き型で抜き、160℃のコンベクションオー
ブンで約15分焼く。そのまま室温で冷ます。

⊙ ガナッシュ・オ・ショコラ
Ganache au Chocolat（つくりやすい分量）
生クリーム（乳脂肪分35%）
crème fraîche 35% MG　100g
クーベルチュール（ビター、カカオ分66%、ヴァ
ローナ「カライブ」）
couverture noir 66%　100g
バター　beurre　40g
＊「トゥー ショコラ」のガナッシュ・オ・ショコラ（→p.144）を
参照してつくる。

⊙ ダックワーズ・ノワゼット
Dacquoise Noisette（12台分）
ヘーゼルナッツパウダー
noisettes en poudre　110g
アーモンドパウダー
amandes en poudre　110g
粉糖A　sucre glace　132g
薄力粉　farine ordinaire　36.6g
卵白　blancs d'œufs　295g
グラニュー糖　sucre semoule　88g
粉糖B　sucre glace　適量

⊙ クルスティヤン・ノワゼット
Croustillant Noisette
ヘーゼルナッツ（ホール、皮剥き）
noisettes entières émondées　50g
クーベルチュール（ミルク、カカオ分40%、ヴァ
ローナ「ジヴァラ・ラクテ」）
couverture au lait 40%　90g
バター　beurre　40g
プラリネ・ノワゼット
praliné noisettes（→p.265）　154g
パート・ド・ノワゼット
pâte de noisettes　154g
フイユティーヌ　feuilletine　154g

⊙ クレムー・オ・プラリネ
Cremeaux au Praliné（7台分）
牛乳　lait　70g
板ゼラチン　feuilles de gélatine　2g
プラリネ・ノワゼット
praliné noisettes（→p.265）　230g
生クリーム（乳脂肪分35%）
crème fraîche 35% MG　230g

⊙ ムース・オ・ショコラ
Mousse au Chocolat
生クリームA（乳脂肪分35%）
crème fraîche 35% MG　80g
牛乳　lait　50g
卵黄　jaunes d'œufs　226g
グラニュー糖　sucre semoule　100g
クーベルチュール（ビター、カカオ分66%、ヴァ
ローナ「カライブ」）
couverture noir 66%　400g
生クリームB（乳脂肪分35%）
crème fraîche 35% MG　200g
生クリームC（乳脂肪分35%）
crème fraîche 35% MG　500g

⊙ その他　Autres Éléments
ノワゼット・キャラメリゼA＊
noisettes caramelisés（→p.265）　108g
グラサージュ・キャラメル・ショコラ・オ・レ
glaçage caramel chocolat au lait（→p.266）　適量
グラサージュ・ショコラ・ノワール
glaçage chocolat noir（→p.266）　適量
羽状のクーベルチュール（ミルク）
plume de chocolat au lait（→p.268）　84枚
ノワゼット・キャラメリゼB
noisettes caramelisés（→p.265）　6粒
金箔　feuille d'or　適量
＊ノワゼット・キャラメリゼAは、牛刀で粗く刻み、重ねた
5mm目と3mm目のふるいに通し、間に残ったもの（3～5mmの
大きさ）だけを使用する。

La Composition

1 羽状のクーベルチュール
2 金箔で包んだ、ノワゼット・キャラメリゼ
3 グラサージュ・キャラメル・ショコラ・オ・レ、
　グラサージュ・ノワール
4 ムース・オ・ショコラ
5 クレムー・オ・プラリネ
6 ダックワーズ・ノワゼット
7 ノワゼット・キャラメリゼ
8 クルスティヤン・ノワゼット
9 ガナッシュ・オ・ショコラを塗った、クランブル

つくり方

ダックワーズ・ノワゼット

❶ オーブンペーパーを敷いた天板にヘーゼルナッツパウダーを広げ、160℃のコンベクションオーブンで10分弱ローストする。そのまま室温で冷ます。

❷ ①と、アーモンドパウダー、粉糖A、薄力粉を合わせてふるう（A）。

❸ 卵白をミキサーボウルに入れ、グラニュー糖を加える。中速のミキサーで艶よく、しっかり泡立てる。

❹ ②を③に加えながら、ゴムべらで粉が見えなくなるまで混ぜ合わせる（B）。

❺ 口径15㎜の丸口金をつけた絞り袋に④を入れ、シルパットを敷いた天板の上に、直径12㎝の円形に絞る（C）。

❻ 粉糖Bを軽くふり、そのまま室温に置く。粉糖が溶けたら、180℃のコンベクションオーブンで9〜10分焼く。シルパットごと網にのせ、室温で冷ます（D）。

クルスティヤン・ノワゼット

❶ オーブンペーパーを敷いた天板にヘーゼルナッツを広げ、160℃のコンベクションオーブンで約12分ローストする。そのまま室温で冷まし、牛刀で粗く刻む。

❷ クーベルチュールをボウルに入れて湯煎で溶かし、35℃に調整する。室温に戻したバターを加え、泡立て器でダマが残らないようよく混ぜる。

❸ プラリネ・ノワゼット（→ p.265）とパート・ド・ノワゼットを②に加え、ゴムべらで均一な状態になるまで混ぜる（A）。

❹ ①とフイユティーヌを③に加え、ゴムべらでまんべんなく混ぜ合わせる（B）。

❺ 大理石の台にOPPシートをぴったり貼りつけ、高さ3㎜のバールを左右に間隔をあけて置き、間に④をのせる。上からもOPPシートをかぶせて、手のひらで押さえてぴったり貼りつける。その上に麺棒を転がして、厚さ3㎜にのばす（C）。バールをはずして板の上にのせ、ショックフリーザーで冷やし固める。

❻ 直径10㎝の円形の抜き型で抜く（D）。冷凍庫で冷やし固める。

クレムー・オ・プラリネ

❶ 牛乳を鍋に入れ、火にかけて泡立て器で混ぜながら沸騰させる。火から下ろしてふやかした板ゼラチンを加え、混ぜ溶かす。

❷ プラリネ・ノワゼット（→ p.265）を入れたボウルに①を1/3量加え、均一な状態になるまでゴムべらでしっかり混ぜる（A）。

＊プラリネ・ノワゼットの油脂が多いので、いったん分離した状態になる。

❸ 残りの①を半量ずつ加え、そのつど泡立て器でしっかり混ぜて乳化させる。

❹ ③を湯煎にかけて35℃に調整する。6分立てにした生クリームの1/3量を加え、泡立て器で手早く混ぜる（B）。

❺ ④の残りの生クリームを加え、ゴムべらでムラのないよう、均一な状態になるまで混ぜ合わせる（C）。

❻ 直径10.4㎝、高さ2㎝の円形の型（ロンド（円）、フレキシパン）を天板にのせ、⑤をレードルで60gずつ流し入れる（D）。ショックフリーザーで冷凍する。

ムース・オ・ショコラ

❶ 生クリームＡと牛乳を鍋に入れ、火にかけて泡立て器で混ぜながら沸騰させる。

❷ ①と並行して、卵黄をボウルに入れて溶きほぐし、グラニュー糖を加えてすり混ぜる。

❸ ①の1/3量を②に加え、泡立て器で混ぜる（A）。これを①の鍋に戻し入れる。

❹ ③を弱火にかけて、泡立て器で混ぜながら80℃になるまで炊く（B）。
＊卵黄の配合が多く、火が入りやすいので注意。パータ・ボンブのように泡立てたものをベースにしてムースをつくることで、口当たりが非常に軽くなる。

❺ ④をシノワで漉してミキサーボウルに入れ、中高速のミキサーで白っぽくなるまでしっかり泡立てる（C）。

❻ ⑤と並行して、ボウルにクーベルチュールを入れ、湯煎にかけて溶かす。

❼ ⑤と並行して、生クリームＢを鍋に入れ、火にかけて泡立て器で混ぜながら沸騰させる。

❽ ⑥に⑦を1/5量ずつ2回加え、そのつどゴムべらで中心からすり混ぜて、徐々に周りに広げて全体を混ぜる（D・E）。さらに1/5量加え、泡立て器に替えて中心からすり混ぜて、徐々に周りに広げて全体をよく混ぜる（F）。
＊いったん分離した状態になる。これにより、さらに生クリームを加えて乳化させるとしっかり結合し、離水しにくくなる。

❾ スティックブレンダーで撹拌する（G）。
＊さらに分離した状態になる。

❿ ⑦の残りを半量ずつ加え、そのつど泡立て器で中心からすり混ぜて、徐々に周りに広げて全体を混ぜ、艶よくなめらかな状態になるまで乳化させる（H）。
＊液体を少しずつクーベルチュールに混ぜていくほうが、一度に加えるよりも摩擦が生じて乳化しやすい。また、混ぜ合わせてできるガナッシュを35〜38℃に保つと、摩擦が生じやすくなり、より乳化しやすくなる。

⓫ 湯煎にかけて38℃に調整し、泡立て器でもう一度よく混ぜてしっかり乳化させる。

⓬ ⑤を⑪に加え、泡立て器でやさしく、丁寧に混ぜ合わせる。ふんわりした状態になる（I）。
＊温かくてなめらかな状態に調整したガナッシュに、パータ・ボンブのようなベースを温かい状態で加えることで、気泡が潰れにくく、ふんわりしたムースになる。

⓭ 7分立てにした生クリームＣの半量を⑫に加え、ゴムべらで混ぜ合わせる。

⓮ 残りの生クリームＣを入れたボウルに⑬を戻し入れ、ゴムべらでムラのないよう混ぜ合わせる（J）。

組み立て、仕上げ

❶ OPP シートを貼りつけた天板に直径12cm、高さ5cmのセルクル型を並べ、ムース・オ・ショコラをレードルで型の1/3の高さまで流し入れる（A）。

❷ スープスプーンの背でムース・オ・ショコラを側面に添わせ、すり鉢状に整える。

❸ 冷凍したクレムー・オ・プラリネを型からはずし、②の上にかぶせて上から指で軽く押して密着させ、平らにする（B）。

❹ 口径11mmの丸口金をつけた絞り袋にムース・オ・ショコラを入れ、③の上に薄く絞り入れ、スープスプーンの背でざっと平らにならす。

❺ ダックワーズ・ノワゼットを、焼き面を上にして④にかぶせ、上から指で軽く押して密着させる（C）。

❻ ④の残りのムース・オ・ショコラを⑤の上に薄く絞り入れ、スープスプーンの背でざっと平らにならす。

❼ 刻んだノワゼット・キャラメリゼ A（→ p.265）を、⑥の上に縁を残して、1台につき約18g ずつ散らす（D）。

❽ ⑥の残りのムース・オ・ショコラを⑦の上に薄く絞り入れる。スープスプーンの背でざっと浅いすり鉢状にならし、カードで整える（E）。

❾ クルスティヤン・ノワゼットをかぶせ、上から指で軽く押さえて接着する（F）。ラップフィルムをかけ、ショックフリーザーで冷凍する。

❿ ガナッシュ・オ・ショコラ（→ p.144）をクランブル（→ p.057）の表面にパレットナイフで塗る。ラップフィルムを貼りつけた天板に網をのせ、その上に置く。

⓫ 高さのある台に⑨をのせ、ガスバーナーで側面を軽く温め、型をはずす。⑩の上にのせる（G）。

⓬ グラサージュ・キャラメル・ショコラ・オ・レ（→ p.266）とグラサージュ・ショコラ・ノワール（→ p.266）を、それぞれ30℃に調整してスティックミキサーで撹拌する。

⓭ グラサージュ・キャラメル・ショコラ・オ・レを⑪の半面に上からかけ、すぐにグラサージュ・ショコラ・ノワールを残り半面に上からかける（H）。

⓮ パレットナイフを上面に滑らせて、余分なグラサージュを落す。ぼかし模様になる（I）。

⓯ 網ごと持ち上げて天板に軽くトントンと打ちつけ、余分なグラサージュを落す。

⓰ ⑮の底にパレットナイフを差し入れ、網の上を滑らせながら余分なグラサージュを取り除き、トレイにのせる。

⓱ 羽状のクーベルチュール（→ p.268）の下部をペティナイフで切りそろえ、⑯の側面に等間隔に14枚貼りつける。このとき、高さが順に低くなるよう、2.5mmずつ長さを短く切りそろえながら貼りつけていく（J）。

⓲ ノワゼット・キャラメリゼ B（→ p.265）の表面に金箔を貼りつけ、上面に飾る。

Framboisier

フランボワジエ

フランボワーズとショコラから発想を広げました。見た目にも味にもフランボワーズのジューシー感を出そうと、一番上にはグリーンアニスの香りで個性を加えたフランボワーズのジュレを流しています。ムース・オ・ショコラはフランボワーズを加えて軽めに仕上げ、シンプルで軽やかなビスキュイ・サッシェールと重ねました。プラリネのムースを一層入れたのは、味にまろやかさと変化を与えるため。底に敷いたプラリネの軽快な歯触りも加わって、飽きのこないひと品となっています。

Framboisier

フランボワジエ ■ 材料（57×37cmのカードル型・1台分）

◉ビスキュイ・サッシェール

Biscuit Sacher（60×40cmの天板・3枚分）

粉糖　sucre glace　384g

アーモンドパウダー

amandes en poudre　285g

全卵　œufs　200g

卵黄　jaunes d'œufs　332g

卵白　blancs d'œufs　500g

グラニュー糖　sucre semoule　300g

薄力粉　farine ordinaire　166g

カカオパウダー　cacao en poudre　166g

バター　beurre　166g

＊「キャラメル テンダンス」のビスキュイ・サッシェール
（→ p.086）を参照してつくる。

◉クランブル・カネル

Crumble Cannelle（つくりやすい分量）

バター　beurre　100g

カソナード　cassonade　100g

アーモンドパウダー

amandes en poudre　100g

海塩　sel de mer　2g

薄力粉　farine ordinaire　100g

シナモンパウダー　cannelle en poudre　4g

＊「タルト タタン」のクランブル・カネル（→ p.021）を参照
してつくる。フードプロセッサーで軽く砕く。

◉クルスティアン・オ・カネル

Croustillant au cannelle

クーベルチュール（ミルク、カカオ分40%、ヴァ
ローナ「ジヴァラ・ラクテ」）

couverture au lait 40%　373g

パート・ド・ノワゼット　pâte de noisettes　311g

クランブル・カネル　crumble cannelle　345g

リ・スフレ・ショコラ（ケロッグ「チョコクリスピー」）

riz soufflé chocolat　138g

海塩　sel de mer　3g

◉ジュレ・ド・フランボワーズ

Gelée de Framboises

フランボワーズのピュレ

purée de framboises　125g

グラニュー糖A　sucre semoule　63g

グリーンアニス　anis vert　5g

グラニュー糖B　sucre semoule　13g

LMペクチン　pectine　13g

フランボワーズ（冷凍、ブロークン）

framboises brisées surgelées　378g

フランボワーズ（冷凍、ホール）

framboises entières surgelées　250g

板ゼラチン　feuilles de gélatine　13g

◉アンビバージュ　Sirop d'Imbibage

グラニュー糖　sucre semoule　30g

水　eau　145g

カカオパウダー　cacao en poudre　7g

フランボワーズのオー・ド・ヴィ

eau-de-vie de framboise　7g

◉ムース・オ・プラリネ・アマンド

Mousse aux Praliné Amandes

生クリーム（乳脂肪分35%）

crème fraîche 35% MG　210g

牛乳　lait　210g

卵黄　jaunes d'œufs　100g

グラニュー糖　sucre semoule　122g

板ゼラチン　feuilles de gélatine　15g

プラリネ・アマンド

praliné amandes（→ p.265）　270g

生クリーム（乳脂肪分35%）

crème fraîche 35% MG　280g

◉ムース・オ・ショコラ・フランボワーズ

Mousse au Chocolat Framboise

フランボワーズのピュレ

purée de framboises　590g

バター　beurre　55g

生クリーム（乳脂肪分35%）

crème fraîche 35% MG　52g

卵黄　jaunes d'œufs　114g

グラニュー糖　sucre semoule　112g

クーベルチュール（ミルク、カカオ分40%、ヴァ
ローナ「ジヴァラ・ラクテ」）

couverture au lait 40%　364g

クーベルチュール（ビター、カカオ分66%、ヴァ
ローナ「カライブ」）　couverture noir 66%　163g

生クリーム（乳脂肪分35%）

crème fraîche 35% MG　1044g

◉ナパージュ　Nappage

ナパージュ・ヌートル　nappage neutre　200g

フランボワーズのリキュール

liqueur de framboise　10g

＊すべての材料を混ぜ合わせる。

◉その他　Autres Éléments

5連のリング状のクーベルチュール

cinq boucles de chocolat（→ p.269）　適量

フランボワーズ　framboises　適量

シュークル・デコール　sucre décor　適量

ナパージュ・ヌートル　nappage neutre　適量

La Composition

1　5連のリング状のクーベルチュール
2　フランボワーズのリキュールを加えた、ナパージュ
3　ジュレ・ド・フランボワーズ
4　ムース・オ・プラリネ・アマンド

5　アンビバージュを打った、
　　ビスキュイ・サッシェール
6　ムース・オ・ショコラ・フランボワーズ
7　クルスティアン・オ・カネル

クルスティヤン・オ・カネル

❶ ボウルにクーベルチュールを入れて湯煎にかけて溶かし、40℃に調整する。パート・ド・ノワゼットを加え、ゴムべらで混ぜる（A）。

❷ クランブル・カネル（→ p.021）を別のボウルに入れて①を加え、ゴムべらで混ぜ合わせる（B）。

❸ リ・スフレ・ショコラ、海塩を順に加え、そのつどゴムべらで混ぜ合わせる（C）。

❹ OPPシートを貼りつけた天板に57×37cmのカードル型をのせ、③を流し入れる。L字パレットナイフで平らにならす（D）。

❺ カードル型が動かないよう支えながら、天板を手で持ってゆすり、平らにする。カードル型をはずしてショックフリーザーで冷凍する。

ジュレ・ド・フランボワーズ

❶ フランボワーズのピュレを鍋に入れ、グラニュー糖Aを加えて泡立て器で混ぜる。グリーンアニスも加え、中火にかけて混ぜながら沸騰させる（A）。

❷ すぐに火を止めてラップフィルムをかけ、10分アンフュゼする（B）。
＊沸騰したらすぐに火を止めないと、香りが逃げてしまう。

❸ グラニュー糖BとLMペクチンをボウルに入れ、混ぜ合わせる。

❹ フランボワーズ（ブロークン、ホール）を別の鍋に入れ、②を網で漉しながら加える（C）。中火にかけてゴムべらで混ぜながら加熱し、40℃になるまで温めたら③を加え、泡立て器で混ぜながら沸騰させる（D）。

❺ 火から下ろし、ふやかした板ゼラチンを加えてゴムべらで混ぜ溶かす。

❻ ボウルに移し入れ、ボウルの底に氷水を当てて、ゴムべらで混ぜながら30℃になるまで冷やす（E）。

❼ OPPシートを貼りつけた天板に57×37cmのカードル型をのせ、⑥を流し入れる。L字パレットナイフで平らにならす（F）。ショックフリーザーで冷凍する。

アンビバージュ

❶ グラニュー糖と水を鍋に入れ、火にかけて沸騰させる。

❷ ふるったカカオパウダーをボウルに入れ、①を少量ずつ加え、そのつど泡立て器でダマにならないよう、よく混ぜる（A）。

❸ ボウルの底に氷水を当てて、ゴムべらで混ぜながら20℃になるまで冷やす。

❹ フランボワーズのオー・ド・ヴィを加えてゴムべらで混ぜる（B）。

ムース・オ・プラリネ・アマンド

❶ 生クリームと牛乳を鍋に入れ、火にかけて泡立て器で混ぜながら沸騰させる。

❷ ①と並行して、卵黄をボウルに入れてグラニュー糖を加え、泡立て器でよく混ぜる。

❸ ①の1/3量を②に加え混ぜる。これを①の鍋に戻し入れ、泡立て器で混ぜる（A）。

❹ ③を中火にかけて、ゴムべらで混ぜながら82℃になるまで炊く（B）。

❺ 火から下ろし、ふやかした板ゼラチンを加えて混ぜ溶かす。

❻ プラリネ・アマンド（→ p.265）をボウルに入れて、⑤を1/5量ずつ2回加え、そのつど泡立て器でダマにならないようよく混ぜて乳化させる（C）。ゴムべらでボウルの側面についたプラリネを払い落す。

❼ 残りの⑤を半量ずつ加え、そのつど泡立て器で均一な状態になるまで混ぜる。ゴムべらに替え、ムラのないよう混ぜ合わせる（D）。

❽ ⑦をシノワで漉して、別のボウルに移し入れる。ボウルの底に氷水を当てて、26℃になるまで冷やす（E）。

＊①〜⑧と並行して、ムース・オ・ショコラ・フランボワーズ①〜⑦を行う。温度調整に気をつけて、いずれも組み立ての直前に泡立てた生クリームを合わせるだけの状態にしておく。

❾ 7分立ての生クリームを入れたボウルに⑧を注ぎ入れながら、泡立て器で混ぜ合わせる（F）。ゴムべらに替えて、均一な状態になるまで、ムラのないよう混ぜ合わせる。

ムース・オ・ショコラ・フランボワーズ

❶ フランボワーズのピュレを鍋に入れ、バターと生クリームを加える（A）。強火にかけて、泡立て器で混ぜながら沸騰させる。

❷ ①と並行して、卵黄をボウルに入れてグラニュー糖を加え、泡立て器でよく混ぜる。

❸ ①の1/3量を②に加え混ぜる（B）。これを①の鍋に戻し入れ、泡立て器で混ぜる。

❹ ③を中火にかけて、クレーム・アングレーズの要領で、泡立て器で混ぜながら82℃になるまで炊く（C）。

❺ ④をシノワで漉して、クーベルチュール2種を入れたボウルに注ぎ入れる。泡立て器で中心からすり混ぜて、徐々に周りに広げて全体を混ぜ、乳化させる（D）。

❻ ボウルの底に氷水を当てて、38℃になるまで冷やす。

❼ スティックブレンダーで撹拌し、艶よく均一な状態になるまで乳化させる（E）。

❽ 7分立ての生クリームを入れたボウルに⑦を注ぎ入れながら、泡立て器で混ぜ合わせる。ゴムべらに替えて、均一な状態になるまで、ムラのないよう混ぜ合わせる（F）。

組み立て、仕上げ

❶ 冷凍したジュレ・ド・フランボワーズの上にムース・オ・プラリネ・アマンドを流し入れ、L字パレットナイフで平らにならす（A）。

❷ ビスキュイ・サッシェール（→ p.086）を、焼き面を下にして①にかぶせ、オーブンペーパーをはがす。上から手のひらで軽く押さえて密着させる。

❸ ②にアンビバージュを刷毛で軽く打つ（B）。冷蔵庫で冷やす。

＊冷やしている間に〈ムース・オ・ショコラ・フランボワーズ〉⑧を手早く行う。

❹ ムース・オ・ショコラ・フランボワーズを③の上に1200g流し入れ、L字パレットナイフで平らにならす（C）。

❺ ビスキュイ・サッシェールを、焼き面を下にして④にかぶせ、オーブンペーパーをはがす。上から手のひらで軽く押さえて密着させる。

❻ ⑤にアンビバージュを刷毛で軽く打つ（D）。

❼ ④の残りのムース・オ・ショコラ・フランボワーズを流し入れ、L字パレットナイフで平らにならす（E）。

❽ 冷凍したクルスティヤン・オ・カネルを裏返して⑦にかぶせ、網をのせて、上から軽く押して密着させる（F）。

❾ ⑧の上下を返す。上面にナパージュをL字パレットナイフで薄く塗り広げる（G）。

❿ ガスバーナーで側面を軽く温め、型をはずす。平刃包丁で12.5×12.5cmに切り分ける。

⓫ 5連のリング状のクーベルチュール（→ p.269）を、⑩の上面に放射状に5つのせる。

⓬ フランボワーズにシュークル・デコールをふる。ナパージュ・ヌートルをコルネに入れてフランボワーズのお尻に少量つけ、2本の竹串でつまんで、⑪のクーベルチュールの輪の中に1粒ずつのせる（H）。

Bûche "Arlequin"

ビュッシュ アルルカン

冬の食材にとらわれず自由な発想でつくってみた
のが、このビュッシュ・ド・ノエルです。表面に
ペッシュ・ド・ヴィーニュ、アプリコット、グリオッ
トチェリーのコンポートをランダムに貼りつけて、
カットごとに異なる味と見た目の楽しさを演出し
ました。ムース・オ・プラリネ・ア・ラ・ピスターシュ
の中には、ミルクチョコレートのクリームと、グリ
オットとイチジクのジュレを潜ませ、ナッツと果
実の豊かな風味を調和させています。カラフルな
チョコレート細工やベリーで華やかに飾りました。

Bûche "Arlequin"

ビュッシュ アルルカン ■ 材料（49×7.5cm、高さ7cmのトヨ型・2台分）

◉クレーム・シャンティイ・ア・ラ・ピスターシュ
Crème Chantilly à la Pistache
生クリーム A（乳脂肪分35%）
crème fraîche 35% MG　100g
パート・ド・ピスターシュ（バビ「ピスタチオ・ペースト」）　pâte de pistaches　25g
グラニュー糖　sucre semoule　45g
生クリーム B（乳脂肪分45%）
crème fraîche 45% MG　350g

◉クルスティヤン・ノワゼット
Croustillant Noisette
ヘーゼルナッツ（ホール、皮剥き）
noisettes entières émondées　77g
クーベルチュール（ミルク、カカオ分40%、ヴァローナ「ジヴァラ・ラクテ」）
couverture au lait 40%　135g
バター　beurre　58g
プラリネ・ノワゼット
praliné noisettes（→ p.265）　230g
パート・ド・ノワゼット　pâte de noisettes　230g
フイユティーヌ　feuilletine　230g
＊「ノワゼッティーヌ」のクルスティヤン・ノワゼット①〜④（→ p.180）を参照してつくる。厚さ3mmにのばし、48.5×6cmに切り分ける。

◉ビスキュイ・ジョコンド
Biscuit Joconde　（60×40cmの天板2枚分）
全卵　œufs　535g
アーモンドパウダー　amandes en poudre　400g
粉糖　sucre glace　400g
卵白　blancs d'œufs　340g
グラニュー糖　sucre semoule　75g

乾燥卵白　blancs d'œufs en poudre　2g
薄力粉　farine ordinaire　130g
バター　beurre　85g

◉クレーム・ショコラ・オ・レ
Crème Chocolat au Lait
（49×37cmのカードル型・2台分）
牛乳　lait　135g
板ゼラチン　feuilles de gélatine　3g
クーベルチュール（ミルク、カカオ分35%、ヴァローナ「エクアトリアル・ラクテ」）
couverture au lait 35%　210g
生クリーム（乳脂肪分35%）
crème fraîche 35% MG　270g

◉ジュレ・ド・グリオット・エ・フィグ
Gelée de Griotte et Figue
（49×37cmのカードル型・1台分）
イチジクのピュレ　purée de figues　310g
グラニュー糖　sucre semoule　135g
板ゼラチン　feuilles de gélatine　14g
グリオットチェリーのピュレ　purée de griottes　160g

◉コンポート・ド・ペッシュ・ド・ヴィーニュ
Compote de Pêche de Vigne
（つくりやすい分量）
ペッシュ・ド・ヴィーニュ（冷凍、種なし、4つ割り）
quartiers de pêche de vigne surgelées　100g
グラニュー糖　sucre semoule　250g
水　eau　500g
薄く剥いたレモンの皮　zestes de citron　½個分
レモン果汁　jus de citron　½個分
モモのリキュール　liqueur de pêche　250g

◉コンポート・ダブリコ
Compote d'Abricot（つくりやすい分量）
シロップ漬けのアプリコット（種なし、半割り）
demi-abricots au sirop　100g
グラニュー糖　sucre semoule　250g
水　eau　500g
ヴァニラビーンズ　gousse de vanille　½本
キルシュ　kirsch　15g

◉コンポート・ド・グリオット
Compote de Griotte（つくりやすい分量）
グリオットチェリー（冷凍、種なし）
griottes surgelées　100g
グラニュー糖　sucre semoule　250g
水　eau　500g
ヴァニラビーンズ　gousse de vanille　½本
キルシュ　kirsch　15g

◉ムース・オ・プラリネ・ア・ラ・ピスターシュ
Mousse au Praliné à la Pistache
生クリーム A（乳脂肪分35%）
crème fraîche 35% MG　260g
板ゼラチン　feuilles de gélatine　16g
パート・ド・ピスターシュ（バビ「ピスタチオ・ペースト」）　pâte de pistaches　160g
プラリネ・アマンド
praliné amandes（→ p.265）　70g
粉糖　sucre glace　100g
生クリーム B（乳脂肪分35%）
crème fraîche 35% MG　1080g

◉その他　**Autres Éléments**
オレンジの皮のコンフィ
écorces d'orange confites　適量
ピスタチオ（ホール）　pistaches entières　適量
フランボワーズ（冷凍、ブロークン）
framboises brisées surgelées　適量
赤と緑に着色したクーベルチュールの薄板
（半楕円形、波形）
plaquette de chocolat en couleurs rouge et vert
（→ p.271）　適量
グロゼイユ　groseilles　適量
フランボワーズ　framboises　適量
グラニュー糖をまぶした棒状のクーベルチュール
stick plat de chocolat avec sucre semoule
（→ p.270）　適量
赤と緑に着色した球状のクーベルチュール
（直径4cm、2.7cm、1.8cmの3種）
boule de chocolat en couleurs rouge et vert
（→ p.271）　適量

La Composition

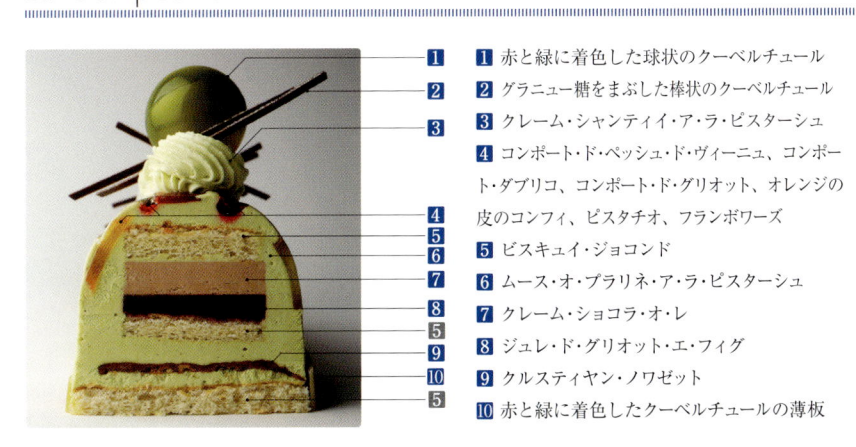

1. 赤と緑に着色した球状のクーベルチュール
2. グラニュー糖をまぶした棒状のクーベルチュール
3. クレーム・シャンティイ・ア・ラ・ピスターシュ
4. コンポート・ド・ペッシュ・ド・ヴィーニュ、コンポート・ダブリコ、コンポート・ド・グリオット、オレンジの皮のコンフィ、ピスタチオ、フランボワーズ
5. ビスキュイ・ジョコンド
6. ムース・オ・プラリネ・ア・ラ・ピスターシュ
7. クレーム・ショコラ・オ・レ
8. ジュレ・ド・グリオット・エ・フィグ
9. クルスティヤン・ノワゼット
10. 赤と緑に着色したクーベルチュールの薄板

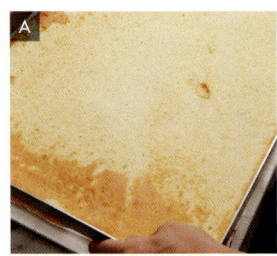 

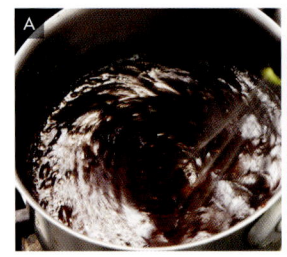 

つくり方

クレーム・シャンティイ・ア・ラ・ピスターシュ

❶ 生クリーム A を鍋に入れ、火にかけて泡立て器で混ぜながら沸騰させる。

❷ パート・ド・ピスターシュを入れたボウルに①を少量ずつ加え、そのつど泡立て器で均一な状態になるまで混ぜる（A）。グラニュー糖を加え混ぜる。

❸ 冷たい生クリーム B を加え、泡立て器でよく混ぜる（B）。密閉容器に入れ、ラップフィルムをかけて密着させ、冷蔵庫でひと晩休ませる。

❹ 使用する直前に中高速のミキサーでしっかり泡立てる。

ビスキュイ・ジョコンド

❶ 「オペラ オ フランボワーズ」のビスキュイ・ジョコンド①〜⑨（→ p.016）を参照してつくる。49×37cmのカードル型に合わせて端を切り落す（A）。

❷ ①のうち1枚を、オーブンペーパーを敷いた板の上に、焼き面を下にしてのせる。オーブンペーパーをはがし、48.5×7.5cmと48.5×4.5cmに、1台あたり各1枚ずつ切る（B）。ラップフィルムをかけて、ショックフリーザーで冷凍する。

クレーム・ショコラ・オ・レ

❶ 牛乳を鍋に入れ、火にかけて泡立て器で混ぜながら沸騰させる。

❷ 火から下ろしてふやかした板ゼラチンを加え、混ぜ溶かす。

❸ クーベルチュールをボウルに入れて、湯煎にかけて溶かす。②を1/5量ずつ4回に分けて加え、そのつど泡立て器で中心からすり混ぜて、徐々に周囲に広げて全体を混ぜる。次第に艶と粘りが出てきて、乳化する（A）。

❹ ゴムべらに替え、残りの②を加えて均一な状態になるまで混ぜ合わせる。ボウルの底に氷水を当てて、混ぜながら32℃になるまで冷やす（B）。

❺ 生クリームを別のボウルに入れて7分立てに泡立て、④を加えながら泡立て器で混ぜ合わせる（C）。ゴムべらに替え、ムラのないよう混ぜる。

❻ OPP シートを貼りつけた天板に49×37cmのカードル型をのせる。その中に⑤を流し入れ、L字パレットナイフで平らにならす（D）。ショックフリーザーで冷凍する。

ジュレ・ド・グリオット・エ・フィグ

❶ イチジクのピュレとグラニュー糖を鍋に入れ、火にかけて泡立て器で混ぜながら沸騰させる（A）。

❷ 火から下ろし、ふやかした板ゼラチンを加えて混ぜ溶かす。

❸ グリオットチェリーのピュレを入れたボウルに②を注ぎ入れ、泡立て器でよく混ぜる（B）。ボウルの底に氷水を当てて、ゴムべらで混ぜながら20℃になるまで冷やす。

組み立て①

❶ 冷凍したクレーム・ショコラ・オ・レの上にジュレ・ド・グリオット・エ・フィグを流し、L字パレットナイフで平らにならす（A）。ショックフリーザーで冷凍する。

❷ 49×37cmに切りそろえたビスキュイ・ジョコンドを、焼き面を下にして①にかぶせ、オーブンペーパーをはがす（B）。手のひらで軽く押さえて密着させ、ラップフィルムをかけてショックフリーザーで冷凍する（＝センター）。

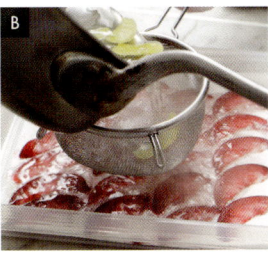

コンポート・ド・ペッシュ・ド・ヴィーニュ

❶ ペッシュ・ド・ヴィーニュを半解凍し、12等分程度の薄いくし形に切る。

❷ バットにキッチンペーパーを敷き、①を並べる。その上にキッチンペーパーをかぶせ、同様に①を並べる（A）。

❸ グラニュー糖、水、薄く剥いたレモンの皮、レモン果汁を鍋に入れ、泡立て器で混ぜる。火にかけて沸騰させる。

❹ 火から下ろし、モモのリキュールを加え混ぜる。

❺ 網で漉して②に静かに注ぎ入れる（B）。ラップフィルムをかけて密着させ、室温で冷ます。粗熱が取れたら冷蔵庫で1日漬け込む。

コンポート・ダブリコ／コンポート・ド・グリオット

❶ シロップ漬けのアプリコットを10等分程度の薄いくし形に切り、ボウルに入れる。グリオットチェリーを縦半分に切り、別のボウルに入れる。

❷ グラニュー糖、水、ヴァニラビーンズの種と鞘を鍋に入れ、泡立て器で混ぜる。火にかけて沸騰させる。

❸ 火から下ろし、キルシュを加え混ぜる（A）。

❹ ③を①の2つのボウルに、それぞれ同量ずつ注ぎ入れる（B）。ラップフィルムをかけて密着させ、室温で冷ます。粗熱が取れたら、冷蔵庫で1日漬け込む。

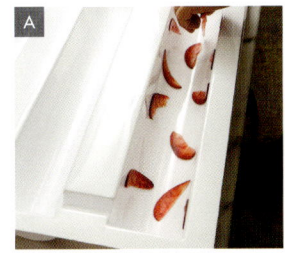

組み立て②

❶ 49×7.5cm、高さ7cmのプラスチック製のトヨ型の曲面にアルコールをスプレーで吹きつけて、OPPシートを貼りつける。カードでこすって空気を抜く。

❷ コンポート・ド・ペッシュ・ド・ヴィーニュのシロップを切り、キッチンペーパーごとラップフィルムを敷いたトレイに取り出す。上にキッチンペーパーをかぶせ、軽く押さえて汁気を取る。①の曲面にランダムに貼りつける（A）。

❸ コンポート・ダブリコを網にあけて汁気を切る。キッチンペーパーにのせて汁気を取り、②の曲面にランダムに貼りつける。

❹ 細切りにしたオレンジの皮のコンフィを③の曲面にランダムに貼りつける。

❺ コンポート・ド・グリオットを網にあけて汁気を切る。キッチンペーパーにのせて汁気を取り、④の曲面にランダムに貼りつける。

❻ 粗く刻んだピスタチオとフランボワーズを⑤の中央に散らす（B）。天板で蓋をして、ショックフリーザーで冷凍する。

❼ 〈組み立て①〉②で冷凍したセンターに、オーブンペーパーと板をかぶせて上下を返す。ガスバーナーで側面を軽く温め、型をはずす（C）。

❽ ⑦を48.5×4.5cmに切る（D）。ショックフリーザーで冷凍する。

ムース・オ・プラリネ・ア・ラ・ピスターシュ

❶ 生クリームAを鍋に入れ、火にかけて泡立て器で混ぜながら沸騰させる。火から下ろし、ふやかした板ゼラチンを加えて混ぜ溶かす。

❷ パート・ド・ピスターシュとプラリネ・アマンド（→ p.265）を入れたボウルに、①を4～5回に分けて加え、そのつど泡立て器で中心からすり混ぜて、徐々に周りに広げて全体が均一な状態になるまで混ぜる（A）。

❸ ふるった粉糖を②に加え、泡立て器で均一な状態になるまですり混ぜる。

❹ 7分立てに泡立てた生クリームBを③にひとすくい加え、ざっと混ぜる。

❺ 生クリームBを入れたボウルに④を戻し入れ、泡立て器で混ぜる。ゴムべらに替えて、均一な状態になるまで、ムラのないよう混ぜ合わせる（B）。

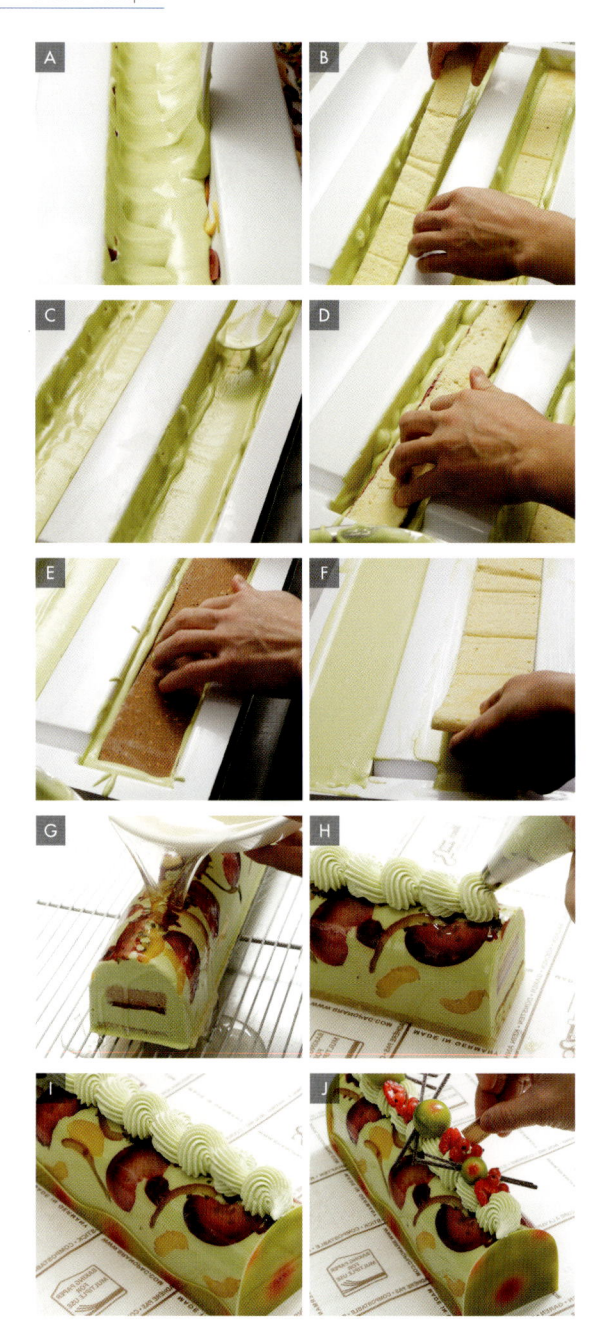

組立て③、仕上げ

❶ 〈組み立て②〉⑥で冷凍したトヨ型に、ムース・オ・プラリネ・ア・ラ・ピスターシュをレードルで型の1/3程度の高さまで流し入れる。貼りつけたフルーツに極力触れないよう、ゴムべらで側面にムースをやさしく添わせ、中央を窪ませる（A）。

❷ 48.5×4.5cmに切ったビスキュイ・ジョコンドを、焼き面を下にして①にかぶせる。隙間から、ムース・オ・プラリネ・ア・ラ・ピスターシュがビスキュイ・ジョコンドと同じ高さに上がってくるまで、指で押さえて密着させる（B）。

❸ ムース・オ・プラリネ・ア・ラ・ピスターシュをレードルで②の上に少量流し、ゴムべらでビスキュイ・ジョコンド全体を覆うようにざっと平らにならす（C）。

❹ 〈組み立て②〉⑧で冷凍したセンターを、クレーム・ショコラ・オ・レを下にして③にかぶせる。隙間から、ムース・オ・プラリネ・ア・ラ・ピスターシュがビスキュイ・ジョコンドと同じ高さに上がってくるまで、指で押さえて密着させる（D）。

❺ ムース・オ・プラリネ・ア・ラ・ピスターシュをレードルで④の上に少量流し、ゴムべらでビスキュイ・ジョコンド全体を覆うようにざっと平らにならす。

❻ クルスティヤン・ノワゼットを⑤にかぶせる。隙間から、ムース・オ・プラリネ・ア・ラ・ピスターシュがクルスティヤン・ノワゼットと同じ高さに上がってくるまで、指で押さえて密着させる（E）。

❼ ムース・オ・プラリネ・ア・ラ・ピスターシュをレードルで⑥の上に少量流し、L字パレットナイフで平らにならす。

❽ 48.5×7.5cmに切ったビスキュイ・ジョコンドを、焼き面を下にして⑦にかぶせる（F）。指で軽く押さえて密着させ、平らにする。縁からあふれたムース・オ・プラリネ・ア・ラ・ピスターシュを小さいL字パレットナイフで取り除き、ラップフィルムをかけてショックフリーザーで冷凍する。

❾ ⑧を取り出してラップフィルムをはがし、オーブンペーパーと板をかぶせて上下を返す。ドライヤーで型全体をまんべんなく軽く温め、型をはずす。

❿ 網をかぶせた天板にのせ、曲面に貼りつけたOPPシートをはがす。

⓫ ナパージュ・ヌートルを耐熱ボウルに入れ、電子レンジで35℃に温め、⑩の上にかける（G）。網ごと手で持って軽く天板に打ちつけ、余分なナパージュ・ヌートルを落す。

＊非加熱タイプのナパージュ・ヌートルを使用するが、温めることでやわらかくなり、作業がしやすくなる。

⓬ オーブンペーパーを敷いた天板にのせ、平刃包丁で24×7.5cmに切る。

⓭ ビュッシュの上部中央にかかったナパージュ・ヌートルを、小さいL字パレットナイフで取り除く。

⓮ クレーム・シャンティイ・ア・ラ・ピスターシュを15切・12番の星口金をつけた絞り袋に入れる。⑬でナパージュ・ヌートルを取り除いた部分に、右巻き、左巻きの順に向きを変えながら、ロザス形を重ねて一直線に絞る（H）。

⓯ 側面の切り口に、赤と緑に着色した半楕円形のクーベルチュールの薄板（→ p.271）を貼りつける。

⓰ 赤と緑に着色した細長い波形のクーベルチュールの薄板（→ p.271）を、曲面の裾に貼りつける（I）。

⓱ ⑭のクレーム・シャンティイ・ア・ラ・ピスターシュの上に、グロゼイユ、縦半分に切ったフランボワーズ、グラニュー糖をまぶした棒状のクーベルチュール（→ p.270）、赤と緑に着色した球状のクーベルチュール（直径4cm、2.7cm、1.8cmの3種）（→ p.271）を飾る（J）。

Pithiviers

ピティヴィエは、シンプルでありながらM.O.F.(フランス国家最優秀職人)の試験でもテーマに取り上げられるほど、パティシエとしての腕を試されるお菓子の一つです。ですから僕としても、つくるときには特別な思いがあります。クレーム・ダマンドはやわらかくしすぎず、アーモンドの風味をしっかり出し、フイユタージュはサクサクに焼き上げたい。ガレット・デ・ロワと似ていますが、それよりも厚みがあり、縁がスパッと切れていて、上面の模様にも凛とした美しさを感じます。

Pithiviers

⦿ **パート・フイユテ・アンヴェルセ**
Pâte Feuilletée Inversée（→ p.255）
折り込みバター Beurre Manié
発酵バター beurre fermenté 3200g
強力粉 farine gruau 1200g

デトランプ Détrempe
薄力粉 farine ordinaire 1400g
強力粉 farine gruau 1400g
海塩 sel de mer 120g
冷水 eau froide 1200g
白ワインヴィネガー
vinaigre de vin blanc 10g
澄ましバター beurre clarifié 800g

⦿ **クレーム・ダマンド**
Crème d'Amande（14台分）
バター beurre 1000g
粉糖 sucre glace 1000g
全卵 œufs 1000g
アーモンドパウダー
amandes en poudre 1000g
薄力粉 farine ordinaire 160g
ヴァニラペースト pâte de vanille 6g
生クリーム（乳脂肪分35％）
crème fraîche 35% MG 500g
ビターアーモンドエッセンス
essence d'amande amère 4g

⦿ **その他** Autres Éléments
ドリュール（卵黄に少量の水を加える）
dorure 適量
粉糖 sucre glace 適量

La Composition

1 パート・フイユテ・アンヴェルセ
2 クレーム・ダマンド

つくり方

クレーム・ダマンド

❶ 室温に戻したバターをミキサーボウルに入れ、粉糖を加える。ボウルの底をガスバーナーで温めながら、ビーターをつけた低速のミキサーで混ぜる（A）。
＊泡立って空気が入らないよう、材料を一つずつていねいに、ゆっくり混ぜていく。

❷ 全卵の1/3量を加え、低速で均一な状態になるまで混ぜる（B）。

❸ 目の粗い網でふるったアーモンドパウダーを加え、低速で均一な状態になるまで混ぜる（C）。

❹ ②の残りの全卵を半量ずつ加え、そのつど低速で均一な状態になるまで混ぜる。薄力粉を加え混ぜる。

❺ ヴァニラペーストを加え、低速で均一な状態になるまで混ぜる（D）。

❻ 室温に戻した生クリームを数回に分けて加え、そのつど低速で均一な状態になるまで混ぜる。

❼ ビターアーモンドエッセンスを加え、低速で均一な状態になるまで混ぜる。ミキサーから下ろし、ビーターやミキサーボウルの側面についたクリームをゴムべらで払い落として、ムラのないよう混ぜ合わせる。

❽ ラップフィルムを敷いた天板に⑦を流し入れ、ざっと平らにする。上からもラップフィルムをかけ、手のひらで押さえて密着させる（E・F）。冷蔵庫で1日休ませる。

組み立て、仕上げ

❶ パート・フイユテ・アンヴェルセ(→ p.255)を、パイシーターで幅出ししてから徐々に薄くのばし、厚さ3mmにする。

❷ ①を約50×30cmに切り、麺棒で巻き取ってオーブンペーパーを敷いた板にのせる。直径21cmのセルクル型で1台あたり2枚抜く(A)。ラップフィルムをかけてショックフリーザーで適度な固さが出るまで冷やす。

❸ ②の半数を取り出し、直径15cmのセルクル型を中央に当てて印をつける。

❹ クレーム・ダマンドをボウルに入れて、ゴムべらでなめらかになるまでほぐす。口径15mmの丸口金をつけた絞り袋にクレーム・ダマンドを入れ、③で印をつけた円よりひと回り小さい渦巻き状の円に絞る。

❺ ④の上にクレーム・ダマンドを、さらにひと回り小さい渦巻き状の円に絞る(B)。

❻ 小さいL字パレットナイフで、なだらかな山状になるように、⑤をならす。外周は、印をつけた直径15cmの円に合わせる(C)。

❼ ⑥のクレーム・ダマンドがのっていない縁の部分に、ドリュールを刷毛で薄く塗る(D)。刷毛を動かし続けて、ドリュールがベタッとしてきたら止める。

❽ ②の残りの半数を取り出し、⑦にかぶせる。手のひらや、小指のつけ根のあたりでさすりながら、しわにならないようていねいに、かつクレーム・ダマンドを潰さないようにして、空気を抜きながらぴったり接着する(E)。

❾ ラップフィルムを上からそっとかけて密着させ、ショックフリーザーで適度な固さが出るまで冷やす。

❿ ⑨を取り出し、縁の部分にペティナイフを立てて当て、半円を連ねて花びらのような形状に切る(F)。

⓫ ⑩を天板にのせ、上面にドリュールを刷毛で塗る(G)。表面が乾くまで冷蔵庫で冷やす。

⓬ もう一度、上面にドリュールを刷毛でまんべんなく塗る。

＊2回めは、1回めよりもしっかり塗ること。そうしないと焼き色がきれいにつかない。

⓭ ⓬のてっぺんに竹串で印をつけ、そこを起点として、ペティナイフで弧を描き重ねるようにして模様を描く。力を抜いてペティナイフをやや斜めに傾けて構え、反対側の手の中指をペティナイフの背に当てて安定させ、一定の力でやわらかく弧を描くようにする(H)。

⓮ 縁の部分に筋状の模様を斜めに入れる。

⓯ 竹串で空気穴を3ヵ所程度あけ、縁の部分にも空気穴を空ける(I)。花びらのような部分一つにつき1ヵ所あけるのが目安。

⓰ 生地の縁にペティナイフを立てて押し当て、上下の生地が離れないように閉じる(J)。

⓱ 170℃のコンベクションオーブンで約25分焼く。オーブンから取り出し、オーブンペーパーをかぶせて上に天板をのせ、軽く押さえる。

⓲ 再び170℃のコンベクションオーブンで約15分焼く。オーブンから取り出し、オーブンペーパーをかぶせて上に天板をのせ、軽く押さえる。170℃のコンベクションオーブンでさらに約10分焼く。

⓳ オーブンから取り出し、オーブンペーパーをかぶせて上に天板をのせ、軽く押さえる。上面に粉糖をまんべんなく、たっぷりふる(K)。

⓴ 230℃のコンベクションオーブンで約4分焼き、上面をキャラメリゼする。そのまま室温で冷ます(L)。

Macaron Miroir

マカロン ミロワール

M.O.F.（フランス国家最優秀職人）パティシエのブルーノ・パストレリ（Bruno Pastorelli）さんは、僕に渡仏を勧めてくれた恩師です。このアントルメは、彼と共同製作したお菓子を基本的な構成は変えずに、自分なりにブラッシュアップしたもの。初めてガナッシュ・モンテというものを教わり、口溶けの軽さに驚いたことを懐かしく思い出します。ただし、ガナッシュを冷ましてから泡立てるのは容易ではなく、すぐにガチッと固まってしまうので、手際のよさが勝負。ムースともまた違う独特の食感がビスキュイ・マカロン・ショコラとマッチし、フイユティーヌがアクセントを添えます。

Macaron Miroir

マカロン ミロワール ■ 材料（直径15cm、高さ5cmのセルクル型・5台分）

◉ビスキュイ・マカロン・ショコラ
Biscuit Macaron Chocolat
アーモンド（ホール、皮剥き、シシリー産）
amandes entières émondes　450g
純粉糖　sucre glace　390g
グラニュー糖A　sucre semoule　380g
水　eau　100g
卵白A　blancs d'œufs　150g
グラニュー糖B　sucre semoule　10g
乾燥卵白　blancs d'œufs en poudre　5g
卵白B　blancs d'œufs　145g
赤の色素　colorant rouge　適量
カカオマス　pâte de cacao　156g
カカオパウダー　cacao en poudre　適量

◉ガナッシュ・オ・ショコラ
Ganache au Chocolat（つくりやすい分量）
生クリーム（乳脂肪分35%）
crème fraîche 35% MG　100g
クーベルチュール（ビター、カカオ分66%、ヴァ
ローナ「カライブ」）
couverture noir 66%　100g
バター　beurre　40g
＊「トゥー ショコラ」のガナッシュ・オ・ショコラ（→ p.144）を
参照してつくる。

◉プラリネ・フイユティーヌ
Praliné Feuilletine（7台分）
クーベルチュール（ミルク、カカオ分40%、ヴァ
ローナ「ジヴァラ・ラクテ」）
couverture au lait 40%　37g
カカオバター　beurre de cacao　37g
プラリネ・アマンド
praliné amands（→ p.265）　250g
フイユティーヌ　feuilletine　270g

◉ガナッシュ・モンテ
Ganache Montée（3台分）
生クリーム（乳脂肪分35%）
crème fraîche 35% MG　575g
転化糖　sucre inverti　42g
ヴァニラビーンズ　gousse de vanille　1本
クーベルチュール（ミルク、カカオ分40%、ヴァ
ローナ「ジヴァラ・ラクテ」）
couverture au lait 40%　425g
クーベルチュール（ビター、カカオ分56%、ヴァ
ローナ「カラク」）　couverture noir 56%　212g
パート・ド・ノワゼット　pâte de noisettes　85g
バター　beurre　80g

◉その他　Autres Éléments
グラサージュ・ショコラ・ノワール
glaçage chocolat noir（→ p.266）　適量
太いリング状のクーベルチュール
bracelet de chocolat（→ p.270）　適量
細いリング状のクーベルチュール
boucle de chocolat（→ p.270）　適量
カカオニブ　grué de cacao　適量

La Composition

1. ガナッシュ・オ・ショコラを挟んだ、マカロン・ショコラ
2. リング状のクーベルチュール
3. カカオニブ
4. グラサージュ・ショコラ・ノワール
5. ビスキュイ・マカロン・ショコラ
6. ガナッシュ・モンテ
7. プラリネ・フイユティーヌ

197

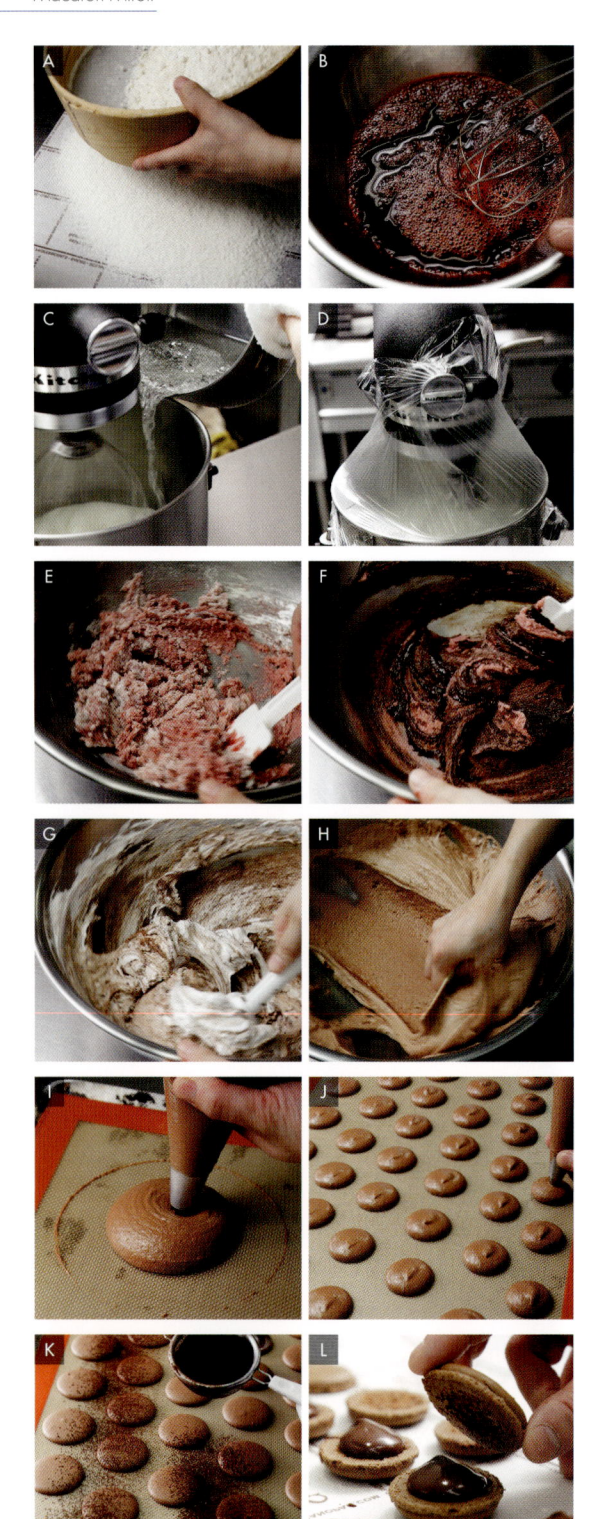

ビスキュイ・マカロン・ショコラ／組み立て①

① アーモンドと純粉糖をフードプロセッサーに入れ、撹拌して粉砕する。

② 台の上にオーブンペーパーを敷き、①を1mm目のふるいでふるう（A）。

③ ②でふるいの目を通らずに残ったものは、フードプロセッサーに戻し入れる。これに、②でふるいを通った細かい粉を少量加え、再び粉砕する。

＊ふるいに残った粉だけで再び撹拌すると、ほぼアーモンドだけの状態なので、油脂分が出てきてしまう。そこで、純粉糖を含んでいるふるいを通った細かい粉を加え、再度粉砕する。

④ 台の上にオーブンペーパーを敷き、③を1mm目のふるいでふるう。

⑤ ③〜④を繰り返す（計3回）。それでもふるいに残ったもの（約30gが目安）は取り除き、ふるいを通った細かい粉だけをボウルに入れる。

⑥ グラニュー糖Aと水を鍋に入れ、火にかけて121℃になるまで煮詰める。

⑦ ⑥と並行して、卵白Aをミキサーボウルに入れて、混ぜ合わせたグラニュー糖Bと乾燥卵白を加える。泡立て器で混ぜながら湯煎にかけて、43℃になるまで温める。

⑧ ⑥と並行して、卵白Bをボウルに入れ、赤の色素を加えて泡立て器で混ぜる。混ぜながら湯煎にかけて、50℃になるまで温める（B）。

⑨ ⑦をミキサーにかけ、⑥を注ぎ入れながら低速で撹拌する（C）。注ぎ終えたら高速にして、ラップフィルムでミキサーボウルの口を覆い、保温した状態で、温度を下げずに艶よくしっかり泡立てる（D）。

⑩ ⑤に⑧を加え、ゴムべらで均一な状態になるまで混ぜ合わせる（E）。60℃に温めたカカオマスを加え、混ぜ合わせる（F）。

⑪ ⑨が熱いうちに（48℃が目安）⑩に半量加え、ゴムべらでざっと混ぜ合わせたのち、残り半量も加えて混ぜ合わせる（G）。カードに替えて、生地をすくってはボウルの底面に押しつけるようにして混ぜて、気泡を殺していく（マカロナージュ）（H）。すくった生地がリボン状に流れ落ち、落ちた生地の跡がゆっくり全体になじんで消えていく状態になればよい。

⑫ 直径15cmのセルクル型の縁に生地をつけて、シルパットを敷いた天板に押し当てて印をつける。口径12mmの丸口金をつけた絞り袋に⑪を入れ、印よりもふた回りほど小さく、厚みをもたせた円形に絞る（I）。

⑬ ⑫の天板を手で持ち、トントンと台に打ちつけながら生地を広げ、印よりひと回り小さい円形にする。室温で1時間ほど乾かす。

⑭ 飾り用のマカロンは、口径9mmの丸口金をつけた絞り袋に⑪の残りを入れ、シルパットを敷いた天板の上に、直径約3.5cmの円形に絞る（J）。

⑮ ⑭の天板を持ち上げて、手のひらで天板の底をトントンと叩いたのち、天板ごと台に軽く打ちつけて、絞った生地を直径約4.5cmの円形になるまで広げる。室温で1時間程乾かす。

⑯ ⑮の上面に、半面のみにかかるようにして、カカオパウダーをふる（K）。

⑰ ⑬と⑯を150℃のコンベクションオーブンに入れ、⑬は20〜22分、⑯は約14分焼く。シルパットごと網にのせて、室温で冷ます。

⑱ ⑰の飾り用のビスキュイ・マカロン・ショコラの半数を裏返し、オーブンペーパーを敷いた天板に並べる。

⑲ 口径9mmの丸口金をつけた絞り袋にガナッシュ・オ・ショコラ（→ p.144）を入れて、⑱の中央に絞る。残り半数のビスキュイ・マカロ・ショコラをかぶせ、上から指で軽く押さえて接着する（L）。

プラリネ・フイユティーヌ

❶ クーベルチュールをボウルに入れて湯煎で溶かし、35℃に調整する。同様にして35℃に温めたカカオバターを加えて、ゴムべらで混ぜる。

❷ プラリネ・アマンド（→ p.265）を入れたボウルに①を加え、ゴムべらで均一な状態になるまで混ぜる。28℃に調整する。

❸ フイユティーヌを入れたボウルに②を加え、ゴムべらで混ぜる（A）。

❹ 直径12.5㎝、高さ1.6㎝の円形の型（ロンド（円）、フレキシパン）を天板にのせ、③を80gずつ入れる（B）。ラップフィルムをかけて冷凍する。

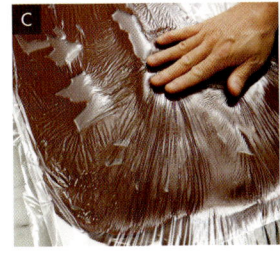

ガナッシュ・モンテ

❶ 生クリームを鍋に入れ、転化糖、ヴァニラビーンズの種と鞘を加える。火にかけて、泡立て器で混ぜながら沸騰させる。

❷ クーベルチュール2種をボウルに入れ、①を網で漉して注ぎ入れる。泡立て器で中心からすり混ぜて、徐々に周りに広げて全体を混ぜる（A）。

❸ パート・ド・ノワゼットを加え、泡立て器で混ぜる。

❹ 室温に戻してやわらかくしたバターを加え、泡立て器でよく混ぜる。

❺ スティックブレンダーで攪拌し、なめらかな状態になるまで乳化させる（B）。

❻ ラップフィルムを敷いた天板に流し入れ、上からもラップフィルムをかけて密着させる。ショックフリーザーで18℃になるまで冷やす（C）。

❼ ⑥をミキサーボウルに入れ、ビーターをつけた中高速のミキサーでふんわり、艶よく泡立てる（D）。

＊固まりやすいので、泡立てたらできるだけ早く〈組み立て②〉を行うこと。また、組み立ての最中も低速のミキサーで攪拌を続け、しなやかさが失なわれないようにする。ただし、泡立てすぎると分離するので注意。

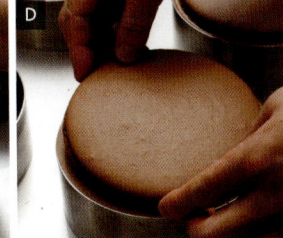

組み立て②、仕上げ

❶ OPPシートを貼りつけた天板に、直径15㎝、高さ5㎝のセルクル型を並べ、直径約15㎝のビスキュイ・マカロン・ショコラを、焼き面を上にして入れる（A）。

❷ 口径15㎜の丸口金をつけた絞り袋にガナッシュ・モンテを入れ、①の上に縁を高くして2/3の高さまで絞り入れる。スープスプーンの背でガナッシュ・モンテを側面に添わせ、浅いすり鉢状に整える（B）。

❸ ②にプラリネ・フイユティーヌをかぶせ、指で押さえて密着させる。

❹ 残りのガナッシュ・モンテを型いっぱいに絞り入れ（C）、平らにならす。

❺ 直径約15㎝のビスキュイ・マカロン・ショコラを、焼き面を上にしてかぶせ、手のひらで軽く押さえて密着させる（D）。ショックフリーザーで冷凍する。

❻ 高さのある台に⑤をのせ、ガスバーナーで側面を軽く温め、型をはずす。オーブンペーパーを敷いた天板にのせ、冷凍庫で冷やし固める。

❼ グラサージュ・ショコラ・ノワール（→ p.266）を30℃に調整して、スティックミキサーで攪拌する。

❽ ラップフィルムを敷いた天板に網をのせ、⑥を置く。⑦をかける（E）。網ごと持ち上げて天板にトントンと打ちつけ、余分なグラサージュを落とす。

❾ ⑧の底にパレットナイフを差し入れ、網の上を滑らせるように移動させて余分なグラサージュを取り除き、トレイにのせる。

❿ 〈組み立て①〉⑲の飾り用のマカロン・ショコラとリング状のクーベルチュール2種（→ p.270）を飾り、カカオニブを散らす（F）。

glace et chocolat

グラス エ ショコラ

2017年、アイスクリームとチョコレート、ギフト菓子の専門店として、パティスリーの隣にオープン。店舗デザインは、建築からプロダクトまで幅広く活躍する、デザイナーの「nendo」佐藤オオキ氏が担当し、チョコレート色の土壁のグラデーションが目を引く。店内には立食のカウンターも設けられている。アイスクリームとソルベは常時12種をそろえ、ヴェリーヌ・グラッセやパフェも提供。チョコレートはボンボン・ショコラ約30種のほか、タブレット・ショコラ、「ランゴー ショコラ」や「シガー」といったチョコレート菓子も。ギフト菓子は、フール・セック約10種とともに焼き菓子の詰め合わせもそろえる。

5

アイスクリームに遊び心を加えて

子どもの頃から、アイスクリームは好きです。小学生のときにホテルのイベントに行ったら、ビュッフェにアイスクリームのコーナーがあったんです。お代わり自由で、いくら食べても両親に怒られなくて、うれしくてずっとそこにいたのを覚えています。

パティシエになって、アイスクリームの製造を担当するようになってから、ますますアイスクリームが好きになりました。素材の組合せや配合に工夫を加えるのはもちろん、お菓子やデザートに添えるだけでもおいしさが広がることを知り、表現の可能性も感じましたし、おもしろいと思いました。

フランス菓子である以上、お菓子に変わった素材や表現を大きく取り入れることにはためらいがありますが、アイスクリームやショコラは、あまり抵抗を感じることなく遊び心を加えたり、挑戦したりできる分野。経験を積むにつれて日本独自の素材や文化、健康にも興味が湧き、日本酒や味噌、醤油といった発酵食品のほか、バルサミコ酢やマヌカハチミツのような海外の素材も積極的に使用しています。

2017年4月、僕はアテスウェイの隣にアイスクリームとショコラが主役の、アテスウェイ グラス エ ショコラをオープンしました。物件が決まって真っ先に頭に浮かんだのが、アイスクリーム。諸先輩方からは、「アイスクリーム店は経営が難しいよ」と言われ、自分でも「季節にも左右されるし、そんなに売れないよな」と思いました。けれども、やりたいという気持ちが強くてはじ

めてみたところ、予想以上のお客様に楽しんでいただけてうれしく思っています。

めざしているのは、素材感を目いっぱい出したアイスクリームです。ソルベにはできるだけ旬のフレッシュな果物をぜいたくに使って甘みを抑え、グラス（アイスクリーム）は卵を使わない、クレーム・グラッセを中心に。そのほうが、卵のコクに邪魔されることなく、素材の風味が際立つからです。

素材の組合せもイチゴとバルサミコ酢、キウイとバナナ、アプリコットとラベンダー、パイナップルとバジルなど、新しさと個性の感じられる味わいを提供したいと考えています。商品づくりの柱となるのは、あくまでも舌で味わい、鼻で香りを嗅いだ自分自身の感覚。素材から浮かび上がったイメージやひらめきを味わいに結びつけて、グラスやソルベに仕立てていく過程に、おもしろさを感じます。

また、イベントやフェアではクープ・グラッセを提供し、お店ではヴェリーヌを販売しています。さまざまな生地やソース、コンポートと、グラスやソルベを合わせることで、表現の可能性は大きく膨らみます。日本酒がテーマであれば、その繊細な香りや味のニュアンスだけでなく、発酵の過程にまで思いを馳せて、つながりを感じる香りや素材、食感の変化を細かく重ねて、調和を演出。醸し出されたより奥深く、豊かな味わいの発見に、遊び心をくすぐられるのです。

Crèpe aux Marrons et Glace au Saké

クレープ オ マロン エ グラス オ サケ

日本酒のイベントで提供したデザートです。福島県の酒蔵「仁井田本家」の、重厚で力強さ
を感じる「自然酒 純米吟醸」に出合い、洋酒の代わりにクリと合わせました。主役は、ブル
ターニュで毎日たくさん焼いた思い出のあるクレープ。クリ粉と日本酒を生地に加えました。
その上に日本酒のアイスクリームとクリのクリームをのせたのですが、どうしても日本酒の
香りがクリに負けてしまいます。そこで、アイスクリームに発酵させた米麹と酒粕も加えて、
日本酒の香りをサポート。クリのクリームにも日本酒を混ぜ合わせ、香りを重ねました。

Crèpe aux Marrons et Glace au Saké

◉ソース・オ・キャラメル
Sauce au Caramel
牛乳　lait　300g
グラニュー糖　sucre semoule　750g
水　eau　250g
バター　beurre　125g
海塩　sel de mer　1g

◉グラス・オ・サケ
Glace au Saké
米麹（乾燥）　aspergille du riz　60g
ぬるめの湯　eau tiède　120g
グラニュー糖　sucre semoule　85g
粉末水アメ　glucose atomisé　15g
安定剤　stabilisateur　6g
生クリーム（乳脂肪分35%）
crème fraîche 35% MG　111g
牛乳　lait　407g
転化糖　sucre inverti　13.5g
酒粕（仁井田本家「金寶自然酒 酒粕」）
lie de saké　100g
日本酒（仁井田本家「自然酒 純米吟醸」）
saké　100g

◉クレープ　Crèpe
（直径21cm・約40枚分）
全卵　œufs　480g
グラニュー糖　sucre semoule　125g
海塩　sel de mer　2g
薄力粉　farine ordinaire　200g
クリ粉　farine de marron　180g
バター　beurre　60g
太白ゴマ油　huile de sésame　80g
牛乳　lait　750g
すりおろしたレモンの皮（細かい目）
zestes de citron râpés fins　24g
日本酒（仁井田本家「自然酒 純米吟醸」）
saké　100g

◉クレーム・ド・マロン
Crème de Marron （つくりやすい分量）
クレーム・ド・マロン
crème de marrons　500g
ピュレ・ド・マロン
purée de marrons　500g
＊クレーム・ド・マロンとピュレ・ド・マロンをゴムべらでムラ
のないよう混ぜ合わせる。

◉クレーム・ド・マロン・オ・サケ
Crème de Marron au Saké
パート・ド・マロン（加糖）
pâte de marrons sucré　1116g
牛乳　lait　120g
日本酒（仁井田本家「自然酒 純米吟醸」）
saké　240g
バター　beurre　240g

◉その他　Autres Éléments
クレーム・シャンティイ
crème Chantilly　（→ p.260）　適量
ノワゼット・キャラメリゼ
noisette caramelisée　（→ p.265）　適量
シュークル・デコール　sucre décor　適量

（左）日本酒と同じ「仁井田本家」から取り寄せた、無肥料・無農薬栽培
の米だけでつくられた乾燥米麹。ぬるめの湯を加えて3時間以上発酵
させてから、アイスクリームに使用する。（右）酒粕も、「仁井田本家」
の「金寶自然酒 酒粕」を使用。力強い風味が広がる。

農薬・化学肥料を一切使わずに
栽培された酒米を、40%まで精
米して造られた、「仁井田本家」
の「自然酒 純米吟醸」。ふくよか
な旨みと甘み、深みのあるコク
に、自然派生もと酒母仕込みの
酸味が調和する。

つくり方

ソース・オ・キャラメル

❶ 牛乳を鍋に入れ、火にかけて泡立て器で混ぜながら沸騰させる。

❷ ①と並行して、グラニュー糖と水を別の鍋に入れ、中火にかける。時折鍋をゆすりながら徐々に溶かし、焦がしてやや深い色合いのキャラメルをつくる。全体から泡が浮き上がり、煙が出てしっかり色づくまで焦がすこと（A）。

❸ ②の火を止めて、角切りにして室温に戻したバターと海塩を加え、泡立て器で混ぜる（B）。

❹ ①を少量ずつ分けて加え、そのつど泡立て器でよく混ぜる（C）。ボウルに移し入れ、室温で冷ます。

❺ スティックブレンダーでなめらかな状態になるまで撹拌する（D）。

グラス・オ・サケ

❶ 米麹を容器に入れてぬるめの湯に浸す。25〜60℃を保って3時間以上置き、発酵させる（A）。

❷ グラニュー糖をボウルに入れ、粉末水アメ、安定剤を順に加えて泡立て器で混ぜる。

❸ 生クリーム、牛乳、転化糖を鍋に入れ、酒粕を加える（B）。火にかけて、泡立て器で混ぜながら40℃になるまで温める。

❹ ③を火にかけたまま②を加え、混ぜながら酒粕が溶けるまで加熱を続ける（C）。火から下ろす。

❺ ①を網にあけ、上からゴムべらで軽く押して汁気を切り、ボウルに移し入れる。

❻ ④を⑤に少量加え、ゴムべらで溶きのばす（D）。再び少量加えてよく混ぜたのち、④の鍋に戻し入れる（E）。

❼ ⑥を火にかけて、ゴムべらで混ぜながら加熱する（F）。85℃になってからさらに約1分30秒加熱を続け、火から下ろしてボウルに移し入れる。

＊加熱は殺菌が目的。沸騰させすぎると米麹の粒が溶けてなくなるので注意。

❽ ボウルの底に氷水を当てて、ゴムべらで混ぜながら10℃になるまで冷やす（G）。

❾ 日本酒を加え、ゴムべらで混ぜる。冷蔵庫で最低4時間休ませる。

❿ アイスクリームマシーンにかける。容器に入れて冷凍庫で保管する（H）。

⓫ 使用時は、冷蔵庫に入れて軽く解凍したのち、湯で温めたスプーンで練って固さを調整する。

クレープ

❶ 室温に戻した全卵をボウルに入れ、泡立て器で溶きほぐし、グラニュー糖と海塩を加え混ぜる。

❷ 合わせてふるった薄力粉とクリ粉を加え、中心からすり混ぜて、徐々に周りに広げて全体を混ぜ、しっかりグルテンを出す（A）。

❸ バターを耐熱ボウルに入れ、電子レンジにかけて溶かして70〜75°に調整する。これを②に加え、泡立て器でよく混ぜる。太白ゴマ油を加え混ぜる。

❹ 冷たい牛乳を少量加え、泡立て器でよく混ぜる（B）。残りの牛乳も加え混ぜる。

❺ すりおろしたレモンの皮、日本酒を順に加え混ぜる（C）。密閉容器に入れ、冷蔵庫で2〜3時間休ませる。

❻ クレープパンに離型油をスプレーで吹きつけ、強火にかける。煙が出てきたら⑤をレードルで1杯分流し入れ、クレープパンを手で持って回し、全体に薄く広げる。

❼ 程よい焼き色がついたら、裏返して少し焼く（D）。ラップフィルムを敷いた天板にのせて室温で冷ます。

クレーム・ド・マロン・オ・サケ

❶ パート・ド・マロンをミキサーボウルに入れ、牛乳を加えながらビーターをつけた低速のミキサーで混ぜる。

❷ 日本酒を加えて混ぜる（A）。いったん中速にしてよく混ぜたのち、ミキサーから下ろし、ビーターを使って底のクリームを返しながら混ぜる。

❸ 室温に戻したバターを加え、中低速のミキサーで空気が入って白っぽくなるまで混ぜる（B）。ミキサーから下ろしてビーターやミキサーボウルの側面についたクリームをゴムべらで払い落し、再びミキサーで撹拌してムラのないよう混ぜ合わせる。

組み立て、仕上げ

❶ クレープを、焼き色が濃いほうを下にして置き、半面にクレーム・ド・マロンをL字パレットナイフで薄く塗り広げる（A）。4つ折りにたたむ。

＊この状態で電子レンジにかけて熱々に温めると、アイスクリームとの温度のコントラストが生まれるうえ、クレープがやわらかくなって、さらにおいしく味わえる。

❷ ①を皿の中央にのせ、ソース・オ・キャラメルをスープスプーンで周りに回しかける（B）。

❸ グラス・オ・サケを湯で温めたアイスクリームスプーンで丸くすくい、②の上にのせる。

❹ モンブランの口金をつけた絞り袋にクレーム・ド・マロン・オ・サケを入れ、③の上に数回往復して直線状に絞る（C）。

❺ 10切・10番の星口金をつけた絞り袋にクレーム・シャンティイ（→ p.260）を入れ、④の脇に波打つように絞る。

❻ 砕いたノワゼット・キャラメリゼ（→ p.265）を散らし、シュークル・デコールをふる（D）。

Baba au Saké et
Sorbet Kiwi-Banane

ババオ サケ エ ソルベ キウイ-バナーヌ

山口県・澄川酒造場の「東洋美人 壱番纏 純米大吟醸」からイメージしたのは、ライムやレモンなど柑橘の香り。それをエキゾチックフルーツと結びつけ、夏向きのババに仕立てました。ラム酒やブランデーに比べ、日本酒は甘くて、アルコール度数が低いので、余韻が長く続きません。そこで、温めたシロップに加えてババに含ませるとともに、上から日本酒を直接かけて、熱燗と冷酒のような二重の香りをまとわせました。酸味がさわやかで甘みもあるキウイとバナナのソルベも、日本酒によく合うと思います。

Baba au Saké et Sorbet Kiwi-Banane

◉ **パータ・ババ**
Pâte à Baba （→ p.258）　30個

◉ **チュイル・ドランジュ**
Tuille d'Orange （約100枚分）
薄力粉　farine ordinaire　80g
グラニュー糖　sucre semoule　250g
オレンジ果汁　jus d'orange　140g
バター　beurre　80g
すりおろしたオレンジの皮（細かい目）
zestes d'orange râpés fins　1個分

◉ **ソルベ・キウイ・バナーヌ**
Sorbet Kiwi-Banane （つくりやすい分量）
グラニュー糖　sucre semoule　220g
安定剤　stabilisateur　3g
転化糖　sucre inverti　50g
ぬるま湯　eau tiède　285g
レモン果汁　jus de citron　10g
バナナ　bananes　150g（正味）
キウイ　kiwis　350g（正味）

◉ **コンポート・ド・フリュイ・エキゾチック**
Compote de Fruits Exotique
パイナップル　ananas　200g（正味）
バター　beurre　10g
グラニュー糖　sucre semoule　25g
日本酒（澄川酒造場「東洋美人 壱番纏 純米大吟醸」）saké　20g
板ゼラチン　feuilles de gélatine　2g
マンゴー　mangues　100g（正味）
パッションフルーツ　fruit de la passion　1個
すりおろしたライムの皮（粗い目）
zestes de citron vert râpés gros　適量

◉ **シロップ　Sirop** （つくりやすい分量）
グラニュー糖　sucre semoule　275g
水　eau　700g
ヴァニラビーンズ　gousse de vanille　½本
すりおろしたライムの皮（粗い目）
zestes de citron vert râpés gros　½個分
日本酒（澄川酒造場「東洋美人 壱番纏 純米大吟醸」）saké　100g

◉ **その他　Autres Éléments**
日本酒（澄川酒造場「東洋美人 壱番纏 純米大吟醸」）saké　適量
クレーム・シャンティイ
crème Chantilly （→ p.260）　適量
すりおろしたライムの皮（粗い目）
zestes de citron vert râpés gros　適量

40%まで精米した長州産の山田錦を使用した、澄川酒造場の「東洋美人 壱番纏 純米大吟醸」。やわらかく上品な味わいで、透明感があり、さらりとした口当たり。米の旨みとともにキレのよい酸が広がる。

つくり方

チュイル・ドランジュ

❶ 薄力粉をボウルに入れ、グラニュー糖を加えて泡立て器で混ぜる。オレンジ果汁を加えてすり混ぜる（A）。

❷ バターを溶かして加え混ぜたのち、すりおろしたオレンジの皮を加えて混ぜる（B）。容器に入れてラップフィルムをかけて密着させ、冷蔵庫で約3時間休ませる。

❸ 口金をつけていない絞り袋に②を入れ、先端をはさみで約7mm幅に切る。天板にシルパットを敷いて離型油をスプレーで吹きつけ、その上に約10gずつ楕円形に絞る（C）。

❹ 155℃のコンベクションオーブンで約10分焼く。そのまま室温で冷ます（D）。

❺ オーブンペーパーをかぶせて上下を返し、シルパットをはがす。オーブンペーパーを敷いた密閉容器に入れて、間にもオーブンペーパーを挟み、乾燥剤を入れて保管する。

ソルベ・キウイ・バナーヌ

❶ グラニュー糖をボウルに入れ、安定剤を加えて泡立て器で混ぜ合わせる。

❷ 40℃の湯を入れた鍋に転化糖と①を加え、泡立て器で混ぜる（A）。火にかけて、混ぜながら軽く沸騰させる。

❸ 火から下ろしてボウルに移し入れ、ボウルの底に氷水を当てて、25℃になるまで冷やす。レモン果汁を加え混ぜる（B）。

❹ バナナの皮を剥き、厚さ約2cmの輪切りにする。③に加える。

❺ キウイの皮を剥き、厚さ約2cmの輪切りにする。④に加える（C）。

❻ スティックブレンダーで撹拌して、ピュレ状にする（混ぜ終わりは糖度32°brix が目安）（D）。

❼ ⑥をアイスクリームマシーンにかける（E・F）。容器に入れて冷凍庫で保管する。

❽ 使用時は、冷蔵庫に入れて軽く解凍したのち、湯で温めたスプーンで練って固さを調整する。

コンポート・ド・フリュイ・エキゾチック

❶ パイナップルの皮を剥いて芯と種を取り除く。約1×1cm、厚さ約5mmに切る。

❷ バターを鍋に入れ、強火にかける。バターが溶けてきたら①を加え、グラニュー糖をふりかけて、ゴムべらで混ぜながらソテーする（A）。

❸ 少し焦げ目がついて汁が少なくなってきたら、日本酒を加えてフランベし（B）、さっと混ぜてボウルに入れる。

❹ ふやかした板ゼラチンを加え、ゴムべらで混ぜ溶かす。ボウルの底に氷水を当てて、混ぜながら30℃になるまで冷やす。

❺ 皮を剥いて種を取り、約1cm角に切ったマンゴーと、パッションフルーツの果肉と種を④に加える（C）。ライムの皮をすりおろして加え、スプーンで潰さないように混ぜる（D）。

シロップ

❶ グラニュー糖、水、ヴァニラビーンズの種と鞘、すりおろしたライムの皮を鍋に入れ（A）、火にかけて泡立て器で混ぜながら沸騰させる。

❷ 火から下ろして室温で65℃になるまで冷まし、日本酒を加え混ぜる（B）。

組立て、仕上げ

❶ パータ・ババ（→ p.258）の焼き面と底面をペティナイフで薄くそぎ落す（A）。

❷ 65℃に調整したシロップに①を入れ、レードルでシロップを回しかけながら浸し、しっかりしみ込ませる（B）。

＊シロップが熱すぎると、パータ・ババの内部までしっかり浸透しないので注意。

❸ 天板にラップフィルムを敷いて網をのせる。その上に焼き面を下にして②をのせ、余分なシロップを切る（C）。

❹ グラスに③を入れ、日本酒をスープスプーンで約3杯分かける。

❺ ④の上にコンポート・ド・フリュイ・エキゾチックをスープスプーンで約2杯分、こんもりのせる（D）。

❻ ソルベ・キウイ・バナーヌを、湯で温めたスープスプーンでクネル形にすくい、⑤の上にのせる。

❼ 10切・10番の星口金をつけた絞り袋にクレーム・シャンティイ（→ p.260）を入れ、⑥の横にらせん状に絞る（E）。

❽ ライムの皮をすりおろしながらふりかけ、チュイル・ドランジュを差す（F）。

Coupe de Sorbet Fraises et Glace Fromage-Vanille

クープ ド ソルベ フレーズ エ グラス フロマージュ-ヴァニーユ

発酵をテーマに、桜のイメージで盛りつけた春のクープ・グラッセです。ヴァニラのアイスクリームは、マダガスカル産ヴァニラビーンズをたっぷり使い、クリームチーズのアイスクリームはレモンを香らせました。ソルベとコンポテに使用したのは、フレッシュな「あまおう」のイチゴと、果実味があってねっとりした12年熟成のバルサミコ酢。おいしさと美しい色のポイントは、旬の新鮮で熟した果物を使い、質の高い素材を合わせることです。

Coupe de Sorbet Fraises et Glace Fromage-Vanille

クープ ド ソルベ フレーズ エ グラス フロマージュ・ヴァニーユ ■ 材料（10人分）

◉ クランブル
Crumble （つくりやすい分量）
バター　beurre　300g
カソナード　cassonade　300g
アーモンドパウダー
amandes en poudre　300g
海塩　sel de mer　6g
薄力粉　farine ordinaire　300g
＊「タルト タタン」のクランブル・カネル（→ p.021）を参照してつくる。ただし、シナモンパウダーは加えない。

◉ ムラング・フランボワーズ
Meringue Framboise （つくりやすい分量）
卵白　blancs d'œufs　150g
グラニュー糖A　sucre semoule　31g
赤の色素　colorant rouge　適量
グラニュー糖B　sucre semoule　158g
コーンスターチ　fécule de maïs　15g
フランボワーズのパウダー
poudre de framboise　7.5g

◉ フレーズ・コンポテ・オ・バルサミック
Fraises Compotées au Balsamique
イチゴ（あまおう）　fraises　160g
フランボワーズ　framboises　40g
グラニュー糖　sucre semoule　50g
LM ペクチン　pectine　2.8g
バルサミコ酢（マルピーギ「アチェート・バルサミコ・トラディツィオナーレ・ディ・モデナ（12年）」）
vinaigre balsamique　10g

◉ ソルベ・フレーズ・バルサミック
Sorbet Fraises Balsamique
（つくりやすい分量）
イチゴ（あまおう）　fraises　3050g
粉糖　sucre glace　469g
グラニュー糖　sucre semoule　141g
転化糖　sucre inverti　235g
水　eau　259g
バルサミコ酢（マルピーギ「アチェート・バルサミコ・トラディツィオナーレ・ディ・モデナ（12年）」）
vinaigre balsamique　176g
レモン果汁＊　jus de citron　1⅕個分
＊レモン果汁は、使用するイチゴの酸味によって量を調整する。

◉ グラス・ヴァニーユ
Glace Vanille （つくりやすい分量）
グラニュー糖　sucre semoule　582g
粉末水アメ　glucose atomisé　243g
脱脂粉乳　poudre de lait　243g
安定剤　stabilisateur　19.4g
生クリーム（乳脂肪分35％）
crème fraîche 35% MG　800g
牛乳　lait　2513g
ヴァニラビーンズ　gousse de vanille　7本

◉ グラス・フロマージュ
Glace Fromage （つくりやすい分量）
グラニュー糖　sucre semoule　537g
粉末水アメ　glucose atomisé　78g
安定剤　stabilisateur　14.3g
生クリーム（乳脂肪分35％）
crème fraîche 35% MG　638g
牛乳　lait　2338g
転化糖　sucre inverti　78g
クリームチーズ
（フロマジュリー・ベル「キリ クリームチーズ」）
fromage à la crème　718g
すりおろしたレモンの皮（細かい目）
zestes de citron râpés fins　2⅖個分

◉ その他　Autres Éléments
クレーム・シャンティイ
crème Chantilly （→ p.260）　適量

マルピーギの「アチェート・バルサミコ・トラディツィオナーレ・ディ・モデナ（12年）」は、D.O.P.（保護指定原産地）のバルサミコ酢。ブドウ果汁のみを凝縮し、12年熟成させた果実味あふれる味と香りが魅力。

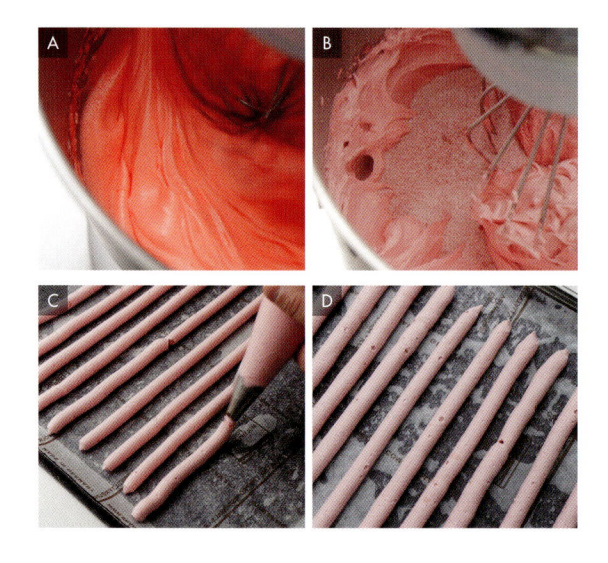

ムラング・フランボワーズ

❶ ミキサーボウルに冷たい卵白を入れ、グラニュー糖Aと赤の色素（ペティナイフの先でひとすくいが目安）を加えて、中高速のミキサーで泡立てる（A）。

❷ ①と並行して、グラニュー糖B、コーンスターチ、フランボワーズパウダーをボウルに入れ、混ぜ合わせる。

❸ ①が全体的に泡立ってきたら、②を1/3量ずつ2回加え、そのつど中高速でしっかり泡立てる（B）。

❹ 残りの②を加え、艶よくしっかり角が立つまで、中高速で泡立てる。ミキサーから下ろして、ゴムべらでホイッパーやミキサーボウルの側面についた生地を払い落し、ムラのないよう混ぜる。

❺ 天板に離型油をスプレーで吹きつけ、オーブンペーパーを貼りつける。口径9mmの丸口金をつけた絞り袋に④を入れ、天板の短辺と平行になるように棒状に絞る（C）。

❻ 100℃のコンベクションオーブンで約2時間焼き、そのまま室温で冷ます（D）。オーブンペーパーを敷いた密閉容器に入れて、間にもオーブンペーパーを挟み、乾燥剤を入れて保管する。

フレーズ・コンポテ・オ・バルサミック

❶ 縦半分に切ったイチゴとフランボワーズをボウルに入れ、混ぜ合わせたグラニュー糖とLMペクチンを加える。ゴムべらで混ぜ合わせる（A）。

❷ バルサミコ酢を鍋に入れ、強火にかける。沸き立ったら①を加え、ゴムべらで混ぜながらソテーする（B）。出てきた汁気が少し飛び、ミ・キュイ（半ば火が入った状態）になったら火から下ろし、ボウルに移し入れる。

❸ ラップフィルムをかけて密着させ、室温で冷ます。

ソルベ・フレーズ・バルサミック

❶ へたを取ったイチゴをボウルに入れ、粉糖を加えて、手で握るようにしてざっと潰す（A）。スティックブレンダーでピュレ状になるまで粉砕する（B）。

❷ ①と並行して、グラニュー糖、転化糖、水を鍋に入れて火にかけ、ゴムべらで混ぜながら加熱する。沸騰したら火から下ろしてボウルに移し入れ、ボウルの底に氷水を当てて、10℃になるまで冷やす。

❸ ①に②、バルサミコ酢、レモン果汁を加える（C）。スティックブレンダーで撹拌する。

❹ ラップフィルムをかけて密着させ、冷蔵庫で最低4時間休ませる。

❺ アイスクリームマシーンにかける（D）。容器に入れて冷凍庫で保管する。

❻ 使用時は、冷蔵庫に入れて軽く解凍したのち、湯で温めたスプーンで練って固さを調整する。

グラス・ヴァニーユ

❶ グラニュー糖をボウルに入れ、粉末水アメ、脱脂粉乳、安定剤を順に加えて泡立て器で混ぜる。

❷ 生クリームと牛乳を鍋に入れ、ヴァニラビーンズの種と鞘を加える。このとき、鞘は3等分に切ってから加えること。中火にかけて、泡立て器で混ぜながら40℃になるまで温める（A）。

❸ ②を中火にかけたまま、①を加えながら泡立て器で混ぜる（B）。混ぜながら加熱し、85℃になってからさらに約1分30秒加熱する。ボウルに移す。

❹ ボウルの底に氷水を当てて、ゴムべらで混ぜながら4℃になるまで急冷する。ラップフィルムをかけて密着させ、冷蔵庫で1日休ませる。

❺ スティックブレンダーで、全体がグレーがかった色になるまで撹拌する（C・D）。

＊ヴァニラビーンズを粉砕することで、香りを最大限に抽出する。

❻ ⑤を網で漉し、アイスクリームマシーンにかける。容器に入れて冷凍庫で保管する。

❼ 使用時は、冷蔵庫に入れて軽く解凍し、スプーンで練って固さを調整する。

グラス・フロマージュ

❶ グラニュー糖をボウルに入れ、粉末水アメ、安定剤を順に加えて泡立て器で混ぜる。

❷ 生クリームと牛乳を鍋に入れ、中火にかけて泡立て器で混ぜながら40℃になるまで温める。

❸ ②を中火にかけたまま、①と転化糖を順に加えて泡立て器で混ぜる（A）。混ぜながら加熱し、85℃になってからさらに約1分30秒加熱する。

❹ クリームチーズを入れたボウルに③を1/5量ほど注ぎ、泡立て器で混ぜる（B）。さらにスティックブレンダーでダマが残らないように撹拌する。

❺ 残りの③を④に加え、スティックブレンダーで同様に撹拌する（C）。

❻ レモンの皮をすりおろして加え、ゴムべらで混ぜる。ボウルの底に氷水を当てて、ゴムべらで混ぜながら4℃になるまで急冷する（D）。ラップフィルムをかけて密着させ、冷蔵庫で最低4時間休ませる。

❼ アイスクリームマシーンにかける。容器に入れて冷凍庫で保管する。

❽ 使用時は、冷蔵庫に入れて軽く解凍し、スプーンで練って固さを調整する。

組み立て、仕上げ

❶ グラスの底にクランブルを少量入れる（A）。

❷ グラス・フロマージュ、グラス・ヴァニーユ、ソルベ・フレーズ・バルサミックを順に、湯で温めたアイスクリームスプーンで丸くすくい、①の上に盛りつける（B）。

❸ クレーム・シャンティイ（→ p.260）を12切・15番の星口金をつけた絞り袋に入れ、②の中央にらせん状に3回転絞る。

❹ フレーズ・コンポテ・オ・バルサミックをスープスプーンで数ヵ所にのせる（C）。

❺ ムラング・フランボワーズを適当な長さに折り、④の上に5本ほど立ててあしらう（D）。

Vacherin Glacé au Pamplemousse

ヴァシュラン グラッセ オ パンプルムース

メレンゲは、アイスクリームと非常に相性がよい
と思います。手軽につくれて気軽に食べられるの
がこのヴァシュランのポイント。グレープフルーツ
のソルベとヴァニラのアイスクリームを、ほろりと
軽やかなヴァニラ風味のメレンゲで挟みました。
ソルベには、山椒の一種であるティムットペッ
パーをミルで粉砕して加え、さわやかでほろ苦い
グレープフルーツの風味に華やかさと気品をプラ
ス。そこにヴァニラとメレンゲのまろやかな甘み
がマッチして、やさしい余韻を残します。

Vacherin Glacé au Pamplemousse

ヴァシュラン グラッセ オ パンプルムース ■ 材料（10個分）

⦿ムラング・ヴァニーユ
Meringue Vanille

グラニュー糖　sucre semoule　140g
乾燥卵白　blancs d'œufs en poudre　5g
卵白　blancs d'œufs　150g
粉糖　sucre glace　70g
シュークル・ヴァニーユ
sucre vanille（→ p.261）　70g

⦿グラス・ヴァニーユ
Glace Vanille（つくりやすい分量）

グラニュー糖　sucre semoule　582g
粉末水アメ　glucose atomisé　243g
脱脂粉乳　poudre de lait　243g
安定剤　stabilisateur　19.4g
生クリーム（乳脂肪分35％）
crème fraîche 35% MG　800g
牛乳　lait　2513g
ヴァニラビーンズ　gousse de vanille　7本
＊「クープ ド ソルベ フレーズ エ グラス フロマージュ・ヴァニーユ」のグラス・ヴァニーユ（→ p.215）を参照してつくる。

⦿ソルベ・パンプルムース・ポワヴル・ティムット
Sorbet Pamplemousse Poivre Timut
（つくりやすい分量）

ティムットペッパー　poivre de Timut　1.3g
ピンクグレープフルーツのピュレ
purée de pamplemousses　955g
水　eau　538g
グラニュー糖　sucre semoule　423g
粉末水アメ　glucose atomisé　200g
脱脂粉乳　poudre de lait　8g
安定剤　stabilisateur　8.6g

⦿その他　Autres Éléments

ゼスト・ド・パンプルムース・コンフィ
zestes de pamplemousse confits
（→ p.264）　適量
グロゼイユ　groseilles　適量

ムラング・ヴァニーユ

❶ グラニュー糖と乾燥卵白をボウルに入れ、混ぜ合わせる。

❷ 冷たい卵白をミキサーボウルに入れ、①の1/3量を加えて中高速のミキサーで泡立てる（A）。

❸ ②が全体に泡立ってきたら、①の残りの半量を加えて中高速でしっかり泡立てる。

❹ 残りの①を加え、艶よくしっかり角が立つまで、中高速で泡立てる。

❺ ふるった粉糖を3回に分けて加え、そのつど低速でしっかり混ぜ合わせる（B）。最後はしばらく撹拌を続け、きめを整える。

❻ ミキサーから下ろしてシュークル・ヴァニーユ（→ p.261）を加え、ゴムべらで混ぜ合わせる（C）。

❼ 天板に離型油をスプレーで吹きつけ、オーブンペーパーを貼りつける。12切・10番の星口金をつけた絞り袋に⑥を入れ、らせんを3回転重ねて描くようにして、側面用に20個絞る（長径8㎝、短径4.5㎝が目安）。このとき、半数は左側に膨らみをもたせ、残り半数は右側に膨らみをもたせるようにして絞ること（D）。

❽ ⑦と同様に準備した天板に、残りの⑥を底面用として、長さ7㎝の棒状に10個絞る（E）。

❾ 100℃のコンベクションオーブンで約2時間焼き、そのまま室温で冷ます（F）。オーブンペーパーを敷いた密閉容器に入れて、間にもオーブンペーパーを挟み、乾燥剤を入れて保管する。

ソルベ・パンプルムース・ポワヴル・ティムット

❶ ティムットペッパーをミルで粉砕する（A）。

❷ ピンクグレープフルーツのピュレをボウルに入れる。

❸ 水を鍋に入れ、①を加えて火にかける（B）。

❹ グラニュー糖、粉末水アメ、脱脂粉乳、安定剤をボウルに入れ、泡立て器で混ぜる。

❺ ③が40℃になったら④を加え、泡立て器で混ぜながら沸騰させる（C）。火を止めて、ラップフィルムをかけて5分アンフュゼする（D）。

❻ ⑤を網で漉して②に注ぎ入れる（E）。ゴムべらで混ぜる（F）。

❼ ラップフィルムをかけて密着させ、冷蔵庫で最低4時間休ませる。

❽ アイスクリームマシーンにかける。容器に入れて冷凍庫で保管する。

❾ 使用時は、冷蔵庫に入れて軽く解凍し、湯で温めたスプーンで練って固さを調整する。

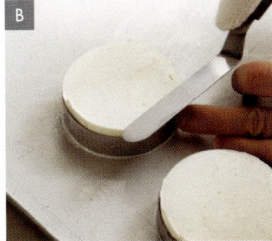

組立て、仕上げ

❶ OPPシートを貼りつけた天板に、直径7cm、高さ1.7cmのセルクル型を並べる。型の内側に幅2.2cmのOPPシートを巻きつける。

❷ 口径15mmの丸口金をつけた絞り袋にグラス・ヴァニーユを入れ、①のOPPシートの高さまでいっぱいに絞り入れて小さいL字パレットナイフで平らにならす（A・B）。冷凍庫で冷やし固める。

❸ 皿の上に底面用の棒状のムラング・ヴァニーユを置く（C）。

❹ ②の型をはずし、OPPシートをはがして、牛刀で半分に切る。切り口を下にして③の上に立ててのせる。

❺ ④の両側に、側面用のムラング・ヴァニーユを貼りつけ、手で軽く押さえて接着する（D）。

❻ 15切・12番の星口金をつけた絞り袋にソルベ・パンプルムース・ポワヴル・ティムットを入れ、⑤の間のグラス・ヴァニーユの上に、シェル形を少しずつ重ねるように、ムラング2枚の間を埋めるようにして絞る（E）。

❼ ゼスト・ド・パンプルムース・コンフィ（→ p.264）とグロゼイユを飾る（F）。

Vacherin Glacé

ヴァシュラン グラッセのバリエーション

Vacherin Glacé au Chocolat

Vacherin Glacé
Pistache-Framboise

ヴァシュラン グラッセ オ ショコラ

ムラング・ショコラは、カカオパウダーを加えたきめ細かいムラング・フランセーズに、カカオパウダーをふって焼き上げたもの。間にコクのあるグラス・ショコラ（→ p.224）と、さらりとしたソルベ・ショコラ（→ p.224）をサンドして、ビターチョコレートのコポーを上にふんわりのせました。同じショコラでも口溶けや油脂分の配合が異なるので、メリハリのある味わいが楽しめ、カカオのビターな風味が力強く押し寄せます。

ヴァシュラン グラッセ ピスターシュ-フランボワーズ

フランボワーズパウダーを混ぜ込んで焼き上げたムラング・フランボワーズ（→ p.214）は、口の中でホロッと崩れてシャープな甘酸っぱさが広がります。間には、風味豊かなピスタチオのアイスクリームと、ライチとフランボワーズを合わせたソルベを挟みました。ライチの華やかな香りがフランボワーズの甘酸っぱさと相性よく混じり合い、そこにピスタチオのまろやかさとコクが調和して、安定感のあるハーモニーをもたらします。

ヴェリーヌ グラッセ ショコラ-カフェ

「オペラ」をヴェリーヌ・グラッセで表現しました。コーヒーのアイスクリームは、深煎りのコーヒー豆を煎り直してアパレイユにひと晩漬け、風味をしっかり抽出。さらに淹れたてのエスプレッソも加え、力強い風味に仕上げています。下には、さらっとした口溶けからカカオの風味がストレートに広がるソルベ・ショコラと、クリーミーでコクのあるグラス・ショコラを層に。ソルベに混ぜたヌガティン・カカオがアクセントとなり、ショコラとコーヒーが織りなす豊かな余韻がどこまでも続きます。

Verrine Glacée Chocolat-Café

Verrine Glacée Chocolat-Café

ヴェリーヌ グラッセ ショコラ-カフェ ■材料 (直径5cm、高さ8cmのグラス・約90個分)

◉ヌガティン・カカオ
Nougatine Cacao
(293g 使用。下記はつくりやすい分量)
牛乳 lait 130g
グラニュー糖A sucre semoule 240g
バター beurre 240g
水アメ glucose 130g
グラニュー糖B sucre semoule 50g
HMペクチン pectine 11g
カカオパウダー cacao en poudre 29g
カカオニブ grué de cacao 270g

◉グラス・カフェ
Glace Café (つくりやすい分量)
コーヒー豆 (イタリアンロースト)
café en grains (torréfaction italienne) 77g
グラニュー糖 sucre semoule 555g
粉末水アメ glucose atomisé 231g
脱脂粉乳 poudre de lait 231g
安定剤 stabilisateur 18.5g
生クリーム (乳脂肪分35%)
crème fraîche 35% MG 764g
牛乳 lait 2399g
エスプレッソ café expresso 120g
コーヒー濃縮エキス (ドーバー洋酒貿易「トックブランシュ カフェ」)
extrait de café concentré 31g

◉グラス・ショコラ
Glace Chocolat (つくりやすい分量)
グラニュー糖 sucre semoule 294g
粉末水アメ glucose atomisé 255g
脱脂粉乳 poudre de lait 91g
安定剤 stabilisateur 22.4g
生クリーム (乳脂肪分35%)
crème fraîche 35% MG 594g
牛乳 lait 2428g
転化糖 sucre inverti 170g
クーベルチュール (ビター、カカオ分72%、ヴェイス「エベヌ」) couverture noir 72% 484g
パート・ド・カカオ pâte de cacao 79g

◉ソルベ・ショコラ
Sorbet Chocolat (つくりやすい分量)
グラニュー糖 sucre semoule 440g
カカオパウダー cacao en poudre 188g
安定剤 stabilisateur 17.6g
水 eau 2716g
転化糖 sucre inverti 370g
クーベルチュール (ビター、カカオ分72%、ヴェイス「エベヌ」) couverture noir 72% 375g

◉その他 Autres Éléments
カカオニブ grué de cacao 適量
マーブル模様の円形のクーベルチュールの薄板
plaquette ronde chocolat en marbre (→ p.270)
約90枚
金箔 feuille d'or 適量

ヌガティン・カカオ

❶ 牛乳を鍋に入れ、グラニュー糖A、適当な大きさに切ったバター、水アメを加える。火にかけて、泡立て器で混ぜながら40℃になるまで加熱する。

❷ 混ぜ合わせたグラニュー糖BとHMペクチンを①に加え、泡立て器で混ぜながらしっかり沸騰するまで加熱を続ける（A）。

❸ ふるったカカオパウダーを加え、泡立て器で混ぜながら107℃になるまで煮詰める（B・C）。

❹ 火を止めてカカオニブを加え、泡立て器で混ぜ合わせる（D）。

❺ 大理石の台にシルパットを敷き、その上に④を流す。ラップフィルムをかけて、手のひらで叩いてざっと平らにならす。上から麺棒を転がして薄くのばす（E）。ラップフィルムをはがす。

❻ シルパットごと天板にのせて、180℃のコンベクションオーブンで約8分焼く。そのまま室温で冷ます（F）。

❼ 適当な大きさに砕き、乾燥剤とともに密閉容器に入れて保管する。

❽ 必要な分量を牛刀で細かく砕き、使用する。

グラス・カフェ

❶ オーブンペーパーを敷いた天板にコーヒー豆を広げ、160℃のコンベクションオーブンで7〜8分ローストする。

❷ 台の上にオーブンペーパーを敷き、①をのせる。オーブンペーパーを2つ折りにして①を挟み、その上に麺棒を転がして粗く砕く（A）。

＊粉末にすると必要以上に水分が取られてしまうので、粗く砕く。この状態でも充分、コーヒーの風味を抽出できる。

❸ グラニュー糖をボウルに入れ、粉末水アメ、脱脂粉乳、安定剤を順に加えて泡立て器で混ぜる。

❹ 生クリームと牛乳を鍋に入れ、②を加えて中火にかける。泡立て器で混ぜながら40℃になるまで温める（B）。

❺ ④を中火にかけたまま、③を加えながら泡立て器で混ぜる（C）。混ぜながら加熱し、85℃になってからさらに約1分30秒加熱する。火から下ろしてボウルに移し入れる。

❻ ボウルの底に氷水を当てて、ゴムべらで混ぜながら4℃になるまで急冷する（D）。ラップフィルムをかけて密着させ、冷蔵庫で1日休ませる。

❼ ⑥を網で漉して別のボウルに移し入れる（E）。エスプレッソとコーヒー濃縮エキスを加えてゴムべらで混ぜる（F）。

❽ アイスクリームマシーンにかける。容器に入れて冷凍庫で保管する。

❾ 使用時は、冷蔵庫に入れて軽く解凍し、湯で温めたスプーンで練って固さを調整する。

グラス・ショコラ

❶ グラニュー糖をボウルに入れ、粉末水アメ、脱脂粉乳、安定剤を順に加えて泡立て器で混ぜる。

❷ 生クリームと牛乳を鍋に入れ、中火にかけて、泡立て器で混ぜながら40℃になるまで温める。

❸ ②を中火にかけたまま、①を加えながら泡立て器で混ぜる（A）。転化糖も加えて混ぜながら加熱し、85℃になってからさらに約1分30秒加熱する。

❹ クーベルチュールとパート・ド・カカオを入れたボウルに③を注ぎ入れる（B）。そのまま少し置いて全体がなじんできたら、泡立て器でざっと混ぜたのち、泡立て器で中心からすり混ぜて、徐々に周りに広げて全体を混ぜる。

❺ スティックブレンダーで均一な状態になるまで撹拌する（C）。

❻ ボウルの底に氷水を当てて、ゴムべらで混ぜながら4℃になるまで急冷する（D）。ラップフィルムをかけて密着させ、冷蔵庫で最低4時間休ませる。

❼ アイスクリームマシーンにかける。容器に入れて冷凍庫で保管する。

❽ 使用時は、冷蔵庫に入れて軽く解凍し、湯で温めたスプーンで練って固さを調整する。

ソルベ・ショコラ

❶ グラニュー糖をボウルに入れ、カカオパウダー、安定剤を順に加えて泡立て器で混ぜる（A）。

❷ 水を鍋に入れて火にかけ、40℃になるまで温める。

❸ ②を火にかけたまま、①を加えながら泡立て器で混ぜる。転化糖を加えて、混ぜながら85℃になるまで加熱する（B・C）。火から下ろし、クーベルチュールを入れたボウルに移し入れる。

❹ スティックブレンダーで均一な状態になるまで撹拌する（D）。

❺ ボウルの底に氷水を当てて、ゴムべらで混ぜながら4℃になるまで急冷する。ラップフィルムをかけて密着させ、冷蔵庫で最低4時間休ませる。

❻ アイスクリームマシーンにかける。容器に入れて冷凍庫で保管する。

❼ 使用時は、冷蔵庫に入れて軽く解凍し、湯で温めたスプーンで練って固さを調整する。

組み立て、仕上げ

❶ ソルベ・ショコラに、細かく砕いたヌガティン・カカオを加え、へらで混ぜる（A）。

❷ 口径15mmの丸口金をつけた絞り袋に①を入れ、グラスに約2.5cmの高さまで絞り入れる（B）。

❸ グラスを手で持ち、台の上に置いたトーション（濡れぶきん）にトントンと軽く打ちつけ、平らにする。冷凍庫で冷やし固める。

❹ 口径15mmの丸口金をつけた絞り袋にグラス・ショコラを入れ、③の上から約2.5cmの高さまで絞り入れる（C）。

❺ グラスを手で持ち、台の上に置いたトーション（濡れぶきん）にトントンと軽く打ちつけ、平らにする。冷凍庫で冷やし固める。

❻ グラス・カフェを12切・15番の星口金をつけた絞り袋に入れ、⑤の上に絞り入れる。

❼ カカオニブを散らす（D）。マーブル模様の円形のクーベルチュールの薄板（→p.270）をのせる。金箔をあしらう。

Verrine Glacée ヴェリーヌ グラッセのバリエーション

Pistache-Fraise

Vanille-Framboise

Vanille-Kiwi Banane

Marron-Vanille

ピスターシュ-フレーズ

ピスタチオとイチゴは、非常に相性
のよい組み合わせ。ソース・フランボ
ワーズを底に流し、グラス・ピスター
シュとソルベ・フレーズ・バルサミック
(→ p.214) を重ねて、フリーズドラ
イのフランボワーズを散らしました。
バルサミコ酢によって奥深さが加
わったベリーの甘酸っぱさと、ピス
タチオの豊かなコクと香りが混じり
合う、鮮やかな色彩のコントラスト
も美しいヴェリーヌです。

ヴァニーユ-キウイ バナーヌ

さわやかな味わいでまとめた、見た
目にも涼しげなヴェリーヌです。底
にソース・パッションを流し、グラ
ス・ヴァニーユ(→ p.215)を絞り込み
ました。その上にソルベ・キウイ・バ
ナーヌをたっぷり絞り、エキゾチック
なイメージで、パッションフルーツの
果肉と種をのせています。パッショ
ンフルーツとキウイのシャープな酸
味に、バナナとヴァニラが丸みのあ
る甘さを与え、心地よく調和します。

ヴァニーユ-フランボワーズ

バラを思わせるフローラルで華やか
な香りをもつライチと、甘酸っぱい
フランボワーズを調和させました。
底に流したソース・フランボワーズの
上に、グラス・ヴァニーユ(→ p.215)
を絞り入れ、その上にソルベ・リチ・
フランボワーズをこんもり絞り込ん
でいます。てっぺんにはグロゼイユ
を2粒飾りました。ライチが加わる
ことで生まれる個性的な味わいと香
り、豊かな余韻が楽しめます。

マロン-ヴァニーユ

モンブランをヴェリーヌで表現して
みました。下の層のグラス・マロン
には、細かく刻んだマロン・コンフィ
を混ぜ合わせ、ラム酒を香らせて、
高級感あふれるぜいたくな味わいに
仕上げています。その上にグラス・
ヴァニーユ (→ p.215) を重ね、ク
レーム・ド・マロンをモンブランの口
金でふんわり絞って、砕いたマロ
ン・コンフィをのせました。クリの風
味が力強く広がるひと品です。

ショコラの可能性を追い求めて

ショコラに対して特別な意識を抱くようになったのは、フランス・ブルターニュ地方のグランドホテル テルメスマリーンで働いてからのことです。シェフパティシエのパスカル・ポーションさんはショコラが得意で、ボンボン・ショコラやチョコレートのピエスモンテは、ホテルのスペシャリテの一つでした。レモンとコーヒー、ピスタチオとシナモンなど、ボンボン・ショコラの味と組合せもすばらしくて感激したことを覚えています。

そのように特別なものですから、ショコラをつくるのに携われるのも2〜3人のみ。僕も半年ほど経った頃から担当させてもらい、うれしかったですね。ショコラを扱う技術や表現方法はもちろん、フランス人ならではの発想や味覚、食感の変化、ショコラと素材の相性など、ほんとうに勉強になりました。

とくにボンボン・ショコラは、生菓子に比べて自由な発想で素材を合わせられ、遊び心が発揮できるジャンルだと思っています。アテスウェイでもこれまで、バレンタインシーズンには30種以上のボンボン・ショコラをつくり、フルーツやハーブ、スパイスのほか、チーズやトリュフ、醤油、日本酒などさまざまな素材を合わせてきました。

素材を合わせるとき、大事なのはバランスです。ガナッシュのようにショコラの風味に何かの香りを加え、調和させる場合もあれば、素材を主役としてその風味を引き立たせるようにショコラを選び、配合する場合もあります。香りや味が繊細な素材は、とくに気を遣います。また、ガナッシュを使わず、僕自身がとくに思い入れのあるキャラメルや、自家製プラリネを主体としてボンボン・ショコラを構築することもあります。合わせる素材によって表現の幅が無限大に広がるところに、おもしろみを感じます。

そうした複合的な味わいのボンボン・ショコラをつくる一方で、強い意欲をもって取り組みはじめているのが、ショコラそのものの味わいに特化したボンボン・ショコラです。それぞれのショコラの製造工程や産地について知るうちに、そのものの味や香りを打ち出したくなった、というのがその理由。とはいえ、たんにシンプルなガナッシュにするという意味ではなく、使用するクーベルチュールを尊重しつつ、それを引き立たせる方向でオリジナリティを表現したいと考えています。たとえば、「フリュイド ラパッション」。パッションフルーツの風味を豊かに含んだクーベルチュールに、同じ風味のパート・ド・フリュイを薄くのばして合わせることで、クーベルチュールがもつ個性が際立ち、より魅力的に感じられると思います。

アテスウェイ グラス エ ショコラをオープンしてからは、通年でのチョコレートづくりも本格始動しました。ボンボン・ショコラだけでなく、シガーやタブレットのほか、スナック的なショコラのお菓子も充実させ、ショコラの可能性と楽しさを提案していきたいと考えています。

Bonbons Chocolat

ボンボン ショコラ

ボンボン・ショコラは、入れ替えたり、マイナー
チェンジしたりしながら常時約30種をそろえてい
ます。僕自身、プラリネとキャラメルが好きなの
で、これらを使ったものが多いのが一つの特色と
言えます。そのほか、ガナッシュに意外な風味を
合わせたり、間に薄くパート・ド・フリュイを入れ
て味を主張させたり、ガナッシュやプラリネ、キャ
ラメルなどを二層構造にしたりしたものも。見た
目にはわからないところで味や構成に工夫を施し
て、バリエーションの広がりを楽しんでいます。

01 Cacahouète カカウェット	16 Praliné Pignon プラリネ ピニョン
02 Praliné Amande プラリネ アマンド	17 Praliné Yuzu プラリネ ユズ
03 Thé Vert テ ヴェール	18 Caramel Orange キャラメル オランジュ
04 Praliné Citron プラリネ シトロン	19 Fruit de la Passion フリュイ ド ラ パッション
05 Chocolat Orange ショコラ オランジュ	20 Sakura サクラ
06 Brasilia ブラジリア	21 Cassis カシス
07 Pistache ピスターシュ	22 Praliné Sésame Noir プラリネ セザム ノワール
08 Caramel Figue キャラメル フィグ	23 Lavande ラヴァンドゥ
09 Croustillant Vanille クルスティヤン ヴァニーユ	24 Tamari Shoyu たまり醤油
10 Fleur Bleu フルール ブルー	25 Fumé フューメ
11 Pamplemousse Yaourt パンプルムース ヤウルト	26 Antense アンタンス
12 Framboise フランボワーズ	27 Manuka マヌカ
13 Poire ポワール	28 Taïnori 64% タイノリ64%
14 Citron Vert シトロン ヴェール	29 Tanariva タナリヴァ
15 Café Sésame カフェ セザム	30 Croquant Caramel クロッカン キャラメル

Saké Japonais

サケ ジャポネ

日本酒のボンボン・ショコラをつくるにあたり、その風味をいかに出す
かは大きな課題でした。まずは、味も香りもしっかりした「仁井田本
家」の「自然酒 純米吟醸」（→ p.205）を選択。味が薄まらないよう、生
クリームを使わずに日本酒でガナッシュをつくり、日本酒と酒粕のパー
ト・ダマンドを重ねて風味を強めました。テクスチャーの変化も加わり、
日本酒の味と香りのインパクトを感じられるひと粒に仕上がりました。

La Composition

1 クーベルチュール（ビター）
2 ガナッシュ・オ・サケ
3 パート・ダマンド・オ・サケ

Saké Japonais

サケ ジャポネ ▎材料（3 × 2cm・約126個分）

⊙パート・ダマンド・オ・サケ
Pâte d'Amandes au Saké
（28 × 28cm、高さ5mmのカードル型・1台分）
パート・ダマンド　pâte d'amandes　345g
酒粕（仁井田本家「金寶自然酒 酒粕」）
lie de saké　66g
バター　beurre　38g
日本酒（仁井田本家「自然酒 純米吟醸」）
saké　66g

⊙ガナッシュ・オ・サケ
Ganache au Saké
（28 × 28cm、高さ5mmのカードル型・1台分）
日本酒（仁井田本家「自然酒 純米吟醸」）
saké　116g
転化糖　sucre inverti　26g
クーベルチュール（ホワイト、カカオバター35%、
ヴァローナ「イボワール」）
couverture blanc（beurre de cacao 35%）　274g
カカオバター　beurre de cacao　27g
バター　beurre　63g

⊙その他　Autres Éléments
クーベルチュール（ビター、カカオ分61%、ヴァ
ローナ「エクストラ・ビター」）
couverture noir 61%　適量
チョコレート用色素（白）　colorant blanc　適量
チョコレート用色素（赤）　colorant rouge　適量

パート・ダマンド・オ・サケ

❶ 室温に戻したパート・ダマンドを適当な大きさに切ってミキサーボウルに入れ、ビーターをつけた低速のミキサーでざっと撹拌してほぐす。

❷ 酒粕を電子レンジで人肌程度の温度になるまで温め、適当な大きさにちぎって①に加える(A)。低速で撹拌し、均一な状態になるまで混ぜる。

❸ 室温に戻してやわらかくしたバターを加え、低速で撹拌してなじませる。日本酒を3回に分けて、1/3量を少しずつ注ぎ入れながら、そのつど低速で均一な状態になるまで混ぜる(B)。途中、ミキサーから下ろし、ゴムべらでビーターやミキサーボウルの側面についた生地を払い落す。

❹ OPPシートを敷いた板の上に28×28cm、高さ5mmのカードル型をのせる。③を入れ、三角パレットナイフで上から軽く押さえつけるようにしながら角まで隙間なく広げ、平らにならす。型の縁についた余分をきれいに取り除く(C)。

❺ OPPシートをかぶせ、上から麺棒を転がして平らにならす(D)。冷蔵庫に入れ、OPPシートがきれいにはがれるようになるまで冷やす。

ガナッシュ・オ・サケ

❶ 日本酒と転化糖を耐熱ボウルに入れ、電子レンジにかけて溶かして35℃に調整する。

❷ クーベルチュールを別の耐熱ボウルに入れ、電子レンジで温めて溶かし、35℃に調整する。同様にして溶かしたカカオバターを加え、泡立て器で混ぜる。

❸ ①を②に1/6量ずつ加え、そのつど中心からすり混ぜ、徐々に周りに広げて全体を混ぜて乳化させる(A)。混ぜ終わりは33～34℃が目安。

❹ 室温に戻してやわらかくしたバターを加え、スティックブレンダーで撹拌して、艶よくなめらかな状態になるまでしっかり乳化させる(B)。

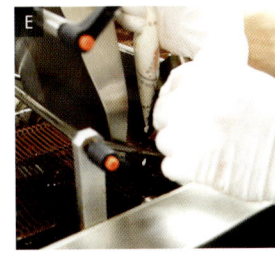

組み立て、仕上げ

❶ パート・ダマンド・オ・サケを取り出し、OPPシートをはがして型をはずす。

❷ OPPシートを敷いた板に①をのせ、28×28cm、高さ1cmのカードル型をはめる。三角パレットナイフで押さえて平らに整える。

❸ ガナッシュ・オ・サケを②の上に流し入れる(A)。板ごと手で持ち、ゆすって平らにならす。涼しいところでひと晩休ませて、しっかり結晶化させる。

❹ ③の上面にラップフィルムをぴったり貼りつけ、板をのせて上下を返して台に置く。上の板をはずしてOPPシートをはがす。

❺ テンパリングしたクーベルチュールを④の上面に流し、L字パレットナイフで平らに薄く塗り広げる(B)。手で触ってもくっつかなくなるまで少し置く。

❻ ⑤を、クーベルチュールを塗った面を下にしてギッターにのせる。テンパリングしたクーベルチュールを上面に流し、L字パレットナイフで平らに薄く塗り広げる。手で触ってもくっつかなくなるまで少し置く。

❼ ギッターで3×2cmに切り分け、オーブンペーパーを敷いた天板に離して並べる(C・D)。涼しいところでひと晩休ませる。

❽ クーベルチュールを31℃に調整してエンローバーを準備し、パート・ダマンド側を下にしてコーティングする。クーベルチュールをかけた後、送風口に到達する前に、白と赤のチョコレート用色素をそれぞれコルネで少量絞る。これにより、送風で余分なクーベルチュールが落ちるのと同時に、白と赤のぼかし模様が入る(E・F)。涼しいところに置いて固める。

Croquant
Caramel

クロッカン キャラメル

僕が好きなキャラメルとプラリネを二層に重ね、ローストしたヘーゼルナッツをアクセントに加えました。プラリネは自家製のものを使って、香ばしい風味を最大限に生かしています。ポイントは、キャラメルの煮詰め加減。煮詰めすぎると固くなって、口に入れた瞬間にシュッと溶けていくキャラメルのよさが損なわれてしまいます。やわらかすぎると形にならず、ギッターで切れなくなってしまうので注意が必要です。

La Composition

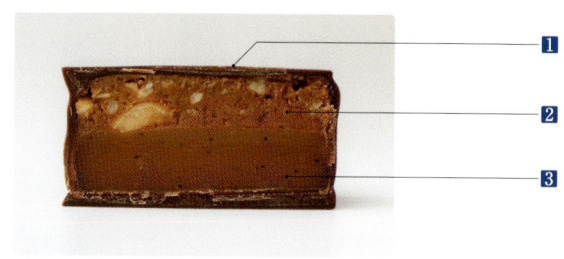

1 クーベルチュール（ビター）
2 プラリネ
3 キャラメル

Croquant Caramel

クロッカン キャラメル ▌材料（2.5×2.5㎝・約242個分）

⦿キャラメル　Caramel
（28×28㎝、高さ1㎝のカードル型・2台分）
生クリーム（乳脂肪分35％）
crème fraîche 35% MG　570g
水アメ　glucose　61g
ヴァニラビーンズ　gousse de vanille　3本
グラニュー糖　sucre semoule　570g
有塩バター（エシレ「バター 有塩 ブロック」）
beurre salé　150g
海塩　sel de mer　4g

⦿プラリネ　Praliné
（28×28㎝、高さ1㎝のカードル型・2台分）
ヘーゼルナッツ（ホール、皮剥き）
noisettes entières émondées　208g（正味）
クーベルチュール（ミルク、カカオ分40％、ヴァローナ「ジヴァラ・ラクテ」）
couverture au lait 40%　132g
カカオバター　beurre de cacao　50g
プラリネ・アマンド
praliné amandes（→ p.265）　650g

⦿その他　Autres Éléments
クーベルチュール（ビター、カカオ分61％、ヴァローナ「エクストラ・ビター」）
couverture noir 61%　適量

キャラメル

❶ 生クリームを鍋に入れて、水アメ、ヴァニラビーンズの種と鞘を加え、火にかけて泡立て器で混ぜながら沸騰させる。火を止めて、ラップフィルムをかけて約10分アンフュゼする（A）。

❷ ①と並行して、グラニュー糖を別の鍋に入れ、強火にかける。時折ゆすったり、火から離したり、泡立て器で混ぜたりしながら徐々に溶かし、焦がして深い色のキャラメルになったら火を止める。

❸ ①を網で漉し、約6回に分けて②に加え、そのつど泡立て器でよく混ぜる（B）。

❹ ③を強火にかけて、泡立て器で混ぜながら118℃になるまで煮詰める。

❺ 火から下ろし、角切りにして室温に戻した有塩バターと海塩を加える。木べらでよく混ぜて乳化させる（C）。

❻ 板の上にシルパットを敷いて28×28cm、高さ1cmのカードル型を置く。2台分用意し、⑤を半量（約500g）ずつ流し入れる（D）。板ごと手で持って傾けるなどして平らにならす。涼しいところで約3時間休ませ、固める。

プラリネ

❶ オーブンペーパーを敷いた天板にヘーゼルナッツを広げ、160℃のコンベクションオーブンで約20分ローストし、室温で冷ます。

❷ ①を牛刀で粗く刻む。重ねた5mm目と3mm目のふるいに通し、間に残ったもの（3〜5mmの大きさ）だけを計量して208g使用する。

❸ クーベルチュールを耐熱ボウルに入れて、電子レンジで温めて溶かし、35℃に調整する。同様にして溶かしたカカオバターを加え混ぜる。

❹ プラリネ・アマンド（→ p.265）を入れたボウルに③を加え混ぜる（A）。

❺ ④が26〜27℃まで冷めたら②を加え、混ぜ合わせる（B）。

組み立て、仕上げ

❶ カードル型に流したキャラメルの上に、プラリネを500gずつ流し入れる。L字パレットナイフで型全体に広げたのち（A）、板ごと手で持ってゆすったり、手のひらで板の底を叩いたりして、平らにならす。そのまま涼しいところに置いて固める。

❷ 型とプラリネの間にペティナイフを差し入れて、型をはずす。オーブンペーパーと板をかぶせて上下を返し、シルパットをはがす。

❸ テンパリングしたクーベルチュールを②の上面に流し、L字パレットナイフで薄く塗り広げる。手で触ってもくっつかなくなるまで少し置く。

❹ ③の上下を返し、テンパリングしたクーベルチュールを上面に流して、L字パレットナイフで薄く塗り広げる（B）。そのまま少し置いて固める。

❺ ④を、キャラメル側を下にしてギッターにのせる。2.5×2.5cmに切り分け、オーブンペーパーを敷いた天板に離して並べる（C・D）。涼しいところでひと晩休ませる。

❻ クーベルチュールを31℃に調整してエンローバーを準備し、キャラメル側を下にしてコーティングする（E）。

❼ ⑥が固まらないうちに上面にプラスチックフィルムを貼りつけ、小さいL字パレットナイフで上から軽く押さえて、ぴったり接着する（F）。

❽ 涼しいところに置いて固めたのち、プラスチックフィルムをはがす。

Fruit de la Passion

フリュイ ド ラ パッション

発酵させたカカオ豆にパッションフルーツの果肉を加えて二次発酵させた、ヴァローナのクーベルチュール「イタクジャ」に出合い、そのフルーティでやさしい酸味を生かしてつくりました。おいしさの決め手は、イタクジャのガナッシュ（4mm）と、パッションフルーツのパート・ド・フリュイ(2mm)の厚みのバランス。ショコラとパッションフルーツが程よく調和して引き立て合い、豊かな風味が口の中に広がります。

La Composition

1 クーベルチュール（ビター）
2 ガナッシュ・イタクジャ
3 パート・ド・フリュイ・ド・ラ・パッション

Fruit de la Passion

フリュイ ド ラ パッション ▌ 材料（2.5×2.5cm・約121個分）

⊙**パート・ド・フリュイ・ド・ラ・パッション**
Pâte de Fruit de la Passion
グラニュー糖 A　sucre semoule　10g
HM ペクチン　pectine　5g
パッションフルーツのピュレ
purée de fruits de la passion　180g
水アメ　glucose　50g
グラニュー糖 B　sucre semoule　180g
クエン酸　acide citrique　2g

⊙**ガナッシュ・イタクジャ**
Ganache Itakuja
生クリーム（乳脂肪分35％）
crème fraîche 35% MG　330g
転化糖　sucre inverti　60g
クーベルチュール（ビター、カカオ分55％、ヴァローナ「イタクジャ」*）
couverture noir 55%　430g
バター　beurre　90g
＊材料は半量ずつに分け、2回に分けてガナッシュをつくる。
＊「イタクジャ」は、自然発酵終了後のカカオ豆にパッションフルーツの果肉を加えて、二度めの発酵を行ってつくられたクーベルチュール。

⊙**その他　Autres Éléments**
クーベルチュール（ビター、カカオ分61％、ヴァローナ「エクストラ・ビター」）
couverture noir 61%　適量
クーベルチュール（ホワイト、カカオバター35％、ヴァローナ「イボワール」）
couverture blanc (beurre de cacao 35%)　適量
チョコレート用色素（黄）　colorant jaune　適量

パート・ド・フリュイ・ド・ラ・パッション

❶ グラニュー糖 A と HM ペクチンを混ぜ合わせる。

❷ パッションフルーツのピュレを鍋に入れ、泡立て器で混ぜながら火にかける。40℃になるまで温めたら①を加え混ぜ、水アメも加えて、混ぜながらざっと溶けるまで加熱する（A）。

❸ グラニュー糖 B を加え、混ぜながら強火で糖度75°brix になるまで煮詰める（B）。火を止めて、クエン酸を加え混ぜる。

❹ シルパットに高さ2mmのバールを2本、28cm間隔で平行に置き、奥側にもう1本、バールをあてがう。その中に③を奥のほうから静かに流し入れる（C）。バールを奥から手前に滑らせ、③を広げながら平らにならす（D）。

❺ ペティナイフを差し入れて、奥側にあてがったバールをはずす。シルパットごと板にのせ、室温で固める。

ガナッシュ・イタクジャ／組み立て①

❶ ガナッシュ・イタクジャは、2回に分けて、半量分ずつつくる。生クリームと転化糖を鍋に入れ、泡立て器で混ぜながら沸騰させる。

❷ ①と並行して、クーベルチュールをボウルに入れ、湯煎にかけて半分溶かす。

❸ ①を②に注ぎ入れ、少し置いて全体がなじんできたら、泡立て器で均一でなめらかな状態になるまで混ぜる（A・B）。室温で35℃になるまで冷ます。

❹ 室温に戻してやわらかくしたバターを③に加える。スティックブレンダーで撹拌し、艶よくなめらかな状態になるまで乳化させる（C）。

❺ パート・ド・フリュイ・ド・ラ・パッションのバールをはずし、高さ6mmのバールを両側に置く。奥側にもう1本、バールをあてがう。

❻ ④のガナッシュ・イタクジャを⑤の上に奥のほうから流し、バールを奥から手前に滑らせ、平らにならす（D）。涼しいところに置いて冷やし固める。

❼ ⑥のバールをはずし、OPP シートをかぶせて板をのせ、上下を返して台の上に置く。シルパットをはがし、冷蔵庫で少し固さが出るまで冷やす。

組立て②、仕上げ

❶ 残り半量分のガナッシュ・イタクジャをつくる。

❷ 高さ1cmのバールを、〈組み立て①〉⑦の両側に置き、奥側にもう1本、バールをあてがう。

❸ ①を②の上に流す（A）。涼しいところで1日休ませて結晶化させる。

❹ テンパリングしたクーベルチュール（ビター）を③の上面に流し、L字パレットナイフで平らに薄く塗り広げる（B）。平刃包丁で端を切り落し、冷蔵庫で上面のクーベルチュールを冷やし固める。

❺ ④を、クーベルチュールを塗った面を下にしてギッターにのせ、OPP シートをはがす。テンパリングしたクーベルチュール（ビター）を上面に流し、L字パレットナイフで平らに薄く塗り広げる。少し置いて固める。

❻ ギッターで2.5×2.5cmに切り分ける（C）。オーブンペーパーを敷いた天板に離して並べる。涼しいところでひと晩休ませる。

❼ テンパリングしたクーベルチュール（ホワイト）に黄色のチョコレート用色素を混ぜ、コルネに入れておく。

❽ クーベルチュール（ビター）を31℃に調整してエンローバーを準備し、⑥をコーティングする。すぐに表面に⑦をひと筋絞る（D）。涼しいところで固める。

Caramel
Orange

キャラメル オランジュ

ブルターニュで出合ったコアントローたっぷりのルセットをもとに、オレンジの風味をぐっと引き出してつくりました。コアントローの代わりに、オレンジの果汁と皮をキャラメルのガナッシュに加え、バターは不使用。保形性が弱くて作業性は悪くなりますが、とろりとしたテクスチャーと、オレンジとキャラメルのストレートな風味が気に入っています。デコレーションも、型にエアスプレーで色素を重ねて吹きつけておくと、刷毛で塗るのとは違った硬質感と奥深さが得られます。

La Composition

1 コック・アン・ショコラ
2 ガナッシュ・キャラメル・オランジュ

Caramel Orange

キャラメル オランジュ ▌ 材料（直径3㎝の半球型・約112個分）

◉コック・アン・ショコラ
Coques en Chocolat（つくりやすい分量）
チョコレート用色素（オレンジ）
colorant orange　適量
チョコレート用色素（白）　colorant blanc　適量
チョコレート用色素（茶）　colorant brun　適量
クーベルチュール（ミルク、カカオ分40％、ヴァローナ「ジヴァラ・ラクテ」）
couverture au lait 40％　適量

◉ガナッシュ・キャラメル・オランジュ
Ganache Caramel Orange
オレンジ果汁　jus d'orange　190g
すりおろしたオレンジの皮（細かい目）
zestes d'orange râpés fins　½個分
生クリーム（乳脂肪分35％）
crème fraîche 35％ MG　190g
水アメ　glucose　56g
クーベルチュール（ビター、カカオ分56％、ヴァローナ「カラク」）　couverture noir 56％　174g
グラニュー糖　sucre semoule　320g
グランマルニエ（マルニエ・ラポストール「グラン マルニエ コルドン ルージュ」）　Grand-Marnier　30g

◉その他　Autres Éléments
クーベルチュール（ミルク、カカオ分40％、ヴァローナ「ジヴァラ・ラクテ」）
couverture au lait 40％　適量

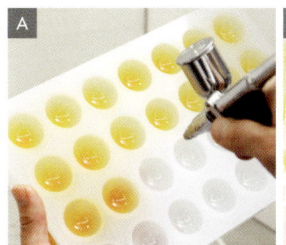 
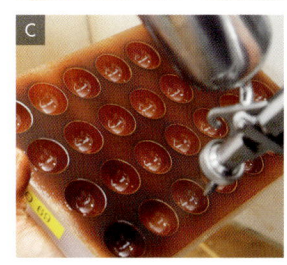 
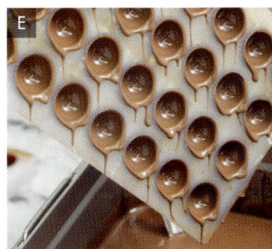 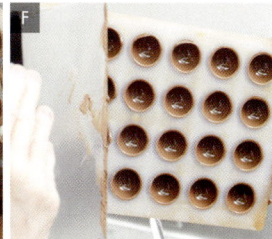

コック・アン・ショコラ

❶　半球型のモールドをキッチンペーパーできれいに拭く。

❷　オレンジ色のチョコレート用色素を30℃に温め、エアスプレーで①のモールドにまんべんなく吹きつける（吹きつけた直後に27〜28℃になるのが目安）（A）。涼しいところに置いて固める。

❸　手袋をして指に白のチョコレート用色素をつけ、指を弾くようにして②の上に飛ばし、点々とした模様をつける（B）。大きな三角パレットナイフでモールドの縁についた色素をこそぎ落す。涼しいところに置いて固める。

❹　茶色のチョコレート用色素を30℃に温め、エアスプレーで③のモールドにまんべんなく吹きつける（吹きつけた直後に27〜28℃になるのが目安）（C）。

❺　三角パレットナイフで、モールドの縁についた色素をこそぎ落す。台にキッチンペーパーを敷いてモールドの上面を押しつけて、余分な色素を拭き取る。モールドを伏せた状態にしてオーブンペーパーを敷いた天板にのせ、涼しいところに置いて固める（D）。

❻　テンパリングして30℃に調整したクーベルチュールを、レードルでモールドいっぱいに注ぎ入れる。モールドの側面を三角パレットナイフでトントンと叩いて、気泡を抜く。

❼　モールドの上下を返して、モールドの側面を三角パレットナイフでトントンと叩いて、余分なクーベルチュールを落す（E）。三角パレットナイフで垂れたクーベルチュールをすり切る。

❽　モールドの縁についたクーベルチュールを三角パレットナイフでそぎ落す（F）。

❾　もう一度、モールドの上下を返して、モールドの側面を三角パレットナイフでトントンと叩いて、余分なクーベルチュールを落し、三角パレットナイフで垂れたクーベルチュールをすり切る。モールドを伏せた状態にして室温に置く。

＊固まりすぎると⑩で割れてしまうので、注意。

❿　モールドを手で持ち、余分なクーベルチュールを三角パレットナイフでそぎ落す。オーブンペーパーを敷いた天板の上に、横向きもしくは上向きにして置き、涼しいところに置いて固める。

＊すべての工程で温度調整が的確に行われていないと、仕上げの段階で型からスパンときれいにはずれなくなるので、注意。

ガナッシュ・キャラメル・オランジュ

❶ オレンジ果汁を鍋に入れ、オレンジの皮をすりおろして加える（A）。火にかけて沸騰させる。

❷ ①と並行して、生クリームと水アメを別の鍋に入れ、火にかけて泡立て器で混ぜながら沸騰させる。

❸ ①と並行して、クーベルチュールをボウルに入れて湯煎にかけて溶かし、40℃に調整する。

❹ ①と並行して、グラニュー糖を別の鍋に入れ、強火にかける。時折鍋をゆすりながら徐々に溶かし、焦がしてやや深い色合いのキャラメルをつくる。全体から泡が浮き上がり、煙が出てしっかり色づくまで焦がすこと。

❺ ④の火を止めて、②を少量ずつ加えながら泡立て器で混ぜる（B）。

❻ ①を加え、泡立て器で混ぜる（C）。再び火にかけて、キャラメルの塊があれば溶かす。漉してボウルに入れる。

❼ ③に⑥を1/8量程度ずつ2回加え、そのつど泡立て器で中心からすり混ぜ、徐々に周りに広げて全体を混ぜ、しっかり乳化させる。

❽ 残りの⑥を2回に分けて⑦に加え、そのつど泡立て器で均一な状態になるまで混ぜる（D）。ゴムべらに替えてムラのないよう混ぜる。

❾ グランマルニエを加え、ゴムべらで混ぜる。室温で冷ます。

組み立て、仕上げ

❶ 口金をつけていない絞り袋にガナッシュ・キャラメル・オランジュを入れ、先端をはさみで約5mm幅に切る。コック・アン・ショコラに9分目まで絞り入れる（A）。冷蔵庫で1日冷やし固める。

❷ ①の上面をドライヤーで軽く温める（B）。

＊コック・アン・ショコラの縁を軽く溶かしておくことで、ガナッシュとクーベルチュールが密着してはがれにくくなる。

❸ テンパリングしたクーベルチュールをレードルで②の上面全体に流し、大きな三角パレットナイフで余分なクーベルチュールをすり切って平らにならす（C）。

＊ガナッシュがやわらかいので、クーベルチュールを流し込む際は、直接ガナッシュに当たらないよう、モールドの縁をめがけて流し、モールドを傾けて静かにガナッシュの上に流し入れるようにする。また、三角パレットナイフで何度もこすらず、一度ですり切るようにする。

❹ 涼しいところに置いて固めたのち、上下を返してモールドからはずす（D）。

Caramel Figue

キャラメル フィグ

「キャラメル オランジュ」（→ p.236）と同じく、半球形のコック・アン・ショコラの中に、やわらかなキャラメルのガナッシュを詰めたボンボン・ショコラです。イチジクは好きな果物ですが、それだけでは甘ったるくなりがち。そこで、イチジクとともに相性のよいグリオットチェリーの酸味をガナッシュに加えて、味を引き締めました。凝縮感のあるチェリーのリキュール、マラスキーノも加えて、果実味をよりいっそう引き立たせています。

La Composition

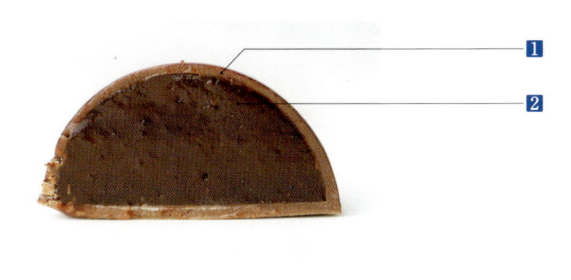

1 コック・アン・ショコラ
2 ガナッシュ・キャラメル・フィグ

Caramel Figue

キャラメル フィグ ▌ 材料（直径3cmの半球型・約112個分）

◉コック・アン・ショコラ
Coques en Chocolat（つくりやすい分量）
チョコレート用色素（赤）　colorant rouge　適量
チョコレート用色素（白）　colorant blanc　適量
チョコレート用色素（茶）　colorant brun　適量
クーベルチュール（ミルク、カカオ分40％、ヴァローナ「ジヴァラ・ラクテ」）
couverture au lait 40％　適量
＊「キャラメル オランジュ」のコック・アン・ショコラ（→p.237）を参照してつくる。ただし、チョコレート用色素（オレンジ）は、チョコレート用色素（赤）に置き換える。

◉ガナッシュ・キャラメル・フィグ
Ganache Caramel Figue
イチジクのピュレ　purée de figues　250g
グリオットチェリーのピュレ
purée de griottes　124g
水アメ　glucose　56g
クーベルチュール（ビター、カカオ分56％、ヴァローナ「カラク」）
couverture noir 56％　170g
グラニュー糖　sucre semoule　315g
マラスキーノ　Maraschino　20g

◉その他　Autres Éléments
クーベルチュール（ミルク、カカオ分40％、ヴァローナ「ジヴァラ・ラクテ」）
couverture au lait 40％　適量

つくり方

ガナッシュ・キャラメル・フィグ

❶ イチジクのピュレとグリオットチェリーのピュレ、水アメを鍋に入れ、火にかけて泡立て器で混ぜながら沸騰させる（A）。

❷ ①と並行して、クーベルチュールをボウルに入れて湯煎にかけて溶かし、40℃に調整する。

❸ ①と並行して、グラニュー糖を別の鍋に入れ、強火にかける。時折鍋をゆすりながら徐々に溶かし、焦がしてやや深い色合いのキャラメルをつくる。全体から泡が浮き上がり、煙が出てしっかり色づくまで焦がすこと。

❹ ③の火を止めて、①を少量ずつ加えながら泡立て器で混ぜる（B）。再び火にかけて、キャラメルの塊があれば溶かす。漉してボウルに入れる。

❺ ②に④を1/8量程度ずつ2回加え、そのつど泡立て器で中心からすり混ぜ、徐々に周りに広げて全体を混ぜ、しっかり乳化させる（C）。

❻ 残りの④を2回に分けて⑤に加え、そのつど泡立て器で均一な状態になるまで混ぜる。ゴムべらに替えてムラのないよう混ぜる（D）。

❼ マラスキーノを加え、ゴムべらで混ぜる。室温で冷ます。

組立て、仕上げ

❶ 口金をつけていない絞り袋にガナッシュ・キャラメル・フィグを入れ、先端をはさみで約5mm幅に切る。コック・アン・ショコラに9分目まで絞り入れる（A）。冷蔵庫で1日冷やし固める。

❷ ①の上面をドライヤーで軽く温める（B）。

＊コック・アン・ショコラの縁を軽く溶かしておくことで、ガナッシュとクーベルチュールが密着してはがれにくくなる。

❸ テンパリングしたクーベルチュールをレードルで②の上面全体に流し、大きな三角パレットナイフで余分なクーベルチュールをすり切って平らにならす（C）。

＊ガナッシュがやわらかいので、クーベルチュールを流し込む際は、直接ガナッシュに当たらないよう、モールドの縁をめがけて流し、モールドを傾けて静かにガナッシュの上に流し入れるようにする。また、三角パレットナイフで何度もこすらず、一度ですり切るようにする。

❹ 涼しいところに置いて固めたのち、上下を返してモールドからはずす（D）。

Citron Vert

シトロン ヴェール

イメージしたのは、カクテルのジン・ライム。ガナッシュ・シトロン・ヴェールには、ライムと相性のよいホワイトチョコレートを使用しました。それだけではミルキーすぎるので、ナパージュ・ヌートルにライムの果汁と皮、ジンを合わせたジュレを組み込んで、香りをストレートに打ち出しています。青みを帯びたライムの香りと酸味が二段階で広がり、まろやかなホワイトチョコレートと相まって、カクテルのような調和が楽しめます。

La Composition

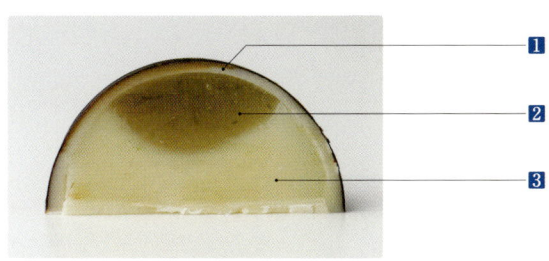

1 コック・アン・ショコラ
2 ジュレ
3 ガナッシュ・シトロン・ヴェール

Citron Vert

シトロン ヴェール ▌材料（直径3㎝の半球型・約112個分）

◉コック・アン・ショコラ
Coques en Chocolat（つくりやすい分量）
チョコレート用色素（緑）　colorant vert　適量
チョコレート用色素（黄）　colorant jaune　適量
チョコレート用色素（白）　colorant blanc　適量
チョコレート用色素（茶）　colorant brun　適量
クーベルチュール（ホワイト、カカオバター35％、
ヴァローナ「イボワール」）
couverture blanc（beurre de cacao 35%）　適量
＊「キャラメル オランジュ」のコック・アン・ショコラ（→p.237）を参照してつくる。ただし、チョコレート用色素（オレンジ）は、緑と黄色のチョコレート用色素を混ぜたものに置き換える。

◉ジュレ
Gelée（つくりやすい分量）
ナパージュ・ヌートル
nappage neutre　300g
ジン　gin　22g
すりおろしたライムの皮（細かい目）
zestes de citron vert râpés fins　1個分
ライム果汁　jus de citron vert　1個分

◉ガナッシュ・シトロン・ヴェール
Ganache Citron Vert
生クリーム（乳脂肪分35％）
crème fraîche 35% MG　314g
すりおろしたライムの皮（細かい目）
zestes de citron vert râpés fins　1.7個分
転化糖　sucre inverti　71g
クーベルチュール（ホワイト、カカオバター35％、
ヴァローナ「イボワール」）
couverture blanc（beurre de cacao 35%）　700g
バター　beurre　79g

◉その他　Autres Éléments
クーベルチュール（ホワイト、カカオバター35％、
ヴァローナ「イボワール」）
couverture blanc（beurre de cacao 35%）　適量

ジュレ

❶ ナパージュ・ヌートルをボウルに入れ、ジンを2回に分けて加えて、そのつどゴムべらでよく混ぜる。

❷ すりおろしたライムの皮を加え、泡立て器でよく混ぜる。

❸ ライム果汁を2回に分けて加え、そのつど泡立て器でよく混ぜる（A）。スティックブレンダーでなめらかな状態になるまで撹拌する。

❹ ③をコルネに入れ、コック・アン・ショコラの中に1gずつ絞り入れる（B）。

ガナッシュ・シトロン・ヴェール

❶ 生クリームを鍋に入れ、火にかけて泡立て器で混ぜながら沸騰させる。火を止めて、すりおろしたライムの皮を加え混ぜる。

❷ ラップフィルムをかけて約10分アンフュゼし、網で漉して別の鍋に移し入れる（A・B）。

❸ ②に転化糖を加え、火にかけて沸騰させる。

❹ ③と並行して、クーベルチュールをボウルに入れ、電子レンジで温めて溶かし、35℃に調整する。

❺ ③を④に少量加え、ゴムべらでよく混ぜる（C）。いったん分離した状態になる。

❻ 残りの③を約6回に分けて⑤に加え、そのつどゴムべらでしっかりすり混ぜる。次第に乳化し、艶よくなめらかな状態になる。室温で34℃になるまで冷ます。

❼ 室温に戻してやわらかくしたバターを加える。スティックブレンダーで撹拌して、艶よくなめらかな状態になるまでしっかり乳化させる（D）。

組み立て、仕上げ

❶ 口金をつけていない絞り袋にガナッシュ・シトロン・ヴェールを入れ、先端をはさみで約5mm幅に切る。コック・アン・ショコラに流したジュレの上に、モールドいっぱいよりもやや少なめに絞り入れる（A）。

❷ ①の上面をドライヤーで軽く温める（B）。

＊コック・アン・ショコラの縁を軽く溶かしておくことで、ガナッシュとクーベルチュールが密着してはがれにくくなる。

❸ テンパリングしたクーベルチュールをレードルで②の上面全体に流し、大きな三角パレットナイフで余分なクーベルチュールをすり切って平らにならす（C・D）。

＊ガナッシュがやわらかいので、クーベルチュールを流し込む際は、直接ガナッシュに当たらないよう、モールドの縁をめがけて流し、モールドを傾けて静かにガナッシュの上に流し入れるようにする。また、三角パレットナイフで何度もこすらず、一度ですり切るようにする。

❹ 涼しいところに置いて固めたのち、上下を返してモールドからはずす。

Café Sésame

カフェ セザム

ゴマとコーヒーは、香りがぶつからずにうまく融合し、相性がよい組み合わせだと思います。アーモンドにゴマを加えてつくったプラリネは、油脂によってなめらかさが増し、香りも一段と際立ちます。これをミルクチョコレートと混ぜ合わせ、粒状の煎りゴマをアクセントに加えました。その上に重ねたのは、深煎りのコーヒー豆の風味をしっかり移した、ミルクチョコレートのガナッシュ。食べやすくてスタイリッシュなバーにしてみました。

La Composition

1 クーベルチュール（ビター）
2 ガナッシュ・カフェ
3 プラリネ・セザム・ブラン

Café Sésame

カフェ セザム ▍材料（11.5×1.5cmのバトン形・約42本分）

⊙プラリネ・アマンド・セザム
Praliné Amandes Sésames（つくりやすい分量）
グラニュー糖　sucre semoule　400g
水　eau　100g
アーモンド（ホール、皮つき）
amandes entières brutes　300g
白煎りゴマ　sésame blanc torréfié　300g

⊙プラリネ・セザム・ブラン
Praliné Sésames Blanc
（28×28cm、高さ1cmのカードル型・1台分）
クーベルチュール（ミルク、カカオ分40%、ヴァローナ「ジヴァラ・ラクテ」）
couverture au lait 40%　70g

カカオバター　beurre de cacao　70g
プラリネ・アマンド・セザム
praliné amandes sésames　350g
白煎りゴマ　sésame blanc torréfié　50g

⊙ガナッシュ・カフェ　Ganache Café
（28×28cm、高さ1cmのカードル型・1台分）
コーヒー豆（イタリアンロースト）
café en grains（torréfaction italienne）　20g
生クリーム（乳脂肪分35%）
crème fraîche 35% MG　125g
転化糖　sucre inverti　35g

クーベルチュール（ミルク、カカオ分33%、ヴァローナ「タナリヴァ・ラクテ」）
couverture au lait 33%　300g
バター　beurre　50g

⊙その他　Autres Éléments
クーベルチュール（ビター、カカオ分61%、ヴァローナ「エクストラ・ビター」）
couverture noir 61%　適量
白煎りゴマ　sésame blanc torréfié　適量

プラリネ・アマンド・セザム

❶ グラニュー糖と水を鍋に入れ、火にかけて118℃になるまで煮詰める。

❷ 火を止めてアーモンドを加え、木べらで混ぜる。

❸ 中火にかけ、木べらで混ぜてシロップを白く結晶化させる(A)。混ぜながらさらに加熱を続けて徐々に糖を溶かし、全体的に溶けてキャラメル色に色づくまで加熱する。

❹ 大理石の台にシルパットを敷き、③を流し広げる。室温で冷まして固める(B)。

❺ ④を適当な大きさに割って、白煎りゴマとともにフードプロセッサーに入れて撹拌し、ペースト状になるまで粉砕する(C)。途中で数回、シリンダーの側面についたプラリネをゴムべらで払い落す。

❻ ⑤をボウルに移し入れ、室温で冷ます(D)。

＊撹拌したては摩擦熱で温まっているので、とろんと流動的な状態になっている。

プラリネ・セザム・ブラン

❶ クーベルチュールを耐熱ボウルに入れ、電子レンジで温めて溶かして35℃に調整する。

❷ カカオバターを①と同様に溶かし、30℃に調整する。

❸ プラリネ・アマンド・セザムを入れたボウルに①と②を加え、ゴムべらで均一な状態になるまでよく混ぜる(A・B)。混ぜ終わりは25～26℃が目安。

＊温度が高すぎると、冷やし固めてもきちんと結晶化せず、油脂分が浮いてきてきれいに仕上がらない。温度が低すぎれば、⑤できれいに平らに流せない。

❹ ③に白煎りゴマを加え、ゴムべらで混ぜ合わせる(C)。

❺ 板の上にシルパットを敷いて、28×28㎝、高さ1㎝のカードル型をのせる。その中に④を流し入れ、L字パレットナイフで平らにならす(D)。

❻ 板ごと手で持ち、軽くトントンと台に打ちつけて表面を平らにする。涼しいところに置いて固める。

ガナッシュ・カフェ

❶ コーヒー豆を鍋に入れ、火にかける。鍋をゆすりながら、充分に香りが立つまで軽く煎る。

❷ 台の上にオーブンペーパーを敷き、①をのせる。オーブンペーパーを2つ折りにして①を挟み、その上に麺棒を転がして細かく砕く。

❸ 生クリームを鍋に入れ、転化糖と②のコーヒー豆を加える。火にかけて、泡立て器で混ぜながら沸騰させる（A）。火を止めてラップフィルムをかけ、約10分アンフュゼする。

❹ ③を網で漉して別の鍋に移し入れる（B）。ゴムべらで上からしっかり押し、余すことなく漉し取る。

❺ ④を計量し、生クリーム（乳脂肪分35％、分量外）を足して125gにする。

❻ クーベルチュールをボウルに入れ、湯煎にかけて溶かして40℃に調整する。

❼ ⑤を火にかけて沸騰させ、⑥に注ぎ入れる（C）。泡立て器で中心からすり混ぜ、徐々に周りに広げて全体を混ぜ、均一でなめらかな状態にする。室温で35℃になるまで冷ます。

❽ 室温に戻してやわらかくしたバターを⑦に加え、ゴムべらでざっと混ぜる。

❾ スティックブレンダーで撹拌し、艶よくなめらかな状態になるまでしっかり乳化させる（D）。

組立て、仕上げ

❶ カードル型に流したプラリネ・セザム・ブランの上に、ガナッシュ・カフェを流し入れ、L字パレットナイフでざっと平らにならす。

❷ バールを奥から手前に滑らせて、余分なガナッシュ・カフェを取り除きつつ、平らにならす（A）。涼しいところで1日休ませて結晶化させる。

❸ ペティナイフを差し入れて、カードル型をはずす。

❹ ③の上下を返して、テンパリングしたクーベルチュールを上面に流し、L字パレットナイフで平らに薄く塗り広げる。

❺ ガスバーナーで平刃包丁を軽く温め、端を切り落としたのち、11.5cm幅に切り分ける（B）。

❻ クーベルチュールを塗った面を下にしてギッターにのせ、テンパリングしたクーベルチュールを上面に流し、L字パレットナイフで平らに薄く塗り広げる。手で触ってもくっつかなくなるまで少し置く。

❼ ギッターで11.5×1.5cmに切り分ける（C）。オーブンペーパーを敷いた天板に離して並べる。涼しいところでひと晩休ませる。

❽ クーベルチュールを31℃に調整してエンローバーを準備し、プラリネ・セザム・ブラン側を下にしてコーティングする。

❾ ⑧が固まらないうちにパレットナイフを使い、対角線に筋をつける（D）。端に白煎りゴマを少量のせ、涼しいところに置いて固める。

＊パレットナイフを立てて上面に当て、手前に少し引くときれいに筋がつく。

Cigar

シガー

「贈り物として、付加価値が感じられる、オリジナリティのあるショコラのお菓子をつくりたい」との思いから生まれた、葉巻形のショコラです。プラリネは、アーモンドに砂糖をまとわせてキャラメル化させた後、半量ずつに分けて一方はペースト状に、もう一方は粗めの粒子状にして食感の違いを演出。カリカリした食感が楽しく、自家製プラリネならではの力強い香ばしさが広がって、飽きのこない味わいです。

La Composition

1 カカオパウダー、クーベルチュール（ビター）
2 プラリネ

Cigar

シガー ▌材料（長さ13cm・約90本分）

⊙プラリネ　Praliné
グラニュー糖　sucre semoule　666g
水　eau　166g
アーモンド（ホール、皮つき）
amandes entières brutes　1000g
クーベルチュール（ミルク、カカオ分40％、ヴァローナ「ジヴァラ・ラクテ」）
couverture au lait 40％　75g
カカオバター　beurre de cacao　225g

⊙その他　Autres Éléments
クーベルチュール（ビター、カカオ分61％、ヴァローナ「エクストラ・ビター」）
couverture noir 61％　適量
カカオパウダー　cacao en poudre　適量

プラリネ

❶ グラニュー糖と水を鍋に入れ、火にかけて118℃になるまで煮詰める。

❷ 火を止めてアーモンドを加え、木べらで混ぜる。

❸ 中火にかけ、木べらで混ぜてシロップを白く結晶化させる。混ぜながらさらに加熱を続けて徐々に糖を溶かし、全体的に溶けてキャラメル色に色づくまで加熱する。

❹ 大理石の台にシルパットを敷き、③を流し広げる。室温で冷まして固める。

❺ ④を半量ずつに分ける。このとき、一方はアーモンドの割合を多く、もう一方はアメの割合を多くする。

❻ ⑤のアーモンドの割合が多いほうをフードプロセッサーに入れる。途中で数回、ゴムべらでシリンダーの側面についた生地を払い落し、なめらかなペースト状になるまで撹拌する（A・B）。ボウルに移し入れる。

❼ ⑤のアメの割合が多いほうをフードプロセッサーに入れる。撹拌してざっと粉砕し、3mm目のふるいにかける（C・D）。

❽ ⑦でふるいに残った粗いものを再びフードプロセッサーにかけ、粉砕してふるう。全量がふるいを通るまで、これを数回繰り返す。

❾ クーベルチュールを耐熱ボウルに入れ、電子レンジで温めて溶かし、35℃に調整する。

❿ カカオバターを①と同様にして溶かし、30℃に調整する。

⓫ ⑨と⑩を順に⑥に加え混ぜる（E）。⑧も加え、ゴムべらで均一な状態になるまで混ぜ合わせる（F）。ボウルの底に氷水を当てて、ゴムべらで混ぜながら絞れる固さ（21℃が目安）になるまで冷やす。

⓬ 板の上にシルパットを敷き、口径15mmの丸口金をつけた絞り袋に⑪を入れて、口金の口径よりも少し太めの棒状に絞り出す（G）。手で丸められる程度の固さになるまで、冷蔵庫で冷やす。

⓭ ペティナイフで長さ13cmに切り分ける。両手で転がしてきれいな棒状に整えたのち、両端だけを手で少し転がして細くし、葉巻の形に整える（H）。涼しいところに置いて固める。

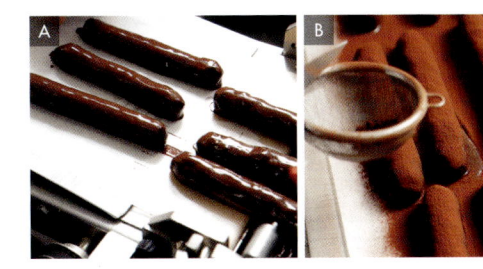

組立て、仕上げ

❶ クーベルチュールを31℃に調整してエンローバー（エアなし）を準備し、プラリネをコーティングする（A）。

❷ ①が固まらないうちに、漉し網にカカオパウダーを入れて、網の縁をペティナイフでトントンと叩きながら①にたっぷりふる（B）。涼しいところに置いて固める。

＊クーベルチュールが固まってしまうとカカオパウダーがつかなくなるので、エンローバーでコーティングしたら、すぐにふりかけること。

Tablettes Chocolat

タブレット ショコラ

ボンボン・ショコラに引けを取らず、タブレット・ショコラも人気の高い商品です。大きすぎず、かわいらしさのあるスクエア形でつくり、常時12〜15種を用意しています。クーベルチュールでバリエーションを出し、それぞれに合うナッツやフリュイ・コンフィ、カカオニブをトッピング。ナッツを砂糖がけにして散らしたり、センターにキャラメルやプラリネを潜ませるなど、ひとひねり加えたものもあります。裏側はストラクチャーシートで模様をつけ、見た目にも楽しく仕上げています。

01　Tablette Chocolat Thé Vert　タブレット ショコラ テ ヴェール

02　Tablette Chocolat au Lait Pistache　タブレット ショコラ オ レ ピスターシュ

03　Tablette Chocolat Blanc Sésame　タブレット ショコラ ブラン セザム

04　Tablette Chocolat Fraises　タブレット ショコラ フレーズ

05　Tablette Chocolat Caraibe 66%　タブレット ショコラ カライブ 66%

06　Tablette Chocolat Alunga 41%　タブレット ショコラ アルンガ 41%

07　Tablette Chocolat Pistache　タブレット ショコラ ピスターシュ

08　Tablette Chocolat Caraque 56%　タブレット ショコラ カラク 56%

09　Tablette Chocolat au Riz Soufflé　タブレット ショコラ オ リ スフレ

10　Tablette Chocolat Agrumes　タブレット ショコラ アグリュム

11　Tablette Chocolat Guanaja 70%　タブレット ショコラ グアナラ 70%

12　Tablette Chocolat Ruby　タブレット ショコラ ルビー

Tablette Chocolat Praliné Egoma

タブレット ショコラ プラリネ エゴマ

以前から頭に描いていた、中にガナッシュやプラリネを入れたタブレットのイメージを形にしました。エゴマを使うことに挑戦したのは、たまたま和食店でエゴマの料理で食べて、おいしいうえに体にもよいと知ったから。アーモンドと一緒にプラリネをつくり、表面にもローストしたエゴマをアマンド・クリスタリゼとともに散らしました。エゴマ特有の香ばしい風味により、オリジナリティあるひと品ができたと思います。

La Composition

1 アマンド・クリスタリゼ、エゴマ
2 クーベルチュール（ビター）
3 プラリネ・エゴマ

Tablette Chocolat Praliné Egoma

タブレット ショコラ プラリネ エゴマ ▌材料（9.5×9.5㎝、高さ1㎝の角型・15個分）

◉プラリネ・エゴマ
Praliné Egoma
グラニュー糖　sucre semoule　54g
水　eau　28g
エゴマ　egoma　162g
プラリネ・アマンド
praliné amandes（→ p.265）　162g
クーベルチュール（ミルク、カカオ分33％、ヴァローナ「タナリヴァ・ラクテ」）
couverture au lait 33％　81g
カカオバター　beurre de cacao　50g

◉アマンド・クリスタリゼ
Amande Cristalisée（つくりやすい分量）
アーモンド（スリーバード）
amandes bâtonnets　1350g
ボーメ30°のシロップ
sirop à 30° B（→ p.261）　160g
シュークル・ヴァニーユ
sucre vanille（→ p.261）　90g
グラニュー糖　sucre semoule　90g

◉その他　Autres Éléments
クーベルチュール（ビター、カカオ分65％、ベルコラーデ「ノワール・アンターンス」）
couverture noir 65％　適量
エゴマ*　egoma　適量
＊エゴマは、オーブンペーパーを敷いた天板に広げ、160℃のコンベクションオーブンで約10分ローストし、そのまま室温で冷ましておく。

プラリネ・エゴマ

❶ グラニュー糖と水を鍋に入れ、火にかけて118℃になるまで煮詰める。

❷ 火を止めてエゴマを加え、木べらで混ぜる（A）。

❸ ごく弱火にかけ、木べらで混ぜてシロップを白く結晶化させる。混ぜながらさらに加熱を続けて徐々に糖を溶かし、全体的に溶けてキャラメル色に色づくまで加熱する（B）。

＊焦げやすいので注意。白く結晶化した糖が完全に溶けきらず、少し残った状態でよい。

❹ 大理石の台にシルパットを敷き、③を広げる。室温で冷まして固める（C）。

❺ ④を適当な大きさに割ってフードプロセッサーに入れ、プラリネ・アマンド（→ p.265）を加えて撹拌する（D）。エゴマの油脂が出てきて、粗めのペースト状になるまで粉砕する。途中で数回、シリンダーの側面についたプラリネをゴムべらで払い落すこと。

❻ ⑤と並行して、クーベルチュールとカカオバターをボウルに入れ、湯煎にかけて溶かして45℃に調整する。

❼ ⑤を別のボウルに入れ、⑥を加える。ゴムべらで徐々になじませるようにしてよく混ぜる（E）。

❽ 大理石の台にシルパットを敷き、高さ5mmのバールを2本、22.5cm間隔で平行に置き、奥側にもう1本、バールをあてがう。その中に⑦を流す。L字パレットナイフでざっとならしたのち、バールを奥から手前に滑らせ、⑦を広げながら平らにならす（F）。室温に少し置いて固まってきたら、バールをはずしてシルパットごと天板にのせ、冷蔵庫で冷やし固める。

アマンド・クリスタリゼ

❶ アーモンドをボウルに入れ、ボーメ30°のシロップ（→ p.261）、シュークル・ヴァニーユ（→ p.261）、グラニュー糖を順に加えて、そのつど手で混ぜる（A）。

❷ シルパットを敷いた天板2枚に①を広げ、150℃のコンベクションオーブンで約30分焼く（B）。

❸ そのまま室温で冷まし、手でほぐす。乾燥剤とともに密閉容器に入れて保管する。

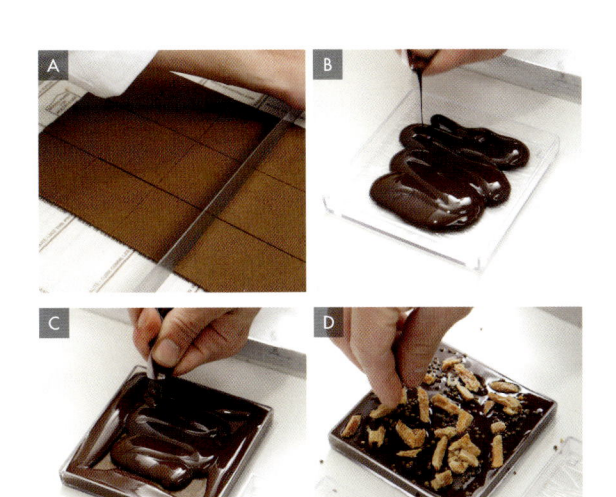

組み立て、仕上げ

❶ 9.5×9.5cm、高さ1cmの角型の底にストラクチャーシート（凹凸模様がついたプラスチックシート）をセットする。

❷ プラリネ・エゴマの上にオーブンペーパーと板をかぶせ、上下を返してシルパットをはがし、平刃包丁で7.5×7.5cmに切る（A）。冷蔵庫で冷やしておく。

❸ 口金をつけていない絞り袋にテンパリングしたクーベルチュールを入れ、①に型の半分程度の高さまで流し入れる（B）。

❹ ②を③の中央にのせ、隙間からクーベルチュールが上がってきてプラリネ・エゴマと同じ高さになるまで、上から指で押さえる。

❺ すぐに③の残りのクーベルチュールを④の上に絞る（C）。型を手で持って、型ごとトントンと台に打ちつけ、平らにする。

❻ すぐにアマンド・クリスタリゼを⑤の上面に散らし、エゴマをふる（D）。冷蔵庫で冷やし、固まったら涼しいところに置いてしっかり結晶化させる。

Tablette Chocolat Caramel Tendre

タブレット ショコラ キャラメル タンドル

パリッとしたチョコレートの中から、やわらかなキャラメルがとろっと流れ出る、食感のコントラストが楽しいタブレットです。表面にはサクサク、カリカリしたキャラメルを散らしました。ポイントは、キャラメルとチョコレートの厚みのバランス。キャラメルが薄すぎればとろっと流れ出にくくなり、厚すぎればチョコレートに閉じ込める作業が難しくなり、タブレットの強度も弱くなるので、半々を目安にしています。

La Composition

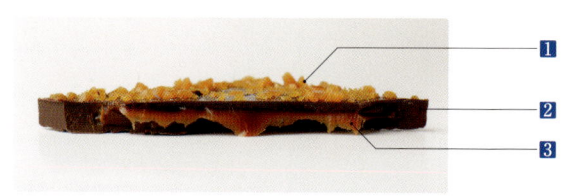

1 キャラメル
2 クーベルチュール（ビター）
3 キャラメル・ショコラ・オ・レ

Tablette Chocolat Caramel Tendre　タブレット ショコラ キャラメル タンドル ▍ 材料（9.5×9.5㎝、高さ1㎝の角型・15個分）

◉ **キャラメル・ショコラ・オ・レ**
Caramel Chocolat au Lait
生クリーム（乳脂肪分35％）
crème fraîche 35% MG　211g
水アメ　glucose　39g
ヴァニラビーンズ　gousse de vanille　1本
グラニュー糖　sucre semoule　138g
クーベルチュール（ミルク、カカオ分40％、ヴァローナ「ジヴァラ・ラクテ」）
couverture au lait 40%　134g

◉ **キャラメル**
Caramel（つくりやすい分量）
グラニュー糖　sucre semoule　400g
バター　beurre　100g
海塩　sel de mer　2g

◉ **その他**　Autres Éléments
クーベルチュール（ビター、カカオ分65％、ベルコラーデ「ノワール・アンタンース」）
couverture noir 65%　適量

つくり方

キャラメル・ショコラ・オ・レ

❶ 生クリームを鍋に入れ、水アメ、ヴァニラビーンズの種と鞘を加える。火にかけて、泡立て器で混ぜながら沸騰させる。

❷ ①と並行して、グラニュー糖を別の鍋に入れ、強火にかける。泡立て器で混ぜながら徐々に溶かし、明るいキャラメル色に色づくまで焦がす。

❸ ブクブクと沸騰し、煙が出てきたら火を止める。①を少しずつ加えながら泡立て器で混ぜる(A)。

❹ ③を漉して、クーベルチュールを入れたボウルに注ぎ入れる(B)。ゴムべらで中心からすり混ぜ、徐々に周りに広げて全体を混ぜて乳化させる。

❺ ④を鍋に戻し入れ、強火にかける。泡立て器で混ぜながら110℃になるまで煮詰める(C)。

❻ 大理石の台にシルパットを敷き、高さ5mmのバールを2本、22.5cm間隔で平行に置き、奥側にもう1本、バールをあてがう。その中に⑤を流す。L字パレットナイフでざっとならしたのち、バールを奥から手前に滑らせ、⑤を広げながら平らにならす(D)。室温で冷まして固まったら、ペティナイフを差し入れてバールをはずし、シルパットごと天板にのせて冷蔵庫で冷やし固める。

キャラメル

❶ グラニュー糖を鍋に入れ、強火にかけて泡立て器で混ぜながら徐々に溶かし、明るいキャラメル色に色づくまで焦がす。

❷ ブクブクと沸騰し、煙が出てきたら火を止める。角切りにして室温に戻したバターと海塩を加え、泡立て器で混ぜ溶かす(A)。

❸ 大理石の台にシルパットを敷き、②を流す。室温で冷まして固める(B)。

❹ ③を適当な大きさに割り、フードプロセッサーに入れる(C)。断続的に撹拌して粗く粉砕する。

❺ 重ねた6mm目と3mm目のふるいに通し、間に残ったもの(3〜6mmの大きさ)だけを使用する(D)。大きいものはもう一度粉砕して、同様にふるいを通す。細かいものはもう一度加熱して溶かし、③〜⑤を繰り返す。乾燥剤とともに密閉容器に入れて保管する。

組み立て、仕上げ

❶ 9.5×9.5cm、高さ1cmの角型の底にストラクチャーシートをセットする。

❷ キャラメル・ショコラ・オ・レの上にオーブンペーパーと板をかぶせ、上下を返してシルパットをはがし、平刃包丁で7.5×7.5cmに切る。冷蔵庫で冷やしておく。

❸ 口金をつけていない絞り袋にテンパリングしたクーベルチュールを入れ、①に型の半分程度の高さまで流し入れる。

❹ ②を③の中央にのせ、隙間からクーベルチュールが上がってきてキャラメル・ショコラ・オ・レと同じ高さになるまで、上から指で押さえる(A)。

❺ すぐに③の残りのクーベルチュールを④の上に絞り、型を手で持って、型ごとトントンと台に打ちつけ、平らにする。

❻ すぐにキャラメルを⑤の上面に散らす(B)。冷蔵庫で冷やし、固まったら涼しいところに置いてしっかり結晶化させる。

パート・ブリゼ
Pâte Brisée
（つくりやすい分量）

薄力粉　farine ordinaire　220g
強力粉　farine gruau　225g
グラニュー糖　sucre semoule　14g
海塩　sel de mer　10g
バター　beurre　500g
冷水　eau froide　110g

❶　ふるった薄力粉、強力粉、グラニュー糖、海塩をフードプロセッサーに入れ、撹拌してざっと混ぜる。

❷　約2cm角に切った冷たいバターを①に加え、低速で撹拌する。こまめに止めては状態を確認し、バターの塊がなく、サラサラとした、細かく均一なサブレ状（砂状）にする（A）。

❸　冷水を②に加え、さっと撹拌して混ぜる（B・C）。ラップフィルムを敷いた天板にのせ、手に打ち粉をつけて軽く丸めた後、手のひらで軽く押してざっと平らにする（D）。ラップフィルムをかけて密着させ、正方形に整えて、冷蔵庫で1日休ませる。

パート・シュクレ
Pâte Sucrée
（つくりやすい分量）

薄力粉　farine ordinaire　400g
粉糖　sucre glace　152g
アーモンドパウダー　amandes en poudre　48g
海塩　sel de mer　4g
バター　beurre　240g
全卵　œufs　80g
ヴァニラビーンズの種　grains de vanille　½本分

❶　ふるった薄力粉、粉糖、アーモンドパウダー、海塩をフードプロセッサーに入れ、撹拌してざっと混ぜる。

❷　約2cm角に切った冷たいバターを①に加え、低速で撹拌する。こまめに止めては状態を確認し、バターの塊がなく、サラサラとした、細かく均一なサブレ状（砂状）にする（A）。

❸　溶きほぐした全卵とヴァニラビーンズの種を加え（B）、低速で撹拌して、ムラなく均一な状態にする（C）。ラップフィルムを敷いた天板にのせ、手に打ち粉をつけて軽く丸めた後、手のひらで軽く押してざっと平らにする。ラップフィルムをかけて密着させ、正方形に整えて、冷蔵庫で1日休ませる（D）。

パート・フイユテ・アンヴェルセ

Pâte Feuilletée Inversée

（つくりやすい分量）

折り込みバター　Beurre Manié
発酵バター
beurre fermenté　1066g
強力粉　farine gruau　400g

デトランプ　Détrempe
薄力粉　farine ordinaire　466g

強力粉　farine gruau　466g
海塩　sel de mer　40g
冷水　eau froide　400g
白ワインヴィネガー
vinaigre de vin blanc　3.3g
澄ましバター
beurre clarifié　266g

【折り込みバター】

❶　室温に戻した発酵バターをミキサーボウルに入れ、ビーターをつけた低速のミキサーで、ダマを残さず、なめらかなポマード状になるまで撹拌する。

❷　強力粉を加え、低速で粉が見えなくなるまで撹拌する（A）。

❸　②をラップフィルムで四角く包む。

❹　③の上に麺棒を転がして、約22×20cmの長方形に整える（B）。天板にのせ、冷蔵庫で1日休ませる。

【デトランプ】

❶　ふるった薄力粉と強力粉、海塩をミキサーボウルに入れ、フックをつけた低速のミキサーで均一になるまで撹拌する。

❷　冷水と白ワインヴィネガーを混ぜ合わせ、①に加える。このとき、少量を固さ調整用に残しておく。低速で生地がまとまってくるまで撹拌する（C）。

❸　②に澄ましバターを加える。このとき、少量を固さ調整用に残しておく。低速で生地がまとまってダマが残っていない状態になるまで撹拌する（D）。固すぎず、やわらかすぎず、耳たぶくらいの固さにする。固ければ、残しておいた白ワインヴィネガー入り冷水と澄ましバターを加えて調整する。

❹　ミキサーから下ろし、台の上に置いて、手でざっとこねてから生地を台にこすりつけるようにして練り込み、表面をぴんと張らせてボール状にまとめる。

❺　上面に十字の切り込みを入れ、手のひらで四方に押し広げる（E）。手のひらで叩いて均一な厚さにしながら、約20×20cmの正方形に整える。ラップフィルムで包んでジッパーつき保存袋に入れ、冷蔵庫で1日休ませる（F）。

【折り込み】

❶　デトランプを10分間室温に出しておく。打ち粉をふり、パイシーターで徐々に薄くのばしながら、約32×21cmの長方形に整える（G）。

❷　折り込みバターを10分間室温に出しておく。打ち粉をふり、パイシーターで徐々に薄くのばし、途中で向きを変えて幅も広げ、約52×32cmの長方形に整える（H）。のばし終えた折り込みバターの温度は、13℃が目安。

❸　①を②の中央にのせ、②を両端から中央に向かって折りたたむ。上面に麺棒を転がして生地を密着させ、手で形を整えながら①を包み込む（I）。

❹　パイシーターで徐々に薄くのばしながら、約84×30cmの長方形に整える。

❺　④を3つ折りにし（J）、上面に麺棒を転がして生地を密着させる。

❻　⑤の向きを90度変え、パイシーターで約90×30cmの長方形にのばす。

❼　⑥を左右から中央へ向かって折りたたみ、2つ折りにする。このとき、中心線をずらし、1回めの折りとは生地の合わせ目が重ならないようにする（K）。

❽　⑦を半分に折りたたむ。麺棒で軽く押さえて接着し、形を整える（L）。

❾　天板にのせ、ラップフィルムをかけて冷蔵庫で1時間休ませる。

❿　⑥〜⑧を2回繰り返し、ラップフィルムをかけて冷蔵庫で1時間休ませる。

パート・フイユテ・アンヴェルセ・ショコラ
Pâte Feuilletée Inversée Chocolat
（つくりやすい分量）

折り込みバター　Beurre Manié

発酵バター
beurre fermenté　1066g

強力粉　farine gruau　400g

カカオパウダー
cacao en poudre　90g

粉糖　sucre glace　90g

デトランプ　Détrempe

薄力粉　farine ordinaire　466g

強力粉　farine gruau　466g

海塩　sel de mer　40g

冷水　eau froid　400g

白ワインヴィネガー
vinaigre de vin blanc　3.3g

澄ましバター
beurre clarifié　266g

＊「パート・フイユテ・アンヴェルセ」のデトランプ（→ p.255）を参照してつくる。

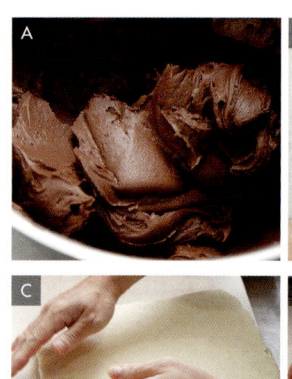

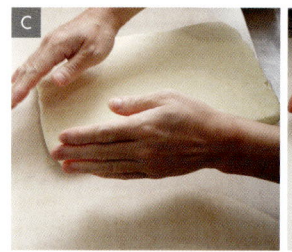
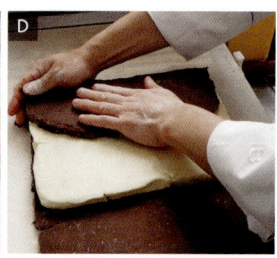

【折り込みバター】

❶　室温に戻した発酵バターをミキサーボウルに入れ、ビーターをつけた低速のミキサーで、ダマを残さず、なめらかなポマード状になるまで撹拌する。

❷　合わせてふるった強力粉、カカオパウダー、粉糖を加え、低速で撹拌する。全体がなじんできたら中速にし、粉が見えなくなるまで撹拌する。ミキサーから下ろし、ゴムべらでビーターやミキサーボウルの側面についた生地を払い落して、ムラのないよう混ぜる（A）。

❸　②をラップフィルムで四角く包む。

❹　③の上に麺棒を転がして、約22×20cmの長方形に整える（B）。冷蔵庫で1日休ませる。

【折り込み】

❶　デトランプを10分間室温に出しておく。打ち粉をふり、パイシーターで徐々に薄くのばしながら、約32×21cmの長方形に整える（C）。

❷　折り込みバターを10分間室温に出しておく。打ち粉をふり、パイシーターで徐々に薄くのばし、途中で向きを変えて幅も広げ、約52×32cmの長方形に整える。のばし終えた折り込みバターの温度は、13℃が目安。

❸　①を②の中央にのせ、②を両端から中央に向かって折りたたむ（D）。上面に麺棒を転がして生地を密着させ、手で形を整えながら①を包み込む。

❹　パイシーターで徐々に薄くのばしながら、約84×30cmの長方形に整える（E）。

❺　④を3つ折りにし、上面に麺棒を転がして生地を密着させる（F）。

❻　⑤の向きを90度変え、パイシーターで約90×30cmの長方形にのばす。

❼　⑥を左右から中央へ向かって折りたたみ、2つ折りにする。このとき、中心線をずらし、1回めの折りとは生地の合わせ目が重ならないようにする（G）。

❽　⑦を半分に折りたたむ。麺棒で軽く押さえて接着し、形を整える（H）。

❾　天板にのせ、ラップフィルムをかけて冷蔵庫で1時間休ませる。

❿　⑥〜⑧を2回繰り返し、ラップフィルムをかけて冷蔵庫で1時間休ませる。

パータ・シュー

Pâte à Choux

（つくりやすい分量）

牛乳　lait　250g

水　eau　250g

バター　beurre　190g

グラニュー糖　sucre semoule　10g

海塩　sel de mer　5g

薄力粉　farine ordinaire　250g

全卵　œufs　約480g（約9個）

❶　牛乳、水、厚さ1cm程度に切ったバター、グラニュー糖、海塩を鍋に入れる。強火にかけ、泡立て器で時折混ぜながらしっかり沸騰させる（A）。

❷　火を止めて薄力粉を加え、泡立て器でよく混ぜる。再び強火にかけ、ゴムべらで混ぜながら、鍋底からぺろりと生地がはがれるまでしっかり糊化させる（B）。

❸　②をミキサーボウルに入れ、ビーターをつけた中速のミキサーで撹拌して湯気を飛ばす（C）。

❹　全卵を1個分ずつ③に加え、そのつど中速で撹拌して均一な状態になるまでよく混ぜる（D）。5個分程度入れ終えたら、高速にしてしっかり混ぜたのち、ミキサーから下ろしてビーターやミキサーボウルの側面についた生地をゴムべらで払い落す。

❺　再びミキサーにかけ、全卵を2個分入れて中速で混ぜ、断続的に高速に上げて混ぜることを繰り返しながら、均一な状態になるまで混ぜる。

❻　生地の固さを見ながら残りの卵を加減して加え、⑤と同様に混ぜる（E）。高速で撹拌して止めたとき、生地が少しの間そのまま止まってから、たらーんと広がる状態が固さの目安。ゴムべらですくうと、なめらかできれいな逆三角形になって流れ落ちる状態になる（F）。

パータ・ババ

Pâte à Baba

(直径4cm、高さ2cmのプティフール型(ロンド(円)・フレキシパン)・75個分)

強力粉　farine gruau　375g

グラニュー糖　sucre semoule　20g

海塩　sel de mer　8g

インスタントドライイースト

levure sèche de boulanger　17g

全卵　œufs　150g

牛乳　lait　240g

バター　beurre　110g

冷水　eau froide　約60g

❶　強力粉、グラニュー糖、海塩をミキサーボウルに入れ、ミキサーのフックを使ってざっと混ぜる。インスタントドライイーストを加えてざっと混ぜた後、フックをつけた低速のミキサーで撹拌し、分散させる(A)。

❷　全卵を加えながら、低速で混ぜる。ざっと混ざったら、牛乳を少しずつ加えながら撹拌を続ける(B)。全体がだいたい混ざったら、一度ミキサーから下ろし、フックやミキサーボウルの側面についた生地をゴムべらで払い落す。

❸　中速のミキサーで撹拌し、グルテンを形成させる。2～3分経って生地がミキサーボウルの側面にくっつき、生地になめらかさが出てきたら、一度、フックやミキサーボウルの側面についた生地をゴムべらで払い落す。再び中速のミキサーにかけ、艶が出てミキサーボウルに生地が全体的にへばりつくまで、さらに撹拌を続ける(計7～8分が目安)(C)。

＊高速で撹拌すると、生地が傷む。

❹　22℃に調整した溶かしバターを少しずつ加えながら、低速で撹拌する(D)。

＊グルテンがほぼ形成されているところに、一度に油脂を加えると滑って混ざりにくいので、きちんと吸い込んでいくように少しずつ加えること。

❺　バターをすべて入れて混ぜ終えたら、フックとミキサーボウルの側面についた生地をゴムべらで払い落す。再び低速のミキサーにかけ、ミキサーボウルの側面にくっついていた生地がだんだんはがれ、なめらかになり、しっとりした艶が出てくるまで撹拌する(E)。

❻　冷水を少しずつ加えながら低速で撹拌する(F)。水の量は、生地の固さを見ながら調整すること。なめらかで艶があり、ゴムべらですくい上げても引っ張られてゆるく落ちていく状態になればよい(G)。

＊ここで水を加えることで、さらにグルテンを出す。

❼　口金をつけていない絞り袋に⑥を入れ、先を幅1cm程度に切る。離型油を吹きつけた直径4cm、高さ2cmのプティフール型(ロンド(円)、フレキシパン)に、型の半分の高さまで絞り入れる。絞り終わりは、絞り袋の先を指でつまんで生地を切る(H)。

❽　ホイロ(28℃、湿度80％)に入れ、1時間弱、約2倍に膨らむまで発酵させる。プクッとこんもり膨らんだ状態になる(I)。

❾　ダンパーを閉めた185℃のコンベクションオーブンで約15分焼く。

❿　フレキシパンごと網にのせ、室温で冷ます(J)。

＊焼きたては完全に水分が抜け切っていないので、室温に置いて乾燥させる。保存する場合は、冷凍する。

基本の動作

●ラップフィルムで焼き色のついた生地の表面をはがす

焼成後すぐに、ラップフィルムを貼りつけたシルパットを裏返しにかぶせ、シルパットのみはがす。

ラップフィルムの上から濡れぶきんで軽くこすり、ラップフィルムを生地に密着させる。そのまま室温で冷ます。

貼りつけたラップフィルムを、端からていねいにはがす。これにより、焼き色がついた生地の表面がきれいに取り除かれる。取り切れなかった部分があれば、波刃包丁でそぎ落す。

●フォンサージュ

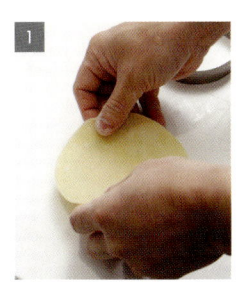

パート・シュクレを、使用する型よりもふた回りほど大きい円形の抜き型で抜き、冷蔵庫で冷やす。手のひらで少しやわらかくしてしなやかさを出し、軽く打ち粉をはたき、中心がずれないようにして、タルトリング型の上にかぶせる。

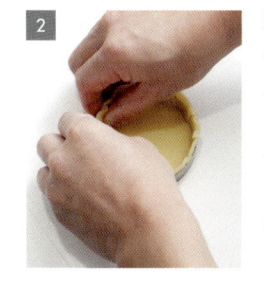

型を両手で回しながら、親指で生地をやさしく押して、型の底まで入れ込む。さらに、型を両手で回しながら、型の上に出た生地を下へ送り込んで底の角まで入れ込むようにし、側面に寄ったひだを徐々に細かくしていく。

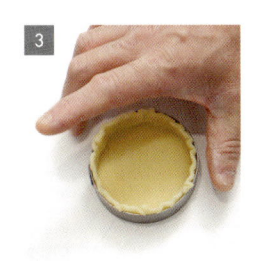

型ごと軽く台に打ちつけて、底の角までしっかり生地を入れる。

裏返して見ると、型と生地の間に隙間がなく、しっかり生地が底の角まで入っている。

型を両手で回しながら、側面の生地を親指で押さえ、型に貼りつけながらきれいに整える。天板に並べて冷蔵庫で30分～1時間休ませたのち、型の上にはみ出た生地をペティナイフで切り落す。

クレーム・パティシエール
Crème Pâtissière
（つくりやすい分量）

牛乳　lait　1000g
ヴァニラビーンズ　gousse de vanille　1本
卵黄　jaunes d'œufs　200g
グラニュー糖　sucre semoule　250g
コーンスターチ　fécule de mais　80g

❶　牛乳とヴァニラビーンズの種と鞘を鍋に入れて火にかけ、沸騰させる（A）。
❷　①と並行して、ボウルに卵黄を入れ、グラニュー糖を加えて泡立て器ですり混ぜる。コーンスターチを加え、粉が見えなくなるまで混ぜる（B）。
❸　①の1/3量を②に加えながら、泡立て器でよく混ぜる。これを①の鍋に戻し入れる。
❹　③を火にかけ、泡立て器で混ぜながら加熱する。ボコボコと沸騰してからさらに煮詰め、水分を少し飛ばす（C）。
❺　ヴァニラビーンズの鞘を取り除き、ラップフィルムを敷いた天板に流して、上からもラップフィルムをかけて密着させる（D）。ショックフリーザーで急冷したのち、冷蔵庫で保管する。
＊急冷するのは、菌の繁殖を防ぐため。完全に冷凍してしまうと離水の原因になるので、注意。

クレーム・シャンティイ
Crème Chantilly
（つくりやすい分量）

生クリーム（乳脂肪分45％）
crème fraîche 45% MG　500g
生クリーム（乳脂肪分35％）
crème fraîche 35% MG　500g
グラニュー糖　sucre semoule　80g

❶　すべての材料をミキサーボウルに入れ、高速のミキサーで固く泡立てる。

クレーム・ディプロマット
Crème Diplomate
（つくりやすい分量）

クレーム・パティシエール
crème pâtissière　500g
生クリーム（乳脂肪分35％）
crème fraîche 35% MG　100g

❶　クレーム・パティシエールをゴムベらで混ぜてなめらかにほぐし、しっかり泡立てた生クリームを加えて、均一になるまで混ぜ合わせる。

クレーム・ダマンド
Crème d'Amande
（つくりやすい分量）

バター　beurre　200g
ヴァニラビーンズの種
grains de vanille　½本分
粉糖　sucre glace　200g
全卵　œufs　192g
アーモンドパウダー
amandes en poudre　200g
薄力粉　farine ordinaire　32g

❶　室温に戻したバターをボウルに入れ、ポマード状になるまで泡立て器ですり混ぜる。
❷　ヴァニラビーンズの種、粉糖、溶きほぐした全卵、合わせてふるったアーモンドパウダーと薄力粉を順に加え、そのつど泡立てないようすり混ぜる。

ボーメ30°のシロップ
Sirop à 30°B
（つくりやすい分量）

グラニュー糖　sucre semoule　1350g
水　eau　1000g

❶　グラニュー糖と水を鍋に入れる。
❷　泡立て器で混ぜながら火にかけ、グラニュー糖が完全に溶けるまで加熱する。火から下ろして室温で冷ましたのち、冷蔵庫で保管する。

シュークル・ヴァニーユ
Sucre Vanille
（つくりやすい分量）

乾燥させたヴァニラビーンズの鞘* gousses de vanille sèchés　500g
グラニュー糖　sucre semoule　500g
＊ヴァニラビーンズの鞘は、種を取った使用済みのものをしっかり水洗いし、網にのせて室内の乾燥しやすい場所でしっかり乾燥させておく。

❶　乾燥させたヴァニラビーンズの鞘とグラニュー糖をフードプロセッサーに入れ、細かくなるまで粉砕する（A）。
❷　ふるいにかける（B）。ふるいに残ったものは再びフードプロセッサーで粉砕し、再度ふるいにかける。

マルムラッド・シトロン
Marmelade Citron
（つくりやすい分量）

レモン　citrons　225g（正味）	ヴァニラビーンズ
グラニュー糖 A	gousse de vanille　½本
sucre semoule　200g	レモン果汁　jus de citron　60g
パッションフルーツのピュレ	グラニュー糖 B
purée de fruits de la passion　220g	sucre semoule　20g
	LM ペクチン　pectine　8g

❶ レモンを丸ごと鍋に入れ、水（分量外）を注いで弱火にかける。沸騰したらいったん火を止め、ラップフィルムをかけて密着させる（A）。

❷ 再び弱火にかけて、レモンがやわらかくなるまで、約30分加熱する。

❸ ②を4等分に切り、へたと種を取り除く。

❹ ③をフードプロセッサーで撹拌し、粗めのピュレ状に粉砕する（B）。

❺ ④を鍋に移し、グラニュー糖 A、パッションフルーツのピュレ、ヴァニラビーンズの種と鞘、レモン果汁を順に加え、そのつどゴムべらで混ぜる（C）。

❻ 中火にかけて、ゴムべらで混ぜながら40℃になるまで加熱する（D）。混ぜ合わせたグラニュー糖 B と LM ペクチンを加え、混ぜながら加熱を続ける。沸騰してからさらに2～3分加熱して、水分を少し飛ばし、とろみをつける。

❼ フードプロセッサーにかけ、なめらかなピュレ状になるまで粉砕する（E）。

❽ ⑦をボウルに移し、ボウルの底に氷水を当てて冷やす（F）。ラップフィルムをかけて密着させ、冷蔵庫で保管する。

マルムラッド・ドランジュ
Marmelade d'Orange
（つくりやすい分量）

オレンジ　oranges　1000g（正味）	コーンスターチ
グラニュー糖	fécule de maïs　20g
sucre semoule　500g	水 B　eau　60g
転化糖　sucre inverti　100g	オレンジのリキュール（マルニエ・ラポストール「グラン マルニエ コルドン ルージュ」）Grand-Marnier　80g
水 A　eau　100g	

❶ オレンジを丸ごと鍋に入れ、水（分量外）を注いで弱火で1時間茹でる（A）。

❷ ①を縦に8等分し、へたと種を取り除き、さらに横半分に切る（B）。

❸ ②をフードプロセッサーで撹拌し、粗めのピュレ状に粉砕する（C）。

❹ ③を鍋に移し、グラニュー糖を加える。ゴムべらで混ぜながら中火で加熱し、40℃になったら転化糖を加えて、泡立て器で混ぜる（D）。

❺ 水 A を加え、泡立て器で混ぜながら加熱を続ける。沸騰して水分が飛び、オレンジにしっかり火が入り、透明感が出てくるまで煮る。

❻ コーンスターチをボウルに入れ、水 B を加えて混ぜ溶かし、⑤に加える（E）。泡立て器で混ぜながら沸騰させ、全体的に透明感が出るまで煮る。

❼ ⑥をボウルに移し、オレンジのリキュールを加える。スティックブレンダーで撹拌し、なめらかなピュレ状になるまで粉砕する（F）。ボウルの底に氷水を当てて冷やす。ラップフィルムをかけて密着させ、冷蔵庫で保管する。

ゼスト・ド・シトロン・コンフィ

Zestes de Citron Confits

（つくりやすい分量）

レモンの皮　zestes de citron　3個分
グラニュー糖A　sucre semoule　200g
水　eau　200g
グラニュー糖B　sucre semoule　50g

❶　レモンの皮をエコノムで楕円形に薄く剥く。長径約2.5cm、短径約1.5cmが目安（A）。

❷　たっぷりの水（分量外）を鍋に入れて火にかけ、沸騰させる。塩（分量外）をひとつまみ加え、①を加える。時折ゴムべらで混ぜながら、再沸騰してからさらに数分、皮に透明感が出るまで茹でる（B）。網にあけて水気を切る。
＊塩を加えるのは、えぐみを取るため。

❸　②と並行して、グラニュー糖Aと水を鍋に入れ、沸騰させる。

❹　②を③に加え、時折ゴムべらで混ぜながら、沸騰してからさらに2〜3分煮る（C）。火を止めて、そのまま室温で2〜3時間休ませる。

❺　グラニュー糖Bを④に加え、泡立て器で混ぜる（D）。弱火にかけ、沸騰してからさらに2〜3分煮る（E）。全体に糖が浸透して、透明感が出る。

❻　ボウルに移し入れ、室温で冷ます（F）。密閉容器に入れ、シロップに漬けた状態で、冷蔵庫で保管する。

ゼスト・ドランジュ・コンフィ

Zestes d'Orange Confits

（つくりやすい分量）

オレンジの皮　zestes d'orange　2個分
グラニュー糖A　sucre semoule　200g
水　eau　200g
グラニュー糖B　sucre semoule　50g

❶　オレンジの皮をエコノムで楕円形に薄く剥く。長径約3cm、短径約2cmが目安（A）。

❷　たっぷりの水（分量外）を鍋に入れて火にかけ、沸騰させる。塩（分量外）をひとつまみ加え、①を加える。時折ゴムべらで混ぜながら、再沸騰してからさらに数分、皮に透明感が出るまで茹でる（B）。網にあけて水気を切る。
＊塩を加えるのは、えぐみを取るため。

❸　②と並行して、グラニュー糖Aと水を鍋に入れ、沸騰させる。

❹　②を③に加え、時折ゴムべらで混ぜながら、沸騰してからさらに2〜3分煮る（C）。火を止めて、そのまま室温で2〜3時間休ませる。

❺　グラニュー糖Bを④に加え、泡立て器で混ぜる（D）。弱火にかけ、沸騰してからさらに2〜3分煮る（E）。全体に糖が浸透して、透明感が出る。

❻　ボウルに移し入れ、室温で冷ます（F）。密閉容器に入れ、シロップに漬けた状態で、冷蔵庫で保管する。

ゼスト・ド・パンプルムース・コンフィ
Zestes de Pamplemousse Confits

（つくりやすい分量）

グレープフルーツの皮　zestes de pamplemousse　2個分
グラニュー糖A　sucre semoule　適量（撮影時は360g）
グラニュー糖B　sucre semoule　適量（撮影時は260g）

❶　グレープフルーツの皮にペティナイフの先で切り込みを入れ、縦6等分のくし形に剥く。ペティナイフで幅約5mmの細長い棒状に切る（A）。

❷　たっぷりの水（分量外）を鍋に入れ、塩（分量外）をひとつまみ加えて火にかけ、沸騰させる。

＊塩を加えるのは、えぐみを取るため。

❸　①を②に加え（B）、再沸騰したら網にあけて水気を切る。これをあと2回繰り返す。

❹　③を計量する（撮影時は180g）。

❺　④をボウルに入れ、④の2倍量のグラニュー糖A（撮影時は360g）を加え、手で混ぜ合わせる（C）。

❻　⑤を鍋に入れ、弱火にかけて木べらでやさしく混ぜながら、糖化しないように注意して加熱を続ける。徐々に水分が飛んで鍋底が見え、グレープフルーツの皮に糖がからんだ状態になる（D）。

＊じっくり火を通して煮詰めていくことで、糖が中まで浸透する。焦げやすいので注意。

❼　火から下ろしてボウルに移し、⑥と同量のグラニュー糖B（撮影時は260g）を加え、木べらでまぶし混ぜる（E）。

❽　天板に網をのせ、⑦をくっつかないように1本1本離して並べる。そのまま室温で冷まし、乾燥させる（F）。乾燥剤とともに密閉容器に入れて保管する。

ナッツのパーツ、飾り

プラリネ・アマンド
Praliné Amandes
（つくりやすい分量）

グラニュー糖　sucre semoule　333g

水　eau　83g

アーモンド（ホール、皮つき）　amandes entières brutes　500g

❶　グラニュー糖と水を鍋に入れ、火にかけて120℃になるまで煮詰める。

❷　火から下ろしてアーモンドを加え混ぜ、シロップを白く結晶化させる（A）。

❸　弱火にかけ、木べらで混ぜながら徐々に糖を溶かしていく。全体的に溶けてキャラメル色に色づくまで加熱する（B）。

❹　大理石の台にシルパットを敷き、③を広げる。室温で冷まして固める（C）。

❺　④を適当な大きさに割ってフードプロセッサーに入れ、ペースト状になるまで撹拌する（D）。

プラリネ・ノワゼット
Praliné Noisettes
（つくりやすい分量）

グラニュー糖　sucre semoule　400g

水　eau　100g

ヘーゼルナッツ（ホール、皮剥き）　noisettes entières émondes　600g

❶　グラニュー糖と水を鍋に入れ、火にかけて120℃になるまで煮詰める。

❷　火から下ろしてヘーゼルナッツを加え混ぜ、シロップを白く結晶化させる。

❸　弱火にかけ、木べらで混ぜながら徐々に糖を溶かしていく。全体的に溶けてキャラメル色に色づくまで加熱する。

❹　大理石の台にシルパットを敷き、③を広げる。室温で冷まして固める。

❺　④を適当な大きさに割ってフードプロセッサーに入れ、ペースト状になるまで撹拌する（A・B）。

ノワゼット・キャラメリゼ
Noisettes Caramelisés
（つくりやすい分量）

ヘーゼルナッツ（ホール、皮剥き）　noisettes entières émondes　500g

グラニュー糖　sucre semoule　120g

水　eau　60g

❶　オーブンペーパーを敷いた天板にヘーゼルナッツを広げ、160℃のコンベクションオーブンで約10分ローストする。

❷　グラニュー糖と水を鍋に入れ、火にかけて120℃になるまで煮詰める。

❸　①を②に加え、木べらで混ぜながら弱火で加熱する。シロップを白く結晶化させたのち、徐々に糖を溶かして、明るい茶色になるまで加熱する（A）。

❹　大理石の台にシルパットを敷き、③を広げる。菓子のパーツとして、刻んだり、砕いたりして使用する場合は、そのまま冷やし固める。飾りとして使用する場合は、1粒1粒手で軽く丸めて台の上に散らし、冷やし固める（B）。乾燥剤とともに密閉容器に入れて保管する。

グラサージュ、キャラメル、ピストレ用ショコラ

グラサージュ・ショコラ・ノワール
Glaçage Chocolat Noir
（つくりやすい分量）

生クリーム（乳脂肪分35％）	カカオパウダー
crème fraîche 35% MG　500g	cacao en poudre　250g
水　eau　600g	板ゼラチン
グラニュー糖	feuilles de gélatine　32g
sucre semoule　900g	ナパージュ・ヌートル
	nappage neutre　500g

❶　生クリーム、水、グラニュー糖を鍋に入れ、火にかけて泡立て器で混ぜながら沸騰させる（A）。カカオパウダーを加え、手早く混ぜ合わせる（B）。

❷　火から下ろし、ふやかした板ゼラチンを加えて泡立て器で混ぜ溶かす（C）。

❸　ナパージュ・ヌートルを加え混ぜる（D）。ボウルに移し入れる。

❹　スティックブレンダーで、艶よくなめらかな状態になるまで撹拌する。

❺　粗熱が取れたら密閉容器に入れて、冷蔵庫で1日休ませる。

グラサージュ・キャラメル・ショコラ・オ・レ
Glaçage Caramel Chocolat au Lait
（つくりやすい分量）

生クリーム（乳脂肪分35％）	ヴァニラビーンズ
crème fraîche 35% MG　240g	gousse de vanille　1本
水　eau　176g	板ゼラチン　feuilles de gélatine　24g
グラニュー糖	クーベルチュール（ミルク、カカオ分
sucre semoule　350g	40％、ヴァローナ「ジヴァラ・ラクテ」）
水アメ　glucose　350g	couverture au lait 40%　350g

❶　生クリーム、水、グラニュー糖、水アメ、ヴァニラビーンズの種と鞘を鍋に入れる。強火にかけて混ぜながら104℃になるまで煮詰める（A）。

❷　火から下ろし、ふやかした板ゼラチンを加えて泡立て器で混ぜ溶かす（B）。

❸　クーベルチュールを入れたボウルに②を漉して注ぎ、よく混ぜる（C・D）。

❹　粗熱が取れたら密閉容器に入れて、冷蔵庫で1日休ませる。

グラサージュ・ショコラ・ブラン
Glaçage Chocolat Blanc
（つくりやすい分量）

牛乳　lait　310g	cacao 35％）　300g
水アメ　glucose　120g	板ゼラチン　feuilles de gélatine　9g
クーベルチュール（ホワイト、カカオ	パータ・グラッセ（ホワイト、カカオバ
バター35％、ヴァローナ「イボワー	リー「パータグラッセ・イボワール」）
ル」）　couverture blanc(beurre de	pâte à glacer blanche　390g

❶　牛乳と水アメを鍋に入れ、火にかけて泡立て器で混ぜながら沸騰させる（A）。

❷　①と並行して、クーベルチュールをボウルに入れて、湯煎にかけて溶かす。

❸　①を火から下ろし、ふやかした板ゼラチンを加えて泡立て器で混ぜ溶かす。

❹　刻んだパータ・グラッセを入れたボウルに③を注ぎ（B）、よく混ぜる。

❺　②を④に加え、泡立て器で混ぜた後、ゴムべらでよく混ぜる（C・D）。

❻　粗熱が取れたら密閉容器に入れて、冷蔵庫で1日休ませる。

キャラメル
Caramel
（つくりやすい分量）

グラニュー糖　sucre semoule　200g

❶　鍋を火にかけ、グラニュー糖の少量を鍋底が隠れる程度に薄く撒き広げる。

❷　周りが溶けてきたら、残りのグラニュー糖のうち少量を撒くようにして加える（A）。これを繰り返し、グラニュー糖の全量を溶かす。時折木べらで混ぜながら、キャラメル色にしっかり色づくまで焦がす（B）。

❸　大理石の台にシルパットを敷き、②を流す（C）。室温に置いて冷まし、固まったら、適当な大きさに割ってから麺棒で細かく砕く。乾燥剤とともに密閉容器に入れて保管する（D）。

ソース・オ・キャラメル
Sauce au Caramel
（つくりやすい分量）

グラニュー糖　sucre semoule　400g
熱湯　eau chaude　180g

❶　グラニュー糖を鍋に入れ、火にかける。加熱を続けて徐々に溶かし、時折木べらで混ぜながら、深いキャラメル色に色づくまでしっかり焦がす（A・B）。

❷　火を止めて熱湯を少しずつ加え、泡立て器でよく混ぜる（C）。そのまま室温で冷まし、容器に入れて冷蔵庫で保管する（D）。

アパレイユ・ア・ピストレ・ショコラ・ノワール
Appareil à Pistolet Chocolat Noir
（つくりやすい分量）

クーベルチュール（ビター、カカオ分66％、ヴァローナ「カライブ」）
couverture noir 66％　250g
カカオバター　beurre de cacao　200g

❶　クーベルチュールとカカオバターをそれぞれボウルに入れて、湯煎にかけて溶かす。

＊カカオバターはクーベルチュールよりも溶けにくいので、別々に溶かす。

❷　クーベルチュールをカカオバターのボウルに加え、均一な状態になるまでゴムべらで混ぜる。32℃に調整して使用する。

アパレイユ・ア・ピストレ・ショコラ・オ・レ
Appareil à Pistolet Chocolat au Lait
（つくりやすい分量）

クーベルチュール（ミルク、カカオ分35％、ヴァローナ「エクアトリアル・ラクテ」）　couverture au lait 35％　200g
カカオバター　beurre de cacao　150g

❶　クーベルチュールとカカオバターをそれぞれボウルに入れて、湯煎にかけて溶かす。

＊カカオバターはクーベルチュールよりも溶けにくいので、別々に溶かす。

❷　クーベルチュールをカカオバターのボウルに加え、均一な状態になるまでゴムべらで混ぜる。40℃に調整して使用する。

クーベルチュールの飾り

赤の色素で模様をつけたクーベルチュールの薄板

Plaquette de Chocolat en Couleurs Rouges（→ p.014）

クーベルチュール（ホワイト、カカオバター35%、ベルコラーデ「ブラン・アンタンース」）couverture blanc（beurre de cacao 35%）　適量
チョコレート用色素（赤）colorant rouge　適量
チョコレート用色素（白）colorant blanc　適量

❶　天板の裏にアルコールをスプレーで吹きつけ、OPPシートをかぶせる。カードで空気を抜くようにこすってぴったり貼りつける。

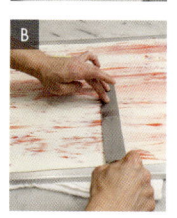

❷　手に手袋をはめて赤の色素を指につけ、①の上に弾き飛ばすようにして点々とした模様をつける（A）。

❸　テンパリングしたクーベルチュールに白の色素を少量加え混ぜ、色づける。

❹　②の上に③をレードルで流し、L字パレットナイフで均一に薄くのばす（B）。触っても指につかず、固まりはじめる手前の状態になるまで室温に置く。

❺　ペティナイフで端を切り落し、12×2.5cmに切り分ける。涼しいところに置いて固める（C）。

緑のリボン状のクーベルチュール

Larme de Chocolat en Couleurs Verte（→ p.096）

クーベルチュール（ホワイト、カカオバター35%、ベルコラーデ「ブラン・アンタンース」）couverture blanc（beurre de cacao 35%）　適量
チョコレート用色素（緑）colorant vert　適量
チョコレート用色素（黄）colorant jaune　適量

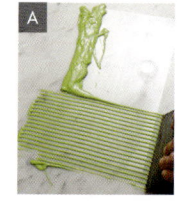

❶　大理石の台を濡れぶきんで拭き、29×15cmに切ったOPPシートを横長に置いてぴったり貼りつける。

❷　テンパリングしたクーベルチュールに、2種の色素を加え混ぜ、黄緑色に色づける。

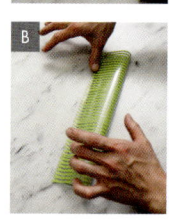

❸　①の奥に②を横一直線にレードルで流し、コーム（3mm幅）でしっかり押さえながら奥から手前へと引いて、縦筋状にする（A）。OPPシートごと取り、大理石の台の別の場所へ移動させる。触っても指につかず、固まりはじめる手前の状態になるまで室温に置く。

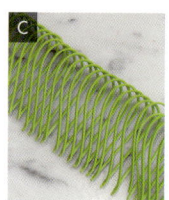

❹　手前から奥へと折りたたむようにして、筋状のクーベルチュールの端と端をくっつける（B）。指で軽く押さえて接着し、涼しいところに置いて固める（C）。

カーブさせた円形のクーベルチュールの薄板

Tuiles de Chocolat（→ p.089）

クーベルチュール（ミルク、カカオ分38%、ベルコラーデ「レ・アンタンース」）couverture au lait 38%　適量

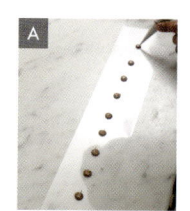

❶　大理石の台を濡れぶきんで拭き、OPPシートをぴったり貼りつける。テンパリングしたクーベルチュールをコルネに入れ、OPPシートの上に直径約1cmの円形に絞る（A）。

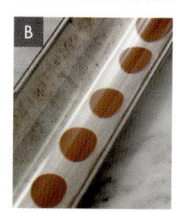

❷　①の上にOPPシートをかぶせ、平らな板で上から押して直径約2.5cmの薄い円形に広げる。

❸　OPPシートごとトヨ型に入れてカーブをつけ、涼しいところに置いて固める（B・C）。

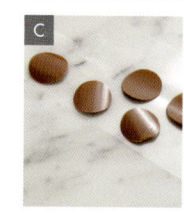

羽状のクーベルチュール

Plume de Chocolat（→ p.117、178）

（ホワイト）
クーベルチュール（ホワイト、カカオバター35%、ベルコラーデ「ブラン・アンタンース」）
couverture blanc（beurre de cacao 35%）　適量
チョコレート用色素（白）colorant blanc　適量
＊テンパリングしたクーベルチュールに白の色素を少量加え混ぜ、色づける。

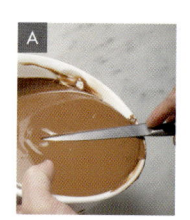

（ミルク）
クーベルチュール（ミルク、カカオ分38%、ベルコラーデ「レ・アンタンース」）
couverture au lait 38%　適量

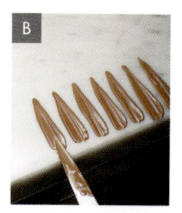

❶　大理石の台を濡れぶきんで拭き、約12cm幅の帯状に切ったOPPシートをぴったり貼りつける。

❷　テンパリングしたクーベルチュールをペティナイフの片面の腹につけ、①に押し当ててから手前に引く（長さ約10cm、幅2〜3cmが目安）（A・B）。

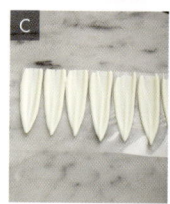

❸　触っても指につかず、固まりはじめる手前の状態になるまで室温に置く。OPPシートごと天板にのせ、冷蔵庫で冷やし固める（C）。

白いリボン状のクーベルチュール

Bigoudi de Chocolat Blanc（→ p.117）

クーベルチュール（ホワイト、カカオバター35％、ベルコラーデ「ブラン・アンタンース」） couverture blanc(beurre de cacao 35％) 適量
チョコレート用色素（白） colorant blanc 適量

① 大理石の台を濡れぶきんで拭き、29×19cmに切ったOPPシートを横長に置いてぴったり貼りつける。

② テンパリングしたクーベルチュールに白の色素を少量加え混ぜ、色づける。

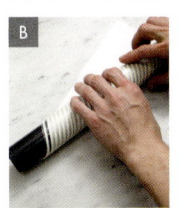

③ ①の奥に②を横一直線にレードルで流し、コーム（3mm幅）でしっかり押さえながら奥から手前へと引いて、縦筋状にする（A）。OPPシートごと取り、大理石の台の別の場所へ移動させる。触っても指につかず、固まりはじめる手前の状態になるまで室温に置く。

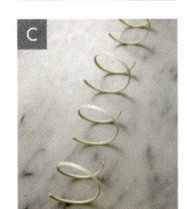

④ 29×19cmに切った硫酸紙をかぶせ、その面を内側にして直径3.8cmの円筒に斜めに巻きつける（B）。涼しいところに置いて固める（C）。

カカオニブをまぶした棒状のクーベルチュール

Stick Plat de Chocolat avec Fève de Cacao（→ p.151）

クーベルチュール（ビター、カカオ分65％、ベルコラーデ「ノワール・アンタンース」） couverture noir 65％ 適量
カカオニブ grué de cacao 適量

① オーブンペーパーを敷いた天板にカカオニブを広げ、160℃のコンベクションオーブンで約5分ローストする。そのまま室温で冷ます。

② 大理石の台を濡れぶきんで拭き、38×28cmに切ったOPPシートを横長に置いてぴったり貼りつける。

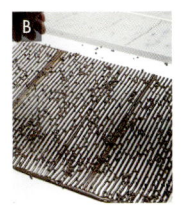

③ テンパリングしたクーベルチュールを②の奥に横一直線にレードルで流し、コーム（3mm幅）でしっかり押さえながら奥から手前へと引いて、縦筋状にする（A）。

④ OPPシートごと取って天板にのせ、①を散らす（B）。涼しいところに置いて固める（C）。

細長い三角形のクーベルチュールの薄板

Triangle Rectangle de Chocolat（→ p.141）

クーベルチュール（ビター、カカオ分65％、ベルコラーデ「ノワール・アンタンース」） couverture noir 65％ 適量

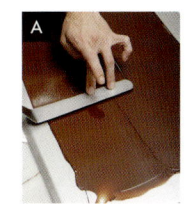

① 天板の裏にアルコールをスプレーで吹きつけ、OPPシートをかぶせる。カードで空気を抜くようにこすってぴったり貼りつける。

② テンパリングしたクーベルチュールを①の上にレードルで流し、L字パレットナイフで均一に薄くのばす（A）。触っても指につかず、固まりはじめる手前の状態になるまで室温に置く。

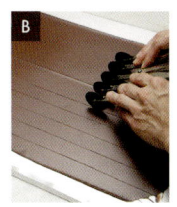

③ ペティナイフで端を切り落とし、12×2.5cmに切り分ける（B）。これを対角線で半分に切って細長い三角形にし（C）、硫酸紙をかぶせて冷蔵庫で冷やし固める。

5連のリング状のクーベルチュール

Cinq Boucles de Chocolat（→ p.183）

クーベルチュール（ビター、カカオ分65％、ベルコラーデ「ノワール・アンタンース」） couverture noir 65％ 適量

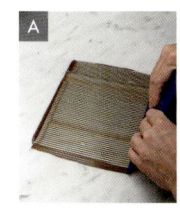

① 大理石の台を濡れぶきんで拭き、プラスチックシート（クリアケースを半分に切って使用）を縦長に置いて、大理石の台に貼りつける。

② テンパリングしたクーベルチュールをコルネに入れ、①の中央に横一直線に太く絞る。コーム（2mm幅）でしっかり押さえながら手前へと引いて、縦筋状にする（A）。

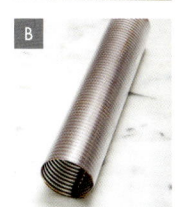

③ 手前からプラスチックシートを持ち上げて、クーベルチュールの端と端を合わせるようにして丸める。そのまま天板にのせ、冷蔵庫で冷やし固める（B）。

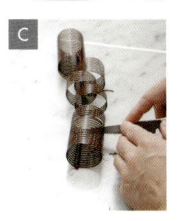

④ 細いリングが連なった筒状のクーベルチュールを、ペティナイフで5本ずつに切り分ける（C）。

グラニュー糖をまぶした棒状のクーベルチュール

Stick Plat de Chocolat avec Sucre Semoule （→ p.188）

クーベルチュール（ビター、カカオ分65％、ベルコラーデ「ノワール・アンターンス」）couverture noir 65％　適量

グラニュー糖　sucre semoule　適量

❶　大理石の台を濡れぶきんで拭き、29×19cmに切ったOPPシートを縦長に置いてぴったり貼りつける。

❷　テンパリングしたクーベルチュールをコルネに入れ、①の奥に横一直線に太く絞る。コーム（3mm幅）でしっかり押さえながら奥から手前へと引いて、縦筋状にする（A）。

❸　OPPシートごと取って天板にのせ、グラニュー糖をふりかける（B）。涼しいところに置いて固める（C）。

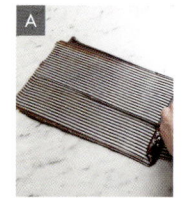
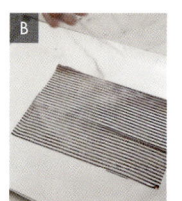

太いリング状のクーベルチュール

Bracelet de Chocolat （→ p.196）

クーベルチュール（ビター、カカオ分65％、ベルコラーデ「ノワール・アンターンス」）couverture noir 65％　適量

❶　大理石の台を濡れぶきんで拭き、37×29cmに切ったOPPシートをぴったり貼りつける。

❷　テンパリングしたクーベルチュールを①の上にレードルで流し、L字パレットナイフで均一に薄くのばす。OPPシートごと取り、大理石の台の別の場所へ移動させる。触っても指につかず、固まりはじめる手前の状態になるまで室温に置く。

❸　ペティナイフで2.5cm幅に切り目を入れる（A）。

❹　37×29cmに切った硫酸紙をかぶせ、その面を内側にして直径6.5cmの円筒に巻きつける（B）。涼しいところに置いて固める（C）。

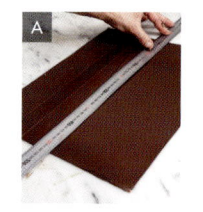
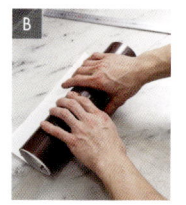

細いリング状のクーベルチュール

Boucle de Chocolat （→ p.196）

クーベルチュール（ビター、カカオ分65％、ベルコラーデ「ノワール・アンターンス」）couverture noir 65％　適量

❶　大理石の台を濡れぶきんで拭き、25×18cmに切ったOPPシートを縦長に置いてぴったり貼りつける。

❷　テンパリングしたクーベルチュールをコルネに入れ、①の中央に横一直線に太く絞る。コーム（3mm幅）でしっかり押さえながら手前へと引いて、縦筋状にする（A）。OPPシートごと取り、大理石の台の別の場所へ移動させる。触っても指につかず、固まりはじめる手前の状態になるまで室温に置く。

❸　25×18cmに切った硫酸紙をかぶせ、その面を内側にして直径6.5cmの円筒に巻きつける（B）。涼しいところに置いて固める（C）。

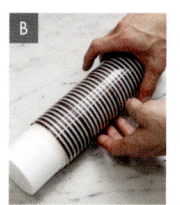

マーブル模様の円形のクーベルチュールの薄板

Plaquette Ronde Chocolat en Marbre （→ p.221）

クーベルチュール（ミルク、カカオ分38％、ベルコラーデ「レ・アンターンス」）couverture au lait 38％　適量

クーベルチュール（ビター、カカオ分65％、ベルコラーデ「ノワール・アンターンス」）couverture noir 65％　適量

❶　大理石の台を濡れぶきんで拭き、OPPシートをかぶせる。カードで空気を抜くようにこすってぴったり貼りつける。

❷　テンパリングしたクーベルチュール2種をそれぞれコルネに入れる。ミルクとビターが縞模様になるように、ミルクから順に①の上に約6×2cmの棒状に絞る（ミルク4本、ノワール3本）（A）。

❸　②の上にOPPシートをかぶせ、麺棒を転がして薄くのばす（B）。OPPシートの上から直径4cmの円形の型を当ててぐっと押しつけ、しっかり跡をつける。OPPシートごと天板にのせ、冷蔵庫で冷やし固める（C）。

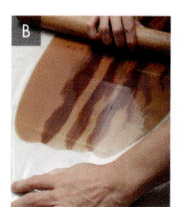

赤と緑に着色したクーベルチュールの薄板

Plaquette de Chocolat en Couleurs Rouge et Vert （→ p.188）

クーベルチュール（ホワイト、カカオバター35％、ベルコラーデ「ブラン・アンターンス」） couverture blanc（beurre de cacao 35％） 適量
チョコレート用色素（赤） colorant rouge 適量
チョコレート用色素（緑） colorant vert 適量

❶ 天板の裏にアルコールをスプレーで吹きつけ、OPPシートをかぶせる。カードで空気を抜くようにこすってぴったり貼りつける。

❷ 赤の色素を30℃に調整し、①にエアスプレーで水玉状に吹きつける（A）。涼しいところに置いて固める。

❸ 緑の色素を30℃に調整し、エアスプレーで②の周りを丸く囲うように吹きつける（B）。涼しいところに置いて固める。

❹ テンパリングしたクーベルチュールを③の上にレードルで流し、L字パレットナイフで均一に薄くのばす（C）。触っても指につかず、固まりはじめる手前の状態になるまで室温に置く。

❺ ビュッシュの切り口に貼りつける薄板は、底辺7.8cm、高さ7.8cmの半楕円形の型紙を当て、ペティナイフで切る（D）。涼しいところで固める。

❻ 側面に貼りつける薄板は、ペティナイフで1辺を波線状に、もう1辺を直線状に切る（E）。後でOPPシートからはがしやすいよう、ペティナイフで周囲に切り込みを入れておく。涼しいところに置いて固める（F）。

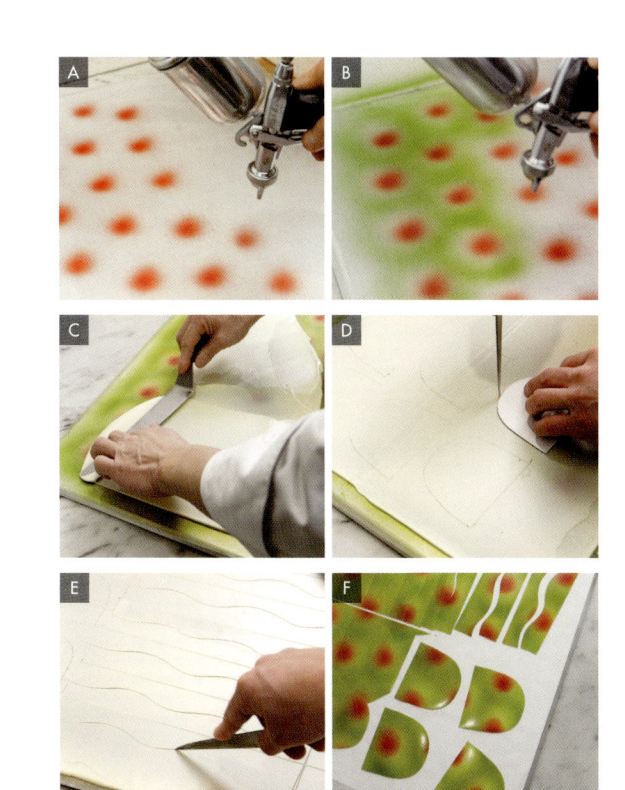

赤と緑に着色した球状のクーベルチュール

Boule de Chocolat en Couleurs Rouge et Vert （→ p.188）

クーベルチュール（ホワイト、カカオバター35％、ベルコラーデ「ブラン・アンターンス」） couverture blanc（beurre de cacao 35％） 適量
チョコレート用色素（赤） colorant rouge 適量
チョコレート用色素（緑） colorant vert 適量

❶ 半球型のモールドをキッチンペーパーできれいに拭き、室温に戻しておく。

❷ 赤の色素を30℃に調整し、エアスプレーで半球の側面1ヵ所に吹きつける（A）。涼しいところに置いて固める。

❸ 緑の色素を30℃に調整し、②で吹きつけた部分を避けて、エアスプレーで側面は濃いめに、中央は薄めに吹きつける（B）。涼しいところに置いて固める。

❹ テンパリングして29℃に調整したクーベルチュールを、レードルでモールドに注ぎ入れる（C）。モールドの側面をトントンと叩いて、気泡を抜く。

❺ モールドの上下を返し、側面を大きな三角パレットナイフでトントンと叩いて余分なクーベルチュールを落し、三角パレットナイフで垂れたクーベルチュールをすり切る（D）。

❻ モールドの縁についたクーベルチュールを三角パレットナイフでそぎ落す。モールドを伏せた状態にして室温に置く（E）。

❼ 余分なクーベルチュールを三角パレットナイフでそぎ落した後、モールドを横向きもしくは上向きに置き、涼しいところに置いて固める。

❽ 半球形のクーベルチュールをモールドからはずして2個取り、ガスバーナーで温めた天板に切り口を当てて軽く溶かす。切り口どうしを接着して球状にし、室温で固める（F）。

お店を支えてくれるスタッフと。

これからのパティシエたちへ

　夢や目標をもつということは、自分を大きく成長させてくれるものです。パティシエは、人に喜びを届けられるすばらしい職業ですが、人に喜んでもらったり、感動してもらったりするためには、気持ちだけでなく、高い技術と知識、そして努力が必要になります。

　僕がアドバイスできる最良の方法は、仕事のなかにあるおもしろさや楽しさを見出して、続けていくことです。努力だけではどうにもならないセンスや才能というものも確かにありますし、ときには思い通りにいかず、壁に突き当たってしまうこともあるでしょう。でも、そこでやめてしまったら何も残らない。成長の速度にも個人差はあるかもしれませんが、気にしなくて大丈夫。仕事を日々続けていれば、技術は確実に磨かれていくでしょうし、仕事のスムーズな進め方も身についていくと思います。日々の仕事のなかで自分を磨きながら、プロとしての意識を身につけてほしい。それが何より重要だと思うのです。

　そして、長く続けられる人は、周りの人たちからの信頼も得ることができます。そうすれば、働くことがますます楽しくなることでしょう。さらに飛躍するためには、仕事だけでなく、パティスリー以外のいろいろなことにも目を向けてほしい。そこには必ず、自分自身の感性を磨くさまざまなヒントが隠れているはずです。

　若い世代のパティシエたちが、周りの人たちへの感謝を忘れず、楽しみながら成長して、自分の夢を追いかけてくれることを、心から願っています。

おわりに

　今回、この本の出版にあたり、約2年半かけて取材・撮影を行いました。僕の抽象的な言葉をわかりやすく具体的に表現してくださったライターの瀬戸理恵子さん、柔軟な発想からすばらしい写真を提供してくださったカメラマンの合田昌弘さん、いつも温かく撮影を見守ってくださった柴田書店の黒木純さん。毎回、内容をよりよくするために、ときに真剣に、ときに楽しく仕事をさせていただき、あっという間に過ぎていったような気がします。そして、この本を美しいデザインで仕上げてくださった成澤豪さん、成澤宏美さん、この場を借りて心より感謝申し上げます。それから、忙しいなか、撮影に協力してくれたアテスウェイのスタッフたち、ありがとうございました。

　アテスウェイをオープンしてもうすぐ20年になろうとしています。自分でもよくここまで来られたなと思います。そこにはいろいろな人たちの支えがありました。お客様、恩師、先輩、スタッフ、家族……。オープンしてから今まで、たくさんの失敗をし、学び、経験させていただきました。

　オーナーシェフは重責を担う立場です。なかなか若い頃のように菓子づくりだけに没頭する時間もありませんが、それでも菓子をさらにおいしくするためのクリエイションや、新しい挑戦のために時間を費やしていきたいと思います。

　これから数年後、自分がどんなおいしいお菓子をつくれるようになっているのか、今から楽しみです。新しい刺激を求め、いろいろなことを感じ、仕事を楽しみながら歩んでいきたいと思っています。

　関わってくださったすべての皆様に感謝を込めて。

川村英樹

川村英樹 Hideki Kawamura

1971年、新潟県生まれ。洋菓子店の長男として生まれ、89年東京プリンスホテル入社。97年クープ・ド・フランス世界大会で日本人初の総合優勝を飾る。2000年に渡仏し、4つ星ホテル「グランドホテル テルメスマリーン」（サン＝マロ）で修業。「アルパジョン・ガストロノミック世界大会」ショコラ部門で優勝し、01年帰国。「アテスウェイ」シェフパティシエに就任し、07年よりオーナーシェフ。08年 WPTC に日本代表チームキャプテンとして出場し、準優勝を飾る。15年よりリルレ・デセール会員。16年アメリカペストリーライブ ショコラ優勝。

アテスウェイ
東京都武蔵野市吉祥寺東町3-8-8 カサ吉祥寺Ⅱ
電話／ 0422-29-0888
営業時間／ 11：00 〜 19：00
定休日／月曜（その他不定休あり）
http://www.atessouhaits.co.jp

アテスウェイ グラス エ ショコラ
東京都武蔵野市吉祥寺東町3-8-9
電話／ 0422-29-0888
営業時間／ 11：00 〜 19：00
定休日／月曜（その他不定休あり）

アテスウェイ
川村英樹の菓子

初版発行　2019年7月15日
2版発行　2020年10月10日
著者 ©　川村英樹
発行者　丸山兼一
発行所　株式会社柴田書店
　　　　〒113-8477　東京都文京区湯島3-26-9 イヤサカビル
　　　　営業部　03-5816-8282（注文・問い合わせ）
　　　　書籍編集部　03-5816-8260
　　　　http://www.shibatashoten.co.jp
印刷　凸版印刷株式会社
製本　加藤製本株式会社

ISBN 978-4-388-06311-6
Printed in Japan
© Hideki Kawamura 2019